"十一五"国家重点图书出版规划

# 法律科学文库

LAW SCIENCE LIBRARY

总主编　曾宪义

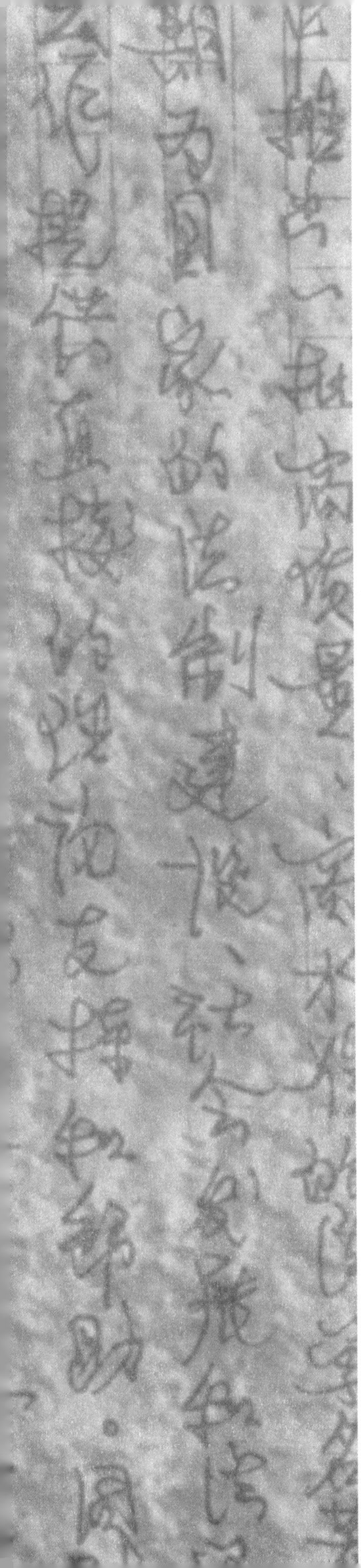

# 未成年人致人损害责任承担研究

姜战军　著

Studies on Responsibility Undertaking of Damages Caused by Minors

中国人民大学出版社

# 总　序

曾宪义

“健全的法律制度是现代社会文明的基石”，这一论断不仅已为人类社会的历史发展所证明，而且也越来越成为人们的共识。在人类历史上，建立一套完善的法律体制，依靠法治而促进社会发展、推动文明进步的例证，可以说俯拾即是。而翻开古今中外东西各民族的历史，完全摒弃法律制度而能够保持国家昌隆、社会繁荣进步的例子，却是绝难寻觅。盖因在摆脱了原始和蒙昧以后，人类社会开始以一种“重力加速度”飞速发展，人的心智日渐开放，人们的利益和追求也日益多元化。面对日益纷纭复杂的社会，“秩序”的建立和维持就成为一种必然的结果。而在建立和维持一定秩序的各种可选择方案（暴力的、伦理的、宗教的和制度的）中，制定一套法律制度，并以国家的名义予以实施、推行，无疑是一种最为简捷明快、也是最为有效的方式。随着历史的演进、社会的发展和文明的进步，作为人类重要精神成果的法律制度，也在不断嬗变演进，不断提升自身的境界，逐渐成为维持一定社会秩序、支撑社会架构的重要支柱。17 世纪以后，数次发生的工业革命和技术革命，特别是 20 世纪中叶发生的电子讯息革命，给人类社会带来了天翻地覆的变化，不仅直接改变了讯息交换的规模和速度，而且彻底改变了人们的生活方式和思维方式，使人类生活进入了更为复杂和多元的全新境界。在这种背景下，宗教、道德等维系社会人心的传统方式，在新的形势面前越来越显得力不从心。而理想和实际的选择，似乎是透过建立一套理性和完善的法律体制，给多元化社会中的人们提供一套合理而可行的共同的行为规则，在保障社会共同利益的前提下，给社会成员提供一定的发挥个性的自由空间。这样，既能维持社会整体的大原则、维持社会秩序的基本和谐和稳定，又能在此基础上充分保障个人的自由和个性，发挥每一个社会成员的创造力，促进社会文明的进步。唯有如此，方能达到稳定与发展、整体与个人、精神文明与物质进步皆能并行不悖的目的。正因为如此，近代以来的数百年间，在东西方各主要国家里，伴随着社会变革的大潮，法律改革的运动也一直呈方兴未艾之势。

中国是一个具有悠久历史和灿烂文化的国度。在数千年传承不辍的中国传统文化中，尚法、重法的精神也一直占有重要的位置。但由于古代社会法律文化的精神旨趣与现代社会有很大的不同，内容博大、义理精微的中国传统法律体系无法与近现代社会观念相融，故而在 19 世纪中叶，随着西方列强对中国的侵略，绵延了数千年的中国古代法律制度最终解体，中国的法制也由此开始了极其艰难的近现代化的过程。如果以 20 世纪初叶清代的变法修律为起点的话，中国近代以来的法制变革活动已经进行了近一个世纪。在这将近百年的时间里，中国社会一直充斥着各种矛盾和斗争，道路选择、主义争执、民族救亡以及路线斗争等等，使整个中国一直处于一种骚动和不安之中。从某种意义上说，社会变革在理论上会给法制的变革提供一定的机遇，但长期的社会骚动和过于频繁的政治剧变，在客观上确实曾给法制变革工作带来过很大的影响。所以，尽管曾经有过许多的机遇，无数的仁人志士也为此付出了无穷的心力，中国近百年的法制重建的历程仍是步履维艰。直至20世纪70年代末期，“文化大革命”的十年动乱宣告结束，中国人开始用理性的目光重新审视自身和周围的世界，用更加冷静和理智的头脑去思考和选择自己的发展道路，中国由此进入了具有非凡历史意义的改革开放时期。这种由经济改革带动的全方位民族复兴运动，也给蹉跎了近一个世纪的中国法制变革带来了前所未有的机遇和无限的发展空间。

应该说，自1978年中国共产党第十一届三中全会以后的20年，是中国历史上社会变化最大、也最为深刻的20年。在过去20年中，中国人民高举邓小平理论伟大旗帜，摆脱了“左”的思想的束缚，在政治、经济、文化各个领域进行全方位的改革，并取得了令世人瞩目的成就，使中国成为世界上最有希望、最为生机勃勃的地区。中国新时期的民主法制建设，也在这一时期内取得了令人惊喜的成就。在改革开放的初期，长期以来给法制建设带来巨大危害的法律虚无主义即得到根除，“加强社会主义民主，健全社会主义法制”成为一个时期内国家政治生活的重要内容。经过近二十年的努力，到90年代中期，中国法制建设的总体面貌发生了根本性的变化。从立法上看，我们的立法意识、立法技术、立法水平和立法的规模都有了大幅度的提高。从司法上看，一套以保障公民基本权利、实现司法公正为中心的现代司法诉讼体制已经初步建立，并在不断完善之中。更为可喜的是，经过近二十年的潜移默化，中国民众的法律意识、法制观念已有了普遍的增强，党的十五大确定的“依法治国”、“建设社会主义法治国家”的治国方略，已经成为全民的普遍共识和共同要求。这种观念的转变，为中国当前法制建设进一步完善和真正以法治国目标的实现提供了最为有力的思想保证。

众所周知，法律的进步和法制的完善，一方面取决于社会的客观条件和客观需要，另一方面则取决于法学研究和法学教育的发展状况。法律是一门专业性、技术性很强，同时也极具复杂性的社会科学。法律整体水平的提升，有赖于法学研究水平的提高，有赖于一批法律专家，包括法学家、法律工作者的不断努力。而国家法制总体水平的提升，也有赖于法学教育和法学人才培养的规模和质量。总而言之，社会发展的客观需要、法学研究、法学教育等几个环节是相互关联、相互促进和相互影响的。在改革开放的20年中，随着国家和社会的进步，中国的法学研究和法学教育也有了巨大的发展。经过20年的努力，中国法学界基本上清除了“左”的思想的影响，迅速完成了法学学科的总体布局和各分支学科的学科基本建设，并适应国家建设和社会发展的需要，针对法制建设的具体问题进行深入的学术研究，为国家的立法和司法工作提供了许多理论支持和制度上的建议。同时，新时期的法学教育工作也成就斐然。通过不断深入的法学教育体制改革，当前我国法学人才培养的规模和质量都有了快速的提升。一大批用新思想、新体制培养出来的新型法学人才已经成为中国法制建设的中坚，这也为中国法制建设的进一步发展提供了充足和雄厚的人才准备。从某种意义上说，在过去20年中，法学界的努力，对于中国新时期法制建设的进步，贡献甚巨。其中，法学研究工作在全民法律观念的转变、立法水平和立法效率的提升、司法制度的进一步完善等方面所发挥的积极作用，也是非常明显的。

法律是建立在经济基础之上的上层建筑，以法律制度为研究对象的法学也就成为一个实践性和针对性极强的学科。社会的发展变化，势必要对法律提出新的要求，同时也将这种新的要求反映到法学研究中来。就中国而言，经过近二十年的奋斗，改革开放的第一阶段目标已顺利实现。但随着改革的逐步深入，国家和社会的一些深层次的问题也开始显现出来，如全民道德价值的更新和重建，市场经济秩序的真正建立，国有企业制度的改革，政治体制的完善等等。同以往改革中所遇到的问题相比，这些问题往往更为复杂，牵涉面更广，解决问题的难度也更大。而且，除了观念的更新和政策的确定外，这些复杂问题的解决，最终都归结到法律制度上来。因此，一些有识之士提出，当前中国面临的难题或是急务在于两个方面：其一，凝聚民族精神，建立符合新时代要求的民族道德价值，以为全社会提供一个基本价值标准和生活方向；其二，设计出一套符合中国国情和现代社会精神的“良法美制”，以为全社会提供一系列全面、具体、明确而且合理的行为规则，将各种社会行为纳入一个有序而且高效率的轨道。实际上，如果考虑到特殊的历史文化和现实情况，我们会认识到，在当前的中国，制度的建立，亦即一套“良法美制”的建立，更应该是当务之急。建立一套完善、合理的法律体制，当然是一项极为庞大的社会工程。而其中的基础性工作，即理论的论证、框架的设计和实施中的纠偏等，都有赖于法学研究的进一步深入。这就对我国法学研究、法学教育机构和广大法律理论工作者提出了更高的要求。

中国人民大学法学院建立于1950年，是新中国诞生以后创办的第一所正规高等法学教育机构。在其成立的近半个世纪的岁月里，中国人民大学法学院以其雄厚的学术力量、严谨求实的学风、高水平的教学质量以及极为丰硕的学术研究成果，在全国法学研究和法学教育领域中处于领先行列，并已跻身于世界著名法学院之林。长期以来，中国人民大学法学院的法学家们一直以国家法学的昌隆为己任，在自己的研究领域中辛勤耕耘，撰写出版了大量的法学论著，为各个时期的法学研究和法制建设作出了突出的贡献。

鉴于当前我国法学研究所面临的新的形势，为适应国家和社会发展对法学工作提出的新要求，中国人民大学法学院和中国人民大学出版社经过研究协商，决定由中国人民大学出版社出版这套“法律科学文库”，陆续出版一大批能全面反映和代表中国人民大学法学院乃至全国法学领域高品位、高水平的学术著作。此套“法律科学文库”是一个开放型的、长期的学术出版计划，以中国人民大学法学院一批声望卓著的资深教授和著名中青年法学家为主体，并聘请其他法学研究、教学机构的著名法学家参加，组成一个严格的评审机构，每年挑选若干部具有国内高水平和有较高出版价值的法学专著，由中国人民大学出版社精心组织出版，以达到集中地出版法学精品著作、产生规模效益和名著效果的目的。

“法律科学文库”的编辑出版，是一件长期的工作。我们设想，借出版“文库”这一机会，集中推出一批高质量、高水准的法学名著，以期为国家的法制建设、社会发展和法学研究工作提供直接的理论支持和帮助。同时，我们也希望通过这种形式，给有志于法学研究的专家学者特别是中青年学者提供一个发表优秀作品的园地，从而培养出中国新时期一流的法学家。我们期望并相信，通过各方面的共同努力，力争经过若干年，“法律科学文库”能不间断地推出一流法学著作，成为中国法学研究领域中的权威性论坛和法学著作精品库。

1999 年 9 月

# 致　　谢

博士后流动站的研究使我真正有缘结识和了解中国法学研究的重镇——中国社会科学院法学研究所。两年的时间悠然而逝，然而两年前获得接纳的兴奋和宏大研究的抱负却面对匆匆的结束和颇有遗憾的成果。

但无论如何，这是一个收获的时间，这不算丰硕的果实，也经历了播种、耕耘到采收的过程。虽然由于作者的愚钝，缺乏成功的辉煌和果实的灿烂，然而对这果实的获得，仍然不能忘记许多无私付出的人们。

首先要感谢的是北京大学的尹田教授！尹田教授是我在北大读博士研究生的导师，没有他的推荐，也许就没有我进入法学所并在梁慧星教授指导下从事博士后研究的机会。当然，更要感谢我博士后阶段的合作导师梁慧星教授，感谢他对我的接纳和在我博士后研究中高屋建瓴的指导！更重要的是，梁老师在法学研究方面取得的巨大成就和造诣将激励我在未来的道路上不断前行！

我要特别感谢孙宪忠教授，感谢他在博士后研究开题及研究各方面给予的指导和帮助！孙老师对来自母校学习人员无形的关心和爱护常使我在内心默默地感动！

我还要感谢陈华彬教授，感谢他的指点，而我们之间无拘无束的交谈更使我获益匪浅！

在为一件事情画上句号的时候才发现有这么多的人为它付出了辛劳，法学所的许多老师在博士后开题汇报、进展汇报和中期汇报中提供了无私的指导，法学所的孙秀生老师在此期间辛苦地联络，及时地传递各种信息，在此均表示谢意！

在表达这许多谢意、更考虑到还有许多未及表达的感谢的时候，我却深感惭愧：完成的研究报告在许多方面远非理想！对其中的缺憾，只能期望尽快得到弥补了。

**姜战军**

2008年1月30日于武汉华中科技大学

# 目　　录

# 绪论

## 一、选题的意义和目的

未成年人是社会重要的民事主体，虽然由于民事能力的欠缺，其可以积极行为有效取得民事权利和承担民事义务的范围有限，但其作为自然人、作为有机体的民事主体在实然上的地位无法否认也不能忽视。未成年人，尤其是具有一定行动能力的未成年人，其事实上和成年人一样与其他民事主体发生着大量的社会关系。在这些社会关系中，因未成年人行为导致他人人身或财产损害而发生的关系尤其具有重要性。在具体的未成年人致人损害行为中，首先，最常见的、也是最主要的是未成年人侵害他人人身或财产权利的侵权行为。由于未成年人智力上的未臻发达，其缺乏足够的理解和控制自己行为的能力，所以，未成年人比成年人更容易侵害他人人身或财产权利。其次，在合同领域，由于对未成年人特殊保护的立法原则，未成年人订立的合同一般无效或可撤销，但仍然存在因此发生的未成年人对已接受履行的返还责任、缔约过失责任、侵权责任等情形。而对于可以在一定范围内订立合同的未成年人或者借助于法定代理人的代理而订立合同的未成年人，则可能产生未成年人作为当事人而未能履行合同或未能适当履行合同对合同相对人造成损害的问题。再次，在无因管理和不当得利领域，由于有关行为不要求当事人具有行为能力，未成年人就可以广泛地成为无因管理人或不当得利人，于是也就存在未成年人未尽到管理人义务造成本人损失或未成年人不能返还所取得之不当利益而致人受到损失的情形。

在上述各种情形下，虽然未成年人是事实上造成损害的民事主体，但由于法律特殊保护未成年人的原则①，在具体的损害赔偿等责任承担上往往需要规定不同于一般责任承担的规则，以体现特殊保护未成年人、儿童利益优先的法律价值，并适当考虑与受害人救济实现的合理协调。在现实的立法中，各国和地区立法为实现上述价值之协调设计了既相似又不相同的规则，对这些规则进行研究并探讨其理念价值，为我国有关规则的合理确定提供参考，是一项非常有意义的工作。而我国现行立法极其粗疏，忽视了在一般的民事法律规则之下内在地对未成年人提供保护，而“权利的存在和得到保护的程度，只有诉诸民法和刑法的一般规则才能得到保障”②。另外，现行法更主要是把未成年人作为受保护的弱者加以考虑，将未成年人“客体化”，

---

① 我国已经加入《联合国儿童权利公约》。该公约第3条第1款明确规定：“关于儿童的一切行为，不论是由公私社会福利机构、法院、行政当局或立法机构执行，均应以儿童的最大利益为一种首要考虑。”因此，儿童特殊保护已经是国际通例，我国有关立法如《未成年人保护法》等也已有所反映。参见郭翔：《我国对儿童权利的法律——兼析联合国〈儿童权利公约〉与我国〈未成年人保护法〉等法律的相关性》，载《政法论坛》，1997（6）。

② ［美］彼得·斯坦等著，王献平译：《西方社会的法律价值》，173页，北京，中国人民公安大学出版社，1990。

忽视了对未成年人独立主体地位的应有尊重，忽视了“未成年人都是具有主观能动性的活生生的社会主体，而不是单向地、只能被动接受保护的消极的物体或低级生命体”①。此种立法在事实上反而影响了未成年人利益的实现。考虑到未成年人现实中更广泛地参与社会生活，致人损害的种类、范围和程度都不断增加、扩大和加重，如何确定未成年人致人损害责任承担的规则，从而合理保护未成年人利益，既维护其独立的主体地位、合理保护其利益，又使其承担适当的责任，就具有迫切性，也使得进行相关研究就不仅具有重要的理论意义，而且对我国具有重要的现实意义。

具体来说，研究未成年人致人损害责任承担具有以下几个方面的积极意义：

1. 研究将在很大程度上推动对未成年人民事责任能力理论的完善。具体体现为：通过对未成年人责任能力比较研究，尤其是通过历史发展视角下各国和地区立法对待责任能力的不同态度，在分析民事责任能力价值的基础上，提出对责任能力制度应有的合理选择；通过对各立法例有关规定的分析，研究责任能力与责任承担的不同及各自的价值，以进一步深入理解责任能力的意义。

2. 通过对未成年人侵权行为致人损害责任承担的比较研究，分析两大法系对未成年人侵权行为致人损害责任承担的态度及发展，提出未成年人侵权行为致人损害责任承担的价值基础并深入研究不同责任承担规则的优劣并对我国有关规则的确定提出建议。另外，通过在理论上探讨过错、辨别能力等对确定未成年人侵权责任和责任承担的意义，使有关理论系统化、深入化。

3. 通过对合同、无因管理、不当得利中未成年人可能的责任承担进行比较系统的研究，提出相关的未成年人致人损害责任承担的合理规则，进而促进这些领域有关理论的发展和完善。

4. 通过上述的各项理论研究，在总体上勾勒出未成年人在民法

① 叶利芳：《未成年人保护法研讨会会议综述》，载《青少年犯罪问题》，2005（2）。

中各种可能的具体责任承担比较完整的图像，提出理论上的既能合理保护未成年人，又能合理保护第三人、未成年人父母以及其他监护人的责任承担制度，为我国建立完善、合理的未成年人责任承担制度提供有价值的参考。

5. 在未成年人责任承担一般理论基础上对侵权等各个具体领域未成年人责任承担具体问题和规则的研究，有助于司法实践中正确处理涉及未成年人民事责任的案件，以在司法实践中实现对有关当事人最大限度的公平，实现对未成年人成长保护、第三人保护、未成年人父母及其他监护人保护的平衡，实现未成年人责任承担制度的各项价值。

本书研究之目的首先在于研究并比较主要国家和地区关于未成年人致人损害责任承担的不同规则，分析其各自的价值。其次，本书的研究在于通过不同立法例有关规则的分析比较，在价值分析和历史发展的基础上提出对其优劣的认识，并结合对我国有关理论、现行立法及民法典草案规定的分析，提出完善我国有关立法的合理建议。

## 二、研究现状综述

目前国内对未成年人问题的研究主要集中于对未成年人保护的研究，研究未成年人的各种权益如何得到保护和实现。在责任能力问题上，虽然有大量的研究文章，也对有关问题在比较法的视野下进行了分析，但研究多集中于法律规定的简单解释，未能深入地探讨责任能力可能的进一步价值并在发展演变的背景下合理提出责任能力合理确定的观点；另外，绝大多数关于责任能力的研究只是侵权责任能力的研究，完全忽视了责任能力是包括侵权责任能力、违约责任能力、缔约过错责任能力以及无因管理和不当得利中承担相应责任的资格等在内的广泛范围内的能力问题。

而在涉及未成年人致人损害责任承担的研究上，主要只是对未成年人侵权行为致人损害责任承担的研究，且立足于研究未成年人父母等监护人或者学校等对管理未成年人负有法定义务的人如何承担有关损害后果以及在不同的责任承担义务人之间损害如何分担方面的问题，对有关责任承担规则的价值基础缺乏必要的分析，也缺乏从比较法的角度在大陆法系和英美法系各自特点及发展基础上的研究。并且，即使在上述的研究方面，也仍然存在以下问题：(1) 研究数量很少，且往往在对自然人民事责任能力的研究中涉及对未成年人责任承担的研究；(2) 除个别文章外，有关研究普遍层次较浅，不够深入，更缺乏系统化的成果；(3) 研究多立足于对现行法的解释和理解，缺乏比较研究和对现行法改进的研究；(4) 缺乏从价值层面分析未成年人责任能力与责任承担相关制度的研究，未能合理区分责任能力和责任承担的不同意义。同时，在责任承担研究中忽视责任承担制度中必要的利益平衡，体现为过分偏重于未成年人利益的保护，忽视对第三人、未成年人的父母和其他监护人利益的合理考虑。另外，也未能充分认识到责任能力、责任承担与未成年人独立主体地位之间的关系。

而对未成年人订立合同中致人损害责任承担、无因管理和不当得利中的未成年人致人损害责任承担，则几乎没有直接针对性的研究论文，而未成年人事实上也是广泛地参与这些领域的活动并可能致人损害需要承担民事责任的。相关研究的缺失导致我国不仅缺乏基本的相关规则，连基本的理论观点提供实务参考也非常欠缺，从而导致有关司法实务的混乱和不合理。①

## 三、研究的方法和体例安排

本书的写作主要采取比较法的分析方法。主要通过分析不同国家和地区、包括英美法国家对未成年人责任承担的不同规则，结合对民事责任能力、民事责任承担价值的分析，提出作者的观点和建议。大陆法系国家和地区对未成年人致人损害规定了不同的责任承担模式，其理念虽有相似之处，但也存在重大的不同，而英美法的责任承担规则和理念更是与大陆法存在重大不同。因此，分析不同国家和地区的

① 如不少司法机关对于因实施无因管理造成损失而提起诉讼的，要么不立案，要么将案由定为“损害赔偿”。参见曾坚：《无因管理之债的价值及其运用》，载《中外法学》，1999 (2)。

规则并加以比较，可以全面地了解和理解确定未成年人致人损害的责任承担所应考虑的各方面因素，为规则的合理确定提供坚实的理论支持。另外，在分析各国和地区的责任承担规则中，也将尽可能地捕捉其发展演变，以把握各国立法变迁所体现出的发展趋势，从而在比较法和历史发展的视野下更准确、更合理地提出有关的观点和建议。

本书将采用总分结构体例。第一章“未成年人民事责任能力比较研究”为未成年人致人损害责任承担的基础理论部分，为责任承担主体的确定和责任承担具体规则的提出提供理论基础。第二章至第五章为未成年人致人损害责任承担具体问题的研究。具体来说，第二章为“未成年人侵权行为致人损害责任承担比较研究”，第三章为“未成年人订立合同致人损害责任承担比较研究”，第四章为“无因管理中未成年人致人损害责任承担研究”，第五章为“不当得利中未成年人致人损害责任承担研究”，分别研究未成年人侵权行为致人损害、与订立合同有关的致人损害以及无因管理和不当得利中的致人损害责任承担规则的确定问题。采用总分结构体例的原因是未成年人致人损害责任的承担是一个理论问题，也是一个实践问题，对此，当然可以纯粹进行理论研究或者进行实践问题解决的研究。但纯理论研究有可能因为不结合具体问题而流于抽象化，其结论可能不能适应实践的需要，而纯实践的研究则可能在大量不同的法律规则面前迷失了方向，无法准确地把握具体规则确定所依靠的理论基础，有可能在纷繁复杂的现实迷雾中提出错误的规则选择，更由于缺乏必要的理论支持而无法深入理解法律规则的真正含义。总分结构的研究体例，总的部分提供必要的理论分析作为基础，并在理论部分确定规则确立的理论依据及应有的价值内涵，具体部分主要在总的基础上研究具体方面的具体理论问题和实践问题。如此可以比较合理地获得对有关问题立体的把握，有助于提出合理的、甚至是比较准确的观点和建议。

# 第一章　未成年人民事责任能力比较研究

## 第一节　民事责任制度和民事责任能力的意义

### 一、民事责任制度的演变

#### （一）罗马法时期

1. 罗马法民事责任制度的演变

人类早期对侵害的救济是复仇，经历了从血亲复仇到同态复仇的发展历程。复仇的权利是一种自然权利，并不来源于法律的规定。由于早期没有权威的公共力量，不存在今天意义上的法律。在社会发展的过程中，家族之间联合成为更大的组织。这些组织最初只是处理家族之间的部分事务，随着其权威的不断增加，其权力逐渐扩展及于一切公共的事务，表现为公权力逐渐发达。[①] 早期罗马法的主要法律是体现在《十二铜表法》中的法律规定。根据《十二铜表法》，“私犯”的规定构成了其主要内容。在早期罗马法，不存在合意契约，故契约不是债发生的原因，侵权，罗马法称为“私犯”，是债发生的首要的、甚至是唯一的原因，所谓“犯罪是产生债的真正的和唯一的渊源”[②] 即为对刑法与侵权法不分情况下债发生原因的准确描述。私犯的后果经历了一个变化的过程，从早期的同态复仇发展到罚金赔偿。这一过程在《十二铜表法》中处于过渡阶段。在《十二铜表法》中，既有大量的同态复仇的后果，像第八表的伤害身体的后果，也有罚金赔偿的后果，比如对他人的暴行、偶然伤害的后果。[③] 随着公权力的发达，公犯和私犯的区分趋于明确，“私犯”因为侵害的是个人的人身和财产权利，故国家公权力不加干预，而由私人以一定的方式处理，早期的同态复仇的权利也演变为由法律规定的私人刑罚方式。与私人刑罚的法律后果并行的，是罚金。作为同态复仇的替代，罚金对侵害人是一种恩惠，为充分体现惩罚性，罚金的数额与当事人所受损失之间不存在我们今天所熟悉的相等观念，而是多倍于所受损失。“在罗马法当时的观念上，交付赎金的性质不是所谓的损害赔偿，而是一种处罚，是对从事私犯行为的加害人的一种处罚。怎么样来确定赎金的标准呢？当时的标准是根据正当的或者合理的标准来判断，而不是根据受害人受到损害的程度来提供相应补偿。但是，阿奎利亚法中则主要是从损害的角度来考虑的，强调的就是对损害的一

---

① 参见［法］Fustel de Coulanges 著，李玄伯译：《希腊罗马古代社会研究》，100～104 页，长沙，商务印书馆，1938；［意］朱塞佩·格罗索著，黄风译：《罗马法史》，12～18 页，北京，中国政法大学出版社，1994。

② ［意］彼德罗·彭梵得著，黄风译：《罗马法教科书》，401 页，北京，中国政法大学出版社，1992。

③ 参见麻昌华：《罗马法上的侵权行为法》，载www.privatelaw.com.cn，2004-06-07。

种补偿。”① 逐渐地，《十二铜表法》之后，作为复仇替代的罚金使用越来越普遍，罚金由最初在当事人团体之间的谈判确定的赎罪金过渡到由法律制度来规定，从而私犯的法律后果具有了财产性质，财产刑变成私犯的主要后果。随着公犯、私犯区分的不断明确，具有私刑后果的私犯也逐渐转变为公犯，私犯的私刑后果逐渐消失，而只剩下罚金刑了。此时，另一私犯的法律后果也随之出现，这就是赔偿。罗马法上关于私犯的损害赔偿，赔偿额可以相当于损失额的 1 倍至 4 倍。

而在准私犯的法律后果中，很难找出复仇的成分，而只有赔偿、双倍赔偿之类纯财产性的法律后果了。至此可以看出，罗马法上的私犯、准私犯都具有一个相同的法律后果，这就是财产责任。正因为这一后果的存在，虽然私犯、准私犯一直在沿着自己独有的路径发展，但在某一阶段，在债的概念出现之后，却又被当成与债的后果相同而被归入债的范畴之中了。即：私犯、准私犯被罗马法看成是债的一个发生原因。

而作为现代法上债发生的首要原因的契约，由于“在原始社会，个人并不为自己设定任何权利，也不为自己设定任何义务，他所应遵守的规则，首先来自他所出生的场所，其次来自他作为成员的户主（家父）的强行命令”，在这样的制度下，就很少有“契约”活动的余地。而这很少的契约也只有在族长（家父）与族长（家父）之间才可以缔结。罗马早期契约的缔结在性质上与财产的让与相同，同样有许多繁文缛节。在履行时只要忽略其中任何一个细节就足以使义务归于无效，即使当事人之间就权利义务达成无瑕疵的一致也无济于事，因为这种意思表示的一致在当时的法律之下并不产生义务。由于一个人对另一个人的话加以信赖而产生积极义务，是进步文明最迟缓的胜利品之一。② 在罗马早期债法中，债是“应负担履行义务的法锁”，是

---

① ［意］桑德罗·斯奇巴尼：《侵权责任问题——罗马法渊源解读》，载 www.civillaw.com.cn，2006-04-12。

② 参见［英］梅因著，沈景一译：《古代法》，176 页，北京，商务印书馆，1959。

法律用以把人与人结合在一起的“锁链”，一旦产生债，这个“锁链”只有通过清偿的程序才能解除。① 但“锁链”的产生，非由于当事人意思表示一致的连接，而是由于烦琐的宗教性仪式的赋予。另外，在罗马早期债法中，无论是原始的债务协议还是原始的誓约，担保都是必需的。最初担保只能以债务人之外的第三人的人身为标的，后来才发展到允许以债务人自己的人身为担保。这种担保的符合逻辑的结果就是对债务人躯体的执行。②《十二铜表法》对债权人执行债务的方式有比较详细的规定：《十二铜表法》第三表第二条规定，原告可以拘捕（债务人），可以将他押解到庭（以便执行判决）；第三条规定，若（债务人）仍未（自动）执行法庭判决，且在受讯时无人代他解脱责任，则（原告人）得把他带到私宅，给他带上足枷或手铐，其重量不轻于十五磅，而且假如愿意，还可以加重；第五条规定，当债务人在拘禁期间，他有权与（原告人）谋求和解，但若不能和解，则（这些债务人）应继续拘禁六十天。在此期间，他们须在市集日连续三次被带到会议场最高审判官前，并宣布判决他们的金额，至第三个市集日，他们则被处以死刑，或售之于国外，于台伯河以外；第六条更规定，至第三个市集日，债务人得被砍切成块。③ 在契约法的发展中，契约责任也发生了向纯财产责任的演变。最初是规定“首先应当要求支付‘罚金’或‘债款’，只是当债务人的财产不能给付或清偿时，权利享有人才能通过执行方式对其人身采取行动……此时，债才第一次获得了新的意义，即财产性意义。从此，诉讼和清偿的标的变成了罚金或钱款，而不再是人身，陷入受奴役状态变成为一种次要的执行

---

① 参见［英］梅因著，沈景一译：《古代法》，182～183页，北京，商务印书馆，1959。

② 参见［意］朱塞佩·格罗索著，黄风译：《罗马法史》，115页，北京，中国政法大学出版社，1994。

③ 参见世界著名法典汉译丛书编委会编：《十二铜表法》，9～12页，北京，法律出版社，2000。

程序……其标志是《波埃得里亚法》的颁布”[1]。而在程式诉讼中，从帝国时代起，如果被告已经倾其财产承担债务，那么原告已经不能采取对人执行的方式。[2]

2. 罗马法民事责任制度的特点

从上可以看出，早期的罗马“债法”是以侵权行为法的形式出现的，侵权行为法的产生和发展早于契约法、债法，契约的出现和债的概念的出现均晚于“私犯”（侵权行为）。但是，在债的概念出现后，罗马法将侵权行为和契约等均纳入了债的范畴。对此，有学者认为将“侵权行为作为债因不是法律发展的必然结果，而是罗马人认识论上的一个历史性误解”，“由准私犯上溯，到私犯再到犯罪，都是债的这一原因的发展过程。再往上溯，可以上溯到同态复仇；再上溯到血亲复仇。正是按照这种上溯的轨迹，人们才会认为”侵权行为是债发生的原因之一。[3] 对此，作者认为，罗马法的契约责任与侵权责任在性质上具有内在的一致性，表现为均具有自动的强制执行力。虽然二者的产生存在不同，但却具有最本质的相同之处：均为对一定利益侵犯之后果。根据梅因的考察，契约起源于根据宗教仪式的财产即时转移，债权最初直接代表的就是即时取得财产的权利，并不是一种可期待的信用，允许不即时交付财产而赋予债务人信用无疑是极大的恩惠[4]，故违反债务侵害债权人利益与直接侵害所有人财产具有本质的相似性。因此无论在内核上还是在效力上二者均具有实质的相似性，当然可以也应该被概括在一个概念——“债”之下。只是在后来的发展中，契约之债获得了纯粹信用的特征，成为对债务人的请求权，和财产的距离被拉远，债权人自行执行的权力被公权力取代，契约债权

---

① ［意］彼德罗·彭梵得著，黄风译：《罗马法教科书》，284～285页，北京，中国政法大学出版社，1992。

② 参见谢邦宇：《罗马法》，369页，北京，北京大学出版社，1990。

③ 参见麻昌华：《罗马法上的侵权行为法》，载www.privatelaw.com.cn，2004-06-07。

④ 参见［英］梅因著，沈景一译：《古代法》，182页，北京，商务印书馆，1959。

变成了“信用”、“请求”、“不履行时的违约责任”三个阶段，而侵权行为仍然保持“不法侵害”、“侵权责任”两个阶段，才显得契约之债与侵权行为之债具有了本质的区别。然而发展演变导致的与罗马法的不符不能倒溯历史，认为历史上的认识是错误的。因此不存在什么“罗马人认识论上的一个历史性误解”，是历史的发展使得现代债的制度与罗马法具有了不同的特征。

不过，由于罗马法中的债直接包含有债权人自行强制执行的效力，导致了罗马法上只有债的概念，没有责任的概念，作为我们今天非常熟悉的“责任”一词，最先在法语中出现，但使用的时间极短，直到法国大革命时才出现了真正意义上的术语“责任”①(Responsabilité)。正是由于罗马法的这种现象，一般认为在罗马法上“债”与“责任”是不分的，因为侵权（私犯）责任这种本来非常典型意义上的责任也是属于罗马法“债”的范畴。然而，这种认识也许是不准确的，更准确的表述也许是罗马法“把属于法律责任的内容包含进了债的范畴之中，仅以债（obligatio）的概念来表示”②。因此，尽管没有“责任”这一术语，但无疑，作为对违反法律后果的体现，罗马法是存在属于现代意义上的法律责任的：对私犯和准私犯的罚金或赔偿，债权人对不履行债务的债务人的执行即属于今天意义上“责任”所包括的内容。

因此，尽管罗马法不存在形式意义的民事责任制度，但实质意义上的责任制度是存在的。并且，由于带有古代法的色彩，罗马法的责任制度有着与近代责任制度非常不同的特点：（1）惩罚性。罗马法的责任制度有明显的惩罚性特点，从而与近代民法以补偿性作为民事责任基础的特点完全不同。其原因当然在于罗马法长期民刑不分的历史，民事责任只是“宽容了”的刑事责任。也正因为惩罚性的特点，罗马法的民事责任包含许多近代意义上的刑罚手段。典型的当然是早

① 丁玫：《罗马法契约责任》，4页，北京，中国政法大学出版社，1998。

② 麻昌华：《罗马法上的侵权行为法》，载www.privatelaw.com.cn，2004-06-07。

期债权人对债务人的人身进行处分的权利，即使人身责任消灭的后期，罚金作为民事责任的基本手段仍然充分体现着罗马法民事责任惩罚性的特点。(2) 对实质正义的追求。近代法典型的过错主义的责任法形式上要求一切因过错造成他人损失的人承担损害赔偿责任，符合公平正义。但实际上，通过违法性的限制、通过因果关系远近的限制，尤其是主观过错证明的不易，上述正义只是形式上的正义，往往不能满足实际的受害人，尤其是间接受害人得到救济的需要。罗马法承认一定范围内的间接受害人的诉权，除直接受害人外，其亲属等间接受害人也可以要求赔偿。① 这样就比较合理地解决了对实际受害人的救济问题，体现了对因侵权行为实际受到损失的人进行救济的正义，是一种实质上的正义。这种对间接受害人也进行救济的实质上的正义，经历了近代民法的漠视之后，在 20 世纪中后期才开始得到必要的注意并正成为现代侵权法发展的一个重要方面。(3) 非个人主义之责任。罗马法的侵权法是建立在实质正义基础上的制度，其基本理念是对侵权人的报复和惩罚，以及对实际受害人的救济。其制度出发点几乎完全没有考虑对个人自由的促进和保护，也就不存在为个人自由划分最大限度的空间的问题。如果与近代法以保护和促进个人自由为基本价值的侵权法相比较，罗马法则主要是从社会的角度出发建立的侵权制度，其更多的是从社会受害人保护的角度提供相应的救济措施。借用今天的一个术语，我们可以说罗马法的侵权法是“社会本位”的侵权法，其民事责任是非个人主义之责任，近代法的侵权法是个人主义的侵权法，其民事责任为个人主义之责任。

**(二) 近代法时期**

1.《法国民法典》的民事责任制度

《法国民法典》没有规定统一的民事责任制度，而是分别在契约责任、准契约责任和侵权责任之下各自规定了相应的民事责任问题。

(1) 契约责任制度

① 参见［意］彼德罗·彭梵得著，黄风译：《罗马法教科书》，404～405 页，北京，中国政法大学出版社，1992。

《法国民法典》对契约责任的规定，主要是其第 1137 条和第 1147 条。其中，第 1137 条规定，“负责注意保管标的物之债，不论契约是仅以当事人一方之利益为目的，还是以诸当事人之共同利益为目的，均使负担此种债务的人对物之保管应尽善良家父悉心照应之义务”；第 1147 条规定，“债务人凡是不能证明其不履行债务系由于不能归咎于其本人的外来原因时，即使其本人方面并无恶意，如有必要，均因债务不履行或者迟延履行而被判支付损害赔偿”。上述两条的规定似乎存在矛盾，第 1137 条应是债务人承担过错责任的规定，而第 1147 条债务人承担的却是推定过错责任。对此，法国法学理论一般是在“方式性义务”和“结果性义务”的理论下进行解释的。[①]具体来说，前者指“债务人并不承担一定达到某种确定结果的义务，但是要运用一切必要的方法、手段与技艺，尽其所能来履行契约”，如医疗契约、教育契约等，后者指“债务人向债权人承担的是保证债权人获得某种确定结果之债务”，如运输契约等。一般认为，第 1137 条规定的是“方法之债”，债务人承担过错责任，第 1147 条规定的是“结果之债”，债务人承担过错推定责任。[②]

（2）侵权责任制度和准契约责任制度

近代的侵权法，以《法国民法典》和《德国民法典》为代表，建立了以过错主义为核心的个人主义的侵权责任制度。《法国民法典》第 1382 条规定：“任何行为致他人受到损害时，因其过错致行为发生之人，应对该他人负赔偿责任。”第 1383 条规定：“任何人不仅因其行为造成的损害负赔偿责任，而且还因其懈怠或疏忽大意造成的损害负赔偿责任。”另外，第 1384 条规定了对他人行为的责任和对照管之物造成损害的责任，第 1385 条规定了动物所有人或使用人对动物的责任，第 1386 条规定了建筑物所有人对建筑物倒塌致人损害的责任。上述《法国民法典》的规定，形成了以第 1382 条为核心的过错侵权行

① 参见尹田：《法国现代合同法》，303 页，北京，法律出版社，1995。

② 参见罗结珍译：《法国民法典》，844 页，北京，法律出版社，2005。本书所引《法国民法典》法条均引自该书。

为制度。《法国民法典》第 1382 条的规定，第一次明确地宣示：只有过错的存在，才会发生民事责任；没有过错造成的他人损害，无须承担民事责任。这样，就把人从可能发生的侵害结果中解放出来，行为人所要关心的只是自己的行为是否存在过错。只要具备了足够的、合理的谨慎，便可以无须考虑可能会承担民事责任的问题。

《法国民法典》没有后来各国民法一般独立规定的无因管理制度和不当得利制度，而是在准契约的类别下，对无因管理和不当得利作了简单的规定。第 1372 条规定了无因管理对委任合同的准用，第 1374 条规定了管理人对管理事务的善良家父注意义务，第 1376 条、第 1378 条、第 1379 条和第 1380 条规定了不当得利人的返还责任，其中，对恶意受益人适用加重的返还责任，需要返还"所收取的利益"、"该利益的孳息"，即使"利益或者孳息"因为意外事故灭失也不能免除。

需要注意的是，在最近《法国民法典》的修改草案中，一些学者建议将契约责任和契约外责任合并在一起进行规定，以实现民事责任制度某种形式上的统一，具体可通过在第 1382 条之下增加关于违约的规定来实现。[①] 如果未来《法国民法典》的修订采用了这种模式，法国民法就和我国《民法通则》关于民事责任的立法模式趋向一致。当然，即使对契约责任和契约外责任采取统一立法的模式，由于不同责任构成要件的不同，也必然要在不同的部分规定各自独立的构成要件。

2.《德国民法典》的民事责任制度

（1）契约责任制度

《德国民法典》第 276 条规定："（1）没有确定也无法从合同的其他内容、特别是也无法从提供一个担保或承担品质风险推断出责任加重或减轻的，债务人就其故意或者过失承担责任。本法第 827 条和第

---

① 参见［法］格纳维耶·韦雷（Genevieve Viney）：《民事责任法在法典重新编纂中的难题》，载《法国民法典 200 年纪念研讨会文集》，259～260 页，法国，达鲁兹出版社，2004。感谢我的同事谢晓副教授对有关法语材料的翻译。

828条也相应适用。(2)在交易中未尽必要注意义务的为过失行为。(3)债务人不得事先免除其因故意所生的责任。"《德国民法典》第280条以下进一步具体规定了可归责于债务人的违反债之义务的违约责任的承担，并通过第275条明确了可以排除履行义务而不承担违约责任的情形。①

根据上述法律规定，德国法规定了以过错责任为核心的违约责任体系，尤其是第276条第1款违约过错认定对侵权法部分第827条和第828条的准用，由于此两个条文规定的是所谓"侵权责任能力"，对智力欠缺的成年人和智力未成熟的未成年人按照识别能力确定其过错的有无，从而就统一了侵权责任和违约责任过错认定的标准，也在整个民事责任领域保证了过错认定适用标准的统一。

(2)侵权责任和其他法定之债

《德国民法典》与《法国民法典》在侵权法上的重大不同在于，其采用的是侵权构成的限定性原则。由于《法国民法典》第1382条只规定个人对其过错行为造成的损失负责，虽然排除了在一般情况下对没有过错造成他人损失负责的情况，但由于过错行为造成的损失的范围和数额有时候难以预料，就存在着一旦有过错，就可能对各种损失承担责任的情形，并且这些损失可能不能完全为行为人所能预料，于是行为人就可能存在难以预测的风险。《德国民法典》与上述不同，其侵权构成采限定性原则，进一步明确了行为人可能承担民事责任的范围。其第823条规定："因故意或过少不法侵害他人生命、身体、健康、自由、所有权或其他权利者，对他人因此而产生的损害负赔偿义务；违反以保护他人为目的的法律者，负相同的义务……"第826条规定，"以违反善良风俗的方式对他人施加损害的人，对他人负有损害赔义务"。通过上述法条，德国民法典界定了三类可能构成侵权的情形：(1)侵害他人生命、身体、健康、自由、所有权或其他权利。此处的其他权利，仅指绝对权，对债权等相对权的侵害，原则上不构成侵权。(2)违反保护他人的法律。此种情形是指虽然未侵害绝

① 参见朱岩：《德国新债法》，87～107页，北京，法律出版社，2003。

对权权利，但行为违反了保护他人的法律，对过失造成的他人损害负赔偿义务。在德国法上，此处被违反的法律必须是以保护他人为目的的，否则，即使有关法律涉及对他人的保护，但如出于社会秩序维护等目的，仍不能构成侵权。(3) 违反善良风俗。善良风俗是一定社会最基本的道德准则，违反善良风俗将冲撞社会道德的底线，不加以制裁将危及社会基本道德秩序。在上述范围之外，即使有过错造成他人损失，也不承担侵权责任。在上述范围中，绝对权的范围非常清楚，保护他人的法律也容易为事先了解，而违反善良风俗则是非常极端的、有反社会特点的行为，所以行为人在进行各种行为时，作为理性人，其可以清楚地了解自己行为可能承担的民事责任：只要不过错侵害绝对权、违反保护他人的法律，并且不是冲撞社会道德伦理底线的行为，就完全不可能被课以民事责任。

在“各个债的关系”之下，作为一种具体的债，《德国民法典》分别于第 11 节和第 24 节规定了无因管理和不当得利制度。对无因管理，德国法要求管理人以符合本人已知或可推知的意愿，并以符合本人利益的方式管理。对不当得利，德国法也规定了恶意受益人加重的返还责任。

3. 近代法民事责任制度的特点

(1) 补偿性的民事责任

近代法的民事责任已经完全脱去了罗马法所具有的惩罚性特点，而代之以完全的补偿性，填补损害成为民事责任的基本特征，甚至，“平等主体间不能惩罚”成为民事责任确定的信条。无论对违约责任承担的损害赔偿，还是对侵害人身和财产权利的侵权责任的承担，损害赔偿数额的确定皆以实际发生的损害、或者包括预计应该会发生的损害（合同的期得利益）为限，对受害人所受损害进行填补。并且，在作为对生命、身体、健康等直接与人的生存相关的利益在遭受侵害时可能没有有形损害或者仅赔偿有形损害明显不合理的考虑、从而不可能不承认一定精神损害赔偿的情况下，近代法严格限定精神损害的适用范围，“仅以法律明确规定的为限”，从而使得精神损害得到“填补”的可能性很小，现实中发生的填补主要是对精神性人格权之外的物质性人格权受到损害的填补，也使得民事责任的补偿性得以最大限度的贯彻。

（2）理性人的过错责任

近代法的民事责任制度的基础是个人主义之下“自己责任”的观念。所谓个人主义的自己责任，是理性的个人对自己过错造成的他人损失承担的责任。理性的个人，成为民事立法的基本的人的假定。理性的个人有能力进行思考，有能力预见行为可能产生的影响，有能力认识事物及其规律，有能力合理约束自己的行为，总之理性人有能力进行合理判断和自主作出选择。① 理性人既然自主选择决定自己的事务，追求自己价值的实现，其自然的逻辑结果便是“自己责任”，因为“自由意志意味着责任”②，自己对自己选择不当造成的后果承担责任。从而“自主选择、自己责任”便成为理性主义的信条，对自己不当行为的后果承担责任便是理性主义者必然选择的规则。而由此也构建了近代民法中“自觉地意识到自己的责任，独立决定自己的行为，能自我控制的自主人格”③。

（3）自由主义的个人责任

近代民法本质上是自由主义的民法，这种自由主义体现在民事责任制度中。作为近代民法基础的理性主义是个人主义的理性主义，是强调个人自主、自由的理性主义。法律的目的是保障个人自由最大限度地实现，保障独立自主的个人通过自由竞争去实现个人的最大价值。个人主义是整个立法，尤其是民法立法的出发点。这种个人主义在近代侵权法中得到了充分体现，“行为的自由成为法律关注的重心，过错成为承担侵权责任的基础”④。作为这种观念的体现，侵权法就

---

① 参见［英］韦恩·莫里森著，李桂林等译：《法理学——从古希腊到后现代》，144～145 页，武汉，武汉大学出版社，2003。

② 陈宣良：《理性主义》，174 页，成都，四川人民出版社，1988。

③ ［日］川岛武宜著，王志安等译：《现代化与法》，10～11 页，北京，中国政法大学出版社，1994。

④ 沃伦·A·西维著，李俊译：《侵权法的原则》，载《哈佛法律评论·侵权法学精粹》，北京，法律出版社，2005。

要为个人自由划出必要的界限，这个界限就是过错造成他人损失。因为理性主义下的个人自由本来就不是绝对的、无限制的自由，在一个现实的社会里，不可能存在不受限制的自由，此也正是罗马法所谓的“各取所得，不害他人”在新的历史时期的体现，也是近代孟德斯鸠“自由仅仅是一个人能够做他应该做的事”而不是“做法律所禁止的事”启蒙思想观念的反映。[①] 于是侵权法的目的就是要为个人自由设置边界，这个边界的具体化就是过错侵权的构成：在构成侵权的地方，自由就停止。于是通过侵权构成就为个人自由构建了相应的边界，在边界范围之内，人是完全自由的，可以不受限制地追求自己的利益和自我价值的实现。《法国民法典》的侵权法就是从构建自由必要限制的视角上确立侵权行为之构成的，其重点在于给个人自由以必要的限制，而不在于保护法律已经肯定为权利或需要保护的利益。从而，只要行为人的行为超出了自由应有的限度，便应当承担侵权责任，而该行为侵害的对象是否已经为法律明确为权利或明确为受保护利益不成为侵权构成认定的重要条件。《法国民法典》第 1382 条为个人自由划定了必要的限度。与《法国民法典》相比，《德国民法典》则进一步通过完善侵权行为构成，确立了更加“确定的自己责任”，从而为理性人的自由划出了更加明确的界限，更大限度地保护了理性人行为的自由。

（4）形式正义的民事责任

从上述法国和德国的侵权法关于个人自由得保护可以看出，近代法的侵权责任主要立足于理性主义的个人主义，核心价值是最大限度地保护、促进个人自由的实现。在这种立法理念之下，受害人的救济反倒成了侵权行为法一个附带的结果：如果造成损害的人正好有过错，在德国法还需要损害正好是绝对权被侵害或者违反保护他人法律造成的，侵害人就需要承担民事责任，相应的受害人才可以获得救济；否则，侵害人的行为不具备上述条件，就不具有法律上否定性的

① 参见［法］孟德斯鸠著，张雁深译：《论法的精神（上）》，154 页，北京，商务印书馆，1997。

评价，则即使受害人从现实上多么需要获得救济，也不能通过法律途径获得任何补偿。而在合同领域，由于几乎不加限制地贯彻契约自由，造成事实上许多当事人权利义务不公平的情况存在，所以，虽然在违约责任的适用中对合同各方平等适用法律，然而也只能导致不公平的结果，实现的也是形式上的公平正义。

**（三）近代法向现代法转变时期**

近代民法责任制度的价值和道德合理性在于最大限度地保护和促进个人自由的实现，进而最大限度地维护自由竞争的经济制度，是“自足的个人处在经济上自足的近邻关系中并且在以自由竞争式的占有为基础的经济秩序中同他的邻人自由地进行着竞争”① 的理想图画。“理性而冷漠的个人在自私的基础上进行着残酷的自由竞争”，侵权法只是在非常严苛的条件下才会认定侵权责任的存在。而在这种冷漠和残酷背后，是另一种人与人之间的温情：“自私的个人无意识地实现社会福利最大化”的乐观、“乞丐和国王一样享受自由竞争制度好处”的梦呓②，无不代表着一种乐观的理性主义的观念。因此，如果说近代侵权责任制度直接的道德合理性在于维护个人自由的实现，那么其更深层的道德合理性则在于对个人自由造福整个社会的乐观期许。

然而，这种理想的理性主义本身包含着致命的缺陷：“它在为人的物质性和感觉主义自然性需要从道德上恢复名誉的同时，忽视了人的社会性方面。”③ 现实的发展是残酷的。自由竞争的资本主义固然推动了社会财富的巨大增加，但与实现整个社会的福利最大化却背道而驰，人不仅没有能够成为社会的主宰，还更不幸地成为生产的工

---

① ［美］罗斯科·庞德著，沈宗灵、董世忠译，杨昌裕、楼邦彦校：《通过法律的社会控制、法律的任务》，8页，北京，商务印书馆，1984。

② 参见［英］亚当·斯密著，蒋自强等译，胡企林校：《道德情操论》，229～230页，北京，商务印书馆，1997。

③ 田海平：《西方伦理精神——从古希腊到康德时代》，346页，南京，东南大学出版社，1998。

具。在侵权法上，个人主义的侵权法造成了大量无助的受害人悲惨生活的后果。于是，侵权法必须改变其构成的规则，去再次寻找与道德合理性的契合。侵权法的这种变化反映在责任制度上就是“责任扩展不断加速”①，个人主义的责任制度逐渐衰落，在责任构成认定中过错的考量不再居于支配地位，而是更多地考虑对受害人救济的必要性。作为社会对人的具体关怀，将具体的个人的受害作为救济提供的主要依据，以实现对因他人行为受到损失者必要的填补。这种救济的理念反映到侵权法上，就是侵权构成认定的不断扩张。为侵权构成认定扩张提供重要理论支持的是一般注意义务的引入。② 所谓一般注意义务是指在一般生活的道德规则之下应对他人的人身和财产尽到的注意义务。此义务来源于社会生活的要求而不是法律的具体规定，从而截然不同于之前侵权法只保护绝对权利或者明确的法定义务之下利益的情况。这样，许多的民事责任已经脱离了原来强烈的道德责难性而成为对一定损失后果的承担或分担，民事责任的道德色彩大大减弱。并且，作为对救济理念实现目标的努力，在侵权法之外，保险制度和广泛的社会保障制度得到快速发展，在责任法之外广泛地实现着救济受害人的目标。③

因此，作为现代的一个发展，民事责任制度虽然在多数情况下还是以近代的个人主义民事责任为基础，但在许多情况下已经失去个人主义的民事责任对行为人进行道德责难的基础，或者在许多情况下仅是形式上的对个人不当行为进行道德责难，而在实质上则是为了救济受害人，而人为地去发现一个特定当事人的过错。此点典型地体现在下文将要详细研究的监护人对被监护人致人损害责任构成的确定上。

---

① 罗伯特·E·基顿著，李俊译：《侵权法中的创造性延续》，载《哈佛法律评论·侵权法学精粹》，北京，法律出版社，2005。

② 参见［德］克雷斯蒂安·冯·巴尔著，张新宝译：《欧洲比较侵权行为法（上）》，924～926、936～937页，北京，法律出版社，2004。

③ 参见王艳华：《从损害赔偿到综合救济制度——论侵权行为法的发展方向》，载《郑州大学学报（哲学社会科学版）》，1999（5）。

作为一个趋势，大陆法系和英美法系共同走上了一个使监护人承担无过错责任的道路，而在尚未明确规定无过错责任的国家，只要有损害的发生，几乎均能找到监护人的过错：此种过错的实质意义已经不是现实的过错，而是在一定的法律政策之下法律或者法院“发现”的过错而已。尽管民事责任制度的这一发展有着充分的道德基础和法理依据，然而却导致了民事责任制度可能走上自我否定的道路：那就是如果民事责任和道德上的可责难性之间的联系越来越少，那么该制度就可能成为一个纯粹的通过一定方法救济受害人的制度。其后果是：首先，通过民事责任的承担惩戒行为人、预防和减少侵权行为发生的功能将极大减损；其次，如果民事责任惩戒的功能极度退化，那么就可以考虑用责任制度之外的制度来解决对受害人的救济问题，而无须借助于传统的责任制度。正是基于这样的考虑，新西兰 1972 年通过了《意外事故补偿法》，受害人可以直接获得国家的补偿，无须通过侵权诉讼①，日本学者也设计了综合救济的制度②，其他国家也有这样的研究或者尝试。③ 当然，由于资金筹集和补偿确定等一系列的现实或技术原因，这样的制度短期内还难以在世界范围内成为现实的制度。然而，这种努力和尝试本身已经预示了传统民事责任制度面临的危机。

在合同法领域，这种转变表现为违约责任向无过错责任的发展和契约自由的衰落。近代民法的违约责任是典型的过错责任，未能履行合同的一方只在有可归责于其的原因时才承担违约责任，但合同法的发展已经呈现出违约责任的无过错责任趋势，《联合国货物销售合同公约》等已经采用无过错作为违约责任的基本归责原则，我国《合同

① 参见王泽鉴：《侵权法之危机及其发展趋势》，载王泽鉴：《民法学说与判例研究（2）》，北京，中国政法大学出版社，1998。

② 参见渠涛：《从损害赔偿走向社会保障性的救济——加藤雅信教授对侵权行为法的构想》，载梁慧星主编：《民商法论丛》，第 2 卷，北京，法律出版社，1994。

③ See John G. Fleming, Rumination on tort law: A symposium in honor of Wax Malone: Is there a future for tort? , Louisiana Law Review, May, 1984.

法》也明确以无过错责任（严格责任）作为归责原则。[①] 在无过错归责原则之下，违约责任的道德可非难性亦大为降低，亦更多地体现为对守约一方受害的救济。同时，近代法以来，通过对劳动契约、定型化契约的干预和强制缔约制度等的发展，契约自由越来越受到限制，甚至被有的学者夸张地称为"契约的死亡"[②]。虽然此种说法无疑过于夸张，但契约中国家干预甚至强制的因素无疑越来越突出，"民法通过诚实信用原则、公序良俗原则对私法自治或契约自由进行限制，以及由法律直接规定某些契约条款无效"[③]。其结果就是，作为典型体现个人意志自由的契约发生了某种程度上的向契约社会化的位移，契约法的个人主义基础在很大程度上发生了改变。

民事责任制度未来的发展我们尚不能清楚预见，但无论如何，到目前为止的民事责任构成上道德责难的淡化是值得肯定的。现代法的责任制度应该超越近代法的个人主义而从实质上关心受害的每一个人。如果说近代责任法是为受害人画了一个在许多情况下难以企及的饼的话，现代责任法则是努力把饼送给每一个受害人手中。而现代责任法这种趋势的一个直接后果就是决定了侵权法的不断扩张和侵权构成理论等有关理论的不断更新。

## 二、民事责任能力的意义

在民法理论上，一般将民事能力分为权利能力、行为能力、意思能力和责任能力四个类型。其中权利能力和行为能力多由法律明确规定，其意义基本上不存在争议，意思能力作为一种事实上的自然人理解自己行为、辨别行为后果的能力，由于其是一种自然能力，所以其

---

① 参见梁慧星：《合同法的成功与不足（上）》，载《中外法学》，1999（6）；梁慧星：《从过错责任到严格责任》，载梁慧星主编：《民商法论丛》，第8卷，北京，法律出版社，1997。

② ［美］格兰特·吉尔莫著，曹士兵译：《契约的死亡》，载梁慧星主编：《民商法论丛》，第3卷，北京，法律出版社，1995。

③ 梁慧星：《从近代民法到现代民法》，载《中外法学》，1997（2）。

意义也非常确定。只有责任能力，由于各国法律一般不在立法上直接作出明确规定（各国一般规定的方式是规定有关的责任如何承担），所以一直是学术界争论不休且至今没有定论的问题。

**（一）我国学界对责任能力内涵界定的争议**

我国学界对责任能力的内涵界定，根据学者刘保玉、秦伟的总结，主要有以下五种观点①：

其一，民事行为能力包容说（广义民事行为能力说）。认为自然人的民事行为能力是指自然人能够通过自己的行为取得民事权利、承担民事义务的能力或资格，它不仅包括自然人为合法行为而取得民事权利和承担民事义务的能力，而且包括自然人对其违法行为承担民事责任的能力，即自然人对其实施的不法行为承担民事责任的能力或资格为广义的民事行为能力所包容，是民事行为能力的一个方面。此种观点为国内众多著述所采用，以致被认为系“通说”。依广义民事行为能力说，自然人的民事责任能力的状况与狭义民事行为能力的状况及判定标准自应是一一对应的。

其二，侵权行为能力说。谓侵权行为能力，亦称责任能力，乃负担侵权行为责任之能力。持此说者或认侵权行为能力为一种独立的民事能力，或认其仍属广义民事行为能力之一面，但均承认侵权行为能力的判断标准与狭义民事行为能力有所差异。

其三，意思能力说。认为自然人的民事责任能力，是其能够理解自己的行为并且预见其违法行为结果的心理能力，亦即关于违法行为的意思能力。对于民事责任能力与其他民事能力的关系问题，这种观点认为，民事责任能力以民事权利能力和意思能力为前提，无民事权利能力，固然谈不到民事责任能力，而无意思能力也同样谈不到民事责任能力；民事责任能力与民事行为能力有共生关系，有民事行为能力者，同时也有民事责任能力，但责任能力的区分情况，与行为能力不尽相同。

---

① 参见刘保玉、秦伟：《论自然人的民事责任能力》，载《法学研究》，2001(2)。

其四，识别能力说。这是传统民法理论及民事立法所采行的通说，认为民事责任能力是“足以辨识自己的行为结果的精神能力”，或者说是“行为人足以负担侵权行为法上之赔偿义务之识别能力”。这里的“识别能力”，处于判断层次上，在程度要求上明显低于作为推理层次的“意思能力”。还有学者以识别能力说为基础，将自然人的民事责任能力定义为：自然人能够辨认和控制自己的行为并对自己行为的后果承担民事责任的资格。并认为自然人的民事责任能力虽以意思能力为基础，然对意思能力的要求要低于民事行为能力（有识别能力即可），因此，具有民事行为能力的人肯定具有民事责任能力，但具有民事责任能力的人，不一定具有相应的民事行为能力。

其五，独立责任资格说。认为民事责任能力是指民事主体据以独立承担民事责任的法律地位或法律资格。对于民事责任能力的判断标准，认为以意思能力为根本逐一进行个案审查，失之烦琐，难以操行，故而以民事行为能力之有无作为判断民事责任能力的根据，更具优点。

**（二）对学界观点的评析**

上述诸观点虽然对民事责任能力内涵的界定存在明显区别，但其共同点是均围绕对自己行为后果理解的程度为中心进行，其基本理念还是个人主义下的过错主义，所以一定要求有一定的识别能力，否则就不可以使其承担民事责任。典型的是认为责任能力与行为能力的范围完全一致，另外的观点主张范围广于行为能力。但是，考虑到对受害人的保护，又几乎共同认为承担民事责任的识别能力可以低于行为能力中对意思能力所要求的识别。此外，上述各观点均认为民事责任能力与民事行为能力、或者至少是与狭义的民事行为能力不同。

对于民事行为能力包括说，虽然该说是我国理论界关于责任能力的通说，但将行为能力概念进行扩张以包容所谓违法行为能力的做法并不可取，如此实质上是混淆了行为能力和责任能力，既不能充分明确其各自应有的意义，也造成了不必要的混乱。对此，尹田教授指出，通说认为自然人的行为能力中当然包含责任能力，即有行为能力者，有责任能力；无行为能力者，无责任能力，其所实施的违法行为所造成的损害赔偿责任由其监护人承担。但仔细分析，此通说甚有不妥。行为能力与责任能力究竟为一种资格抑或两种有联系但又相互独立存在的资格？首先，责任能力为主体承担民事责任的资格。而有行为能力的人既然能够判断其行为后果，则依法应当对其违法行为的后果承担民事责任，其承担责任的根本原因显然在其"过错"。至于无行为能力人对其损害结果不承担民事责任而由其监护人承担，固然是因为无行为能力人对行为后果无判断能力即无构成"过错"的条件，但更重要的原因，乃在于无行为能力人（尤其是未成年人）通常无经济赔偿能力……行为能力为自然人为有效法律行为的资格，责任能力为其对违法行为承担责任的资格，二者具有完全不同的性质。① 刘保玉教授认为，自然人的民事责任能力，应定义为自然人对其实施的不法行为承担民事责任的资格或能力……自然人有无民事责任能力，不应以其能否"独立"地对其行为承担民事责任为条件，纵使另有他人须对其行为负前位责任、补充责任或连带责任，仍不妨认为其自己有相应的民事责任能力。②

上述尹田教授的观点正确地指出了行为能力和责任能力的不同，尤其是其在设立的目的上就是根本不同的，因此，绝不可以人为臆造一个行为能力的概念包括责任能力，更不可以制造一个包括行为能力的责任能力概念，去牵强地构造那样的理论是毫无意义的、甚至是错误的。另外，尹田教授正确地注意到了决定民事责任最终承担的主要原因不是"过错"这个意思因素，而是经济能力等现实因素的考量，并且正确地指出了从我国现行法来看，也并非是无行为能力就无责任能力、进而不承担民事责任，相反，无行为能力者有财产就要承担民事责任。刘保玉教授正确地提出了民事责任能力与行为能力的不同，认为责任能力在判断标准上也不同于行为能力。这些观点已经推进了

---

① 参见尹田：《自然人的行为能力、意思能力、责任能力辨析》，载《河南政法管理干部学院学报》，2001 (6)。

② 参见刘保玉、秦伟：《论自然人的民事责任能力》，载《法学研究》，2001 (2)。

对责任能力的认识，尤其是尹田教授论述已经涉及民事责任的确定主要不是意思能力问题，但很遗憾未能进一步深入。然而，通过这些观点的论述，我们已经可以充分地看到通说的不合理性。因此，认为行为能力包括责任能力的通说不应得到支持。

对于第二种观点，将责任能力界定为侵权行为能力，首先并没有回答什么是责任能力，只是用一个新的不明确概念进行了替换，还要继续回答什么是侵权行为能力，如果认为是实施侵害他人权利行为的能力，则在客观的层面上，任何一个具有“动”的能力的自然人均可以实施该类行为，如果认为是不仅客观上实施侵害行为，主观上也可以理解该行为并预知其法律后果的能力，则其核心就不在“行为能力”，而在“理解能力”，借用学界常用的术语为“意思能力”或“识别能力”，如此以“侵权行为能力”界定责任能力就未能准确地突出其核心内容。其次，这种界定还存在逻辑上的不周延性，由于民事义务类型众多，对应各个类型的义务不履行，均有相应的民事责任发生，也就有相应的责任能力问题。在民法中，除了承担侵权责任的责任能力，至少应该还有承担违约责任的责任能力、缔约过错责任能力和无因管理中违法义务责任承担的能力以及不当得利中违反义务责任承担的能力。因此，将责任能力界定为侵权行为能力也不妥当。

对于第三种观点，意思能力本身是一种自然能力，是一种事实上的自然人理解自己行为并预知其后果的能力，将责任能力界定为意思能力体现的重点是理解自己行为，也就意味着对理解的行为仍然去进行而造成他人损害就存在着道德上的可谴责性，就应该承担民事责任。这种观点在认识责任能力的意义上进了一步，但方向仍有问题，因为道德上具有可谴责性的逻辑结论是应该承担民事责任，而不是具有责任能力，如果将责任能力也作为一种资格，则此资格的具有不一定与道德上的否定性评价为必要条件，除非将责任能力与责任承担等同，认为有责任能力必然就要承担责任。然而，即使将责任能力与责任承担等同，认为责任能力是意思能力也具有重大的不合理，因为将意思能力作为责任能力的标准将较大地提高责任能力认定的标准，绝大部分未成年人和智力有障碍的成年人均为无责任能力人，如此既不利于受害人的保护，也与各国在一定情况下规定广泛范围内的未成年人可以成为责任承担主体的立法矛盾。

第四种观点是传统民法理论和立法的通说，其实质是用一种降低标准的意思能力——识别能力来作为责任能力的确定标准。此种观点固然解决了将责任能力直接等同于意思能力的不合理性和与各国法的矛盾，但其核心还是以一定的对行为理解的能力来决定是否有责任能力，仍然以道德上的可谴责性作为责任能力的核心价值，此种认识的合理性值得怀疑，而其在理论上的后果——混同责任能力和责任承担、从而导致责任能力概念独立的必要性大为减少，责任能力实质上成为承担民事责任的条件之一，而不是承担民事责任的资格。

第五种观点主张责任能力是一种独立的资格是非常正确的，因为行为能力在于从积极方面确定责任人进行一定行为是否发生其所追求的设定权利义务的效力，其核心价值为自然人自由意志的实现，而责任能力作为对民事责任承担的资格，绝非当事人所主动追求，乃在于对自己之行为不得不承受之后果，乃是法律基于各种利益之衡量而确定之行为人不利之可能性，其在价值上与行为能力殊异。对这种差别，刘保玉教授作出了比较完整之分析，现转述如下①：

其一，设立的目的不同。法律规定民事行为能力，目的主要在于使主体可以按照自己的意志为法律行为，以追求、实现和保护自身利益；而设民事责任能力的目的，在于使主体对其违法行为所造成的损害后果承担民事责任，以保护他人和社会的利益。

其二，解决的事项不同。民事行为能力针对行为人有识别力与判断力地实施法律行为而设，是决定民事行为是否有效的根据；而民事责任能力针对行为人实施违法行为所产生的法律后果而设，是决定行为人是否要对自己的行为承担民事责任的根据。由于设立目的与解决的事项不同，各国民法上一般将自然人的民事行为能力规定于民法典的总则编，而民事责任能力及责任的具体承担问题则在分则的侵权责

① 参见刘保玉、秦伟：《论自然人的民事责任能力》，载《法学研究》，2001(2)。

任部分规定。

其三，能力的范围不同。民事行为能力总是具体的，有一定的范围，不同民事主体的民事行为能力范围也不尽相同；而民事责任能力则是抽象的，并无一定的范围，更不受民事行为能力范围的限制。民事主体超出其民事行为能力范围所为的行为将不生效，但无论是无效的民事行为还是侵权行为或其他违法行为，在引起民事责任的产生上均为“有效”，有民事责任能力的人即应对该行为的后果承担民事责任。

对上述区别，作者认为总体上非常准确，值得赞同，尤其是“无论无效的民事行为还是侵权行为或其他违法行为，在引起民事责任的产生上均为‘有效’”的说法，深刻地揭示了责任能力与行为能力的本质不同性，但对接下来的“有民事责任能力的人即应对该行为的后果承担民事责任”的说法持不同意见，认为如果责任能力只是一种抽象资格的话，有责任能力并不必然导致责任承担，责任承担的具体确定可以在不同的利益衡量下有所不同。

然而，主张责任能力为独立资格的学者虽然走出了非常正确的一步，但在具体确定责任能力的时候，却又认为应以行为能力为标准，又回到行为能力上，从而又转向了错误的道路，使其观点的积极意义大为降低。

### （三）责任能力的意义——抽象的承担责任的资格

1. 责任能力含义争议产生的主要原因

（1）立法上的欠缺

作者认为，对责任能力内涵争议不断的一个重要原因是各国立法往往只注重问题的解决而不注重理论上争议问题的回应，许多的理论争议问题是可以通过立法的明确加以解决的，立法上的欠缺是导致理论上争议的重要原因。这一特点表现在民事责任领域就是法律重视有关损害后果承担主体的确定而不重视责任能力的确定，立法往往只规定如何承担责任问题，不承担责任的人是因为没有承担责任的资格还是出于尹田教授所说的“经济上”的考虑不得而知。在这方面最典型的是我国《民法通则》的立法，一方面规定未成年人侵权责任由监护人承担，另一方面却又规定未成年人有财产的，未成年人承担侵权责任。那么在《民法通则》之下，未成年人到底有没有责任能力？如果未成年人没有责任能力，何以在有财产时承担侵权责任呢？对此，由于法律规定的不明确，自然成为学者争论不休的问题之一。而包括我国《民法通则》在内的各国立法是完全可以像对行为能力一样，明确规定自然人的责任能力，但各国立法却选择了规定责任承担。对各国立法的规定，学者研究中采取了最直接的思维：未成年人不承担其行为造成损害的赔偿责任，自然是因为其没有责任能力。然而，这种推论的成立有赖于一个未必被意识到的前提，那就是“如果有责任能力一定要对自己行为造成的损害承担责任”，而这个前提事实上是不确定的，甚至是不存在的，于是上述推论的正确性就存在疑问。事实上，由于社会生活的复杂性，相应的法律规则由于各种原因也存在责任能力和责任承担分离的情形，如受雇人行为造成他人损害一般由雇主负责，而受雇人的责任能力一般是不存在任何问题的。因此，将责任能力与责任承担一一对应在理论上是存在不周延之处的，甚至可能是错误的。但无论如何，立法规定的欠缺导致了对制定法解读的问题，导致了理论上对责任能力的内涵无法达成一致。

（2）理论上的忽视

作者认为，关于责任能力的争论在一定程度上也反映出理论上对该问题不够重视，未能认真进行深入之研究。如果我们翻看中外著名法学家的民法论著，关于行为能力的研究论文数量众多，在著作中则占有较大之篇幅，对责任能力的研究论文数量很少，在著作中则往往只是简单提及，此可为明证。[①] 造成这一结果的原因应是近代以来，个人主义的自由主义立法立足点为最大限度地保护个人自由，所以对权利能力、行为能力明确规定，尤其对行为能力不厌其烦，不仅规定各种类型，还辅之以“禁治产人”等制度以为完善，而对责任承担则

① 典型的如德国学者拉伦茨的《德国民法通论》。其第六章为“行为能力和不法行为能力（责任能力）”，关于“行为能力”所占篇幅超过22页（中文版，下同），而论述“不法行为能力”的仅1页有余。

只是在各个具体部分必要处涉及，至于责任能力立法一般不作规定，主要是一个学理上的词语。理论研究的忽视导致研究成果少，研究进行的层次也不够深入，在我国表现为目前已经进行的研究多停留在法条解释和逻辑分析的层次。正因为目前的研究未能超越法律规定的简单解释和逻辑分析，导致不同的学者从不同的角度进行解释，无法出现更有说服力的观点。而法律制度的确定往往主要不是基于逻辑的分析，而是基于各种复杂的利益衡量，不能从价值层面研究法律制度就无法把握法律制度的真谛。我国今后关于责任能力的研究无疑应加强从民事责任制度价值出发的研究，以便得出对责任能力更加合理的认识，从而窥见责任能力制度的真谛。但无论如何，理论研究中对责任能力的忽视导致了目前争议的普遍存在。

2. 抽象的承担责任的资格——新视角下责任能力的意义

作者认为，真正理解责任能力的意义，必须跳出拘泥于立法解释和逻辑分析的视角，从历史发展和价值分析中找到线索。从民事责任演变的历史来看，早期社会的结果责任是“以牙还牙”的，完全不考虑什么责任能力即可以对侵害人进行报复。到后来发展为主要由家父代表家族对外承担责任，但家父在较长的时期里可以采用“损害投偿”的方式，即将加害人交出由受害一方处置的方式承担责任，其实质就是由受害人对加害人进行处罚，由加害人直接承担责任，也不考虑是否有意思能力或者识别能力的问题。及至近代，各国法基于个人主义的自由主义等价值考虑，一般规定欠缺意思能力或识别能力的未成年人不承担民事责任，体现了一种过错主义的思想。然而，即使在近代法过错主义之下的立法，在责任承担上也不是完全的过错主义，因为如果贯彻过错主义，责任能力和责任承担就应该与行为能力完全一致，各国立法又为何在行为能力之外肯定各种承担责任的情况呢?

从制度价值分析，作者认为，近代以前的法律，由于法律理论和法律制度的不发达，其没有典型意义上的关于权利能力、行为能力、责任能力等概念。近代法以降，民法理论日益成熟，概念法学极大地推动了法学理论的发展，其有关的概念、体系成为后世分析法律问题的基础。在侵权法上，近代法以人人平等为前提，确立了个人主义的过错原则：每个人均有平等的权利能力，是为对人格平等的承认；然而此权利能力平等除了价值宣示之外，难以在现实生活中发挥直接作用，于是有行为能力解决当事人具体可以为那些行为的问题；当事人在行为能力范围之内，可以自由地追求自己利益的实现，可以进行广泛的法律行为，行为能力之外的行为，不能发生当事人所追求的效力。这样，通过行为能力，权利能力这个抽象的取得权利、承担义务的资格得以具体实现，也正是通过行为能力，人的自由得以实现。于是，一般理论就此认为，人格就是权利能力，或者说权利能力是人格在法律上的实现，而行为能力是这种实现的具体化。然而，如果我们仔细留意会发现，权利能力是取得权利、承担义务的资格，是发生积极社会关系的资格。民事责任是义务不履行而需承担的法律后果，权利能力中承担的义务如果不履行就发生民事责任，取得的权利如果行使不当构成权利滥用也可能需要承担民事责任，这两种情况下民事责任的承担均无法、也不适合包含在权利能力的内涵之中。另外，在行为能力之外，自然人还可能通过事实行为、事件等民事法律事实取得权利、承担义务，不受行为能力有无的影响。但既然承担义务就也有义务不履行需要承担民事责任的问题。因此需要有一个新的术语来概括这种承担责任的资格，这个术语合适的就是责任能力：责任能力为承担民事责任的资格，没有责任能力就根本没有承担民事责任的资格。因此，责任能力可以理解为“人格之具体特性之消极一面，它描画民事法律主体因参与违背法意志并受其否定的事实关系、应承担不利后果的能力，是法律赋予民事主体承担责任的资格。民事权利能力和民事责任能力分别从肯定和否定两个方面，直接和间接规定主体的具体法律存在状态”[①]。权利能力及其具体实现的行为能力从积极方面规范当事人参与社会生活，其确定的主要依据是当事人是否在事实上有能力取得权利、承担义务，其考虑的核心因素便应该是意思能力，只有具有相应的理解自己行为及其后果的能力，才适合使其行为发生法律效力，从而作为一种自然能力的意思能力成为确定行为能力

① 冯兆蕙、冯文生：《民事责任能力研究》，载《河北法学》，2001（6）。

的决定性因素，只不过全面个案审查的不可行才采取年龄主义加个案审查的方法确定行为能力。“没有责任能力的人意味着作为主体的某种不完整”①，而作为完整的人格，其不仅应该积极行为取得利益，还应该对其行为的后果承担一定的责任，对自己给社会造成的损害承担责任，否则人格就是不完整的，甚至在一定情况下还会导致对人格的否定。② 理性主义之下的自我决定的必然后果就是自己责任，因此人格的构成包括积极的自我决定，也应包括消极的自己责任。消极的自己责任就是自己对自己行为承担责任的资格。根据民法规定，即使未成年人也可以通过代理参与民事生活，实现自己的利益。其既然可以参与民事生活，自然应该承担可能产生的民事责任。因此，民事责任能力可以认为是人格消极方面的组成部分，与权利能力共同构成完整的人格：既可以取得权利、承担义务，又可以承担相应的民事责任。在这样的理论定位下，权利能力及其具体实现的行为能力主要保障人格的平等和自由，更多地考察当事人意志，因此以意思能力作为确定的核心依据，其基本价值是使具有一定意思能力的当事人可以进行与意思能力相应的民事行为，而不具有意思能力的人不使其行为发生法律效力，以保护智力不发达的未成年人或精神病人；责任能力作为人格的消极组成因素，其基本价值不在于行为人自由的实现而在对受害人的救济，而在于对行为人主体资格消极方面的确认，在于自然人人格的完整性。

那么，从人格的完整性出发肯定全面的责任能力会否导致未成年人责任的全面承担呢？作者认为不会。与具有权利能力不一定现实地取得权利相同，具有责任能力也不一定就要承担民事责任。对于责任承担，为了实现在广泛的情况下受害人救济实现的现实性，责任承担主体的确定需要考虑以救济实现的现实性为核心的多种因素。其中，需要考察的因素包括加害人的识别能力、未成年人特殊保护的立法原

① 孙毅：《处于多重语境中的民事责任能力》，载《北方法学》，2007（1）。

② 参见田土城：《论民事责任能力》，载《郑州大学学报（哲学社会科学版）》，2000（6）。

则和加害人承担赔偿责任的经济能力等。如果加害人具有必要的经济能力，也有相应的识别能力，则即使其为未成年人也不妨使其承担民事责任；但考虑未成年人特殊保护，也考虑未成年人一般没有进行赔偿的经济能力，则即使未成年人有识别能力也需要在未成年人之外去发现有合理理由可以确定为承担民事责任主体的人。这个合理的理由甚至应该称为借口，就是监护关系，包括亲权关系的存在。立法确定赔偿责任承担主体对经济能力的考虑还体现在加害人为成年人时赔偿责任承担主体的确定上。在成年人为加害人的情况下，即使加害人没有经济能力，由于一般不能合理找到责任承担的替代人，受害人只能选择加害人为赔偿请求对象，但一旦可以找到合理的理由，例如存在雇佣劳动的情况，就可以要求雇主承担受雇人致人损害的责任。

在上述关于责任能力和责任承担分析的理论架构下，责任能力实现了更合理的理论定位，责任承担也具有了不同的价值基础。在此种责任能力和责任承担的理论界定下，现行各国和地区立法中对未成年人承担民事责任的不同情形和监护人承担替代责任的各种情形均可以获致合理之解释。

## 第二节　有关民事责任能力的主要立法例及其解释

民事责任能力虽然是承担各种类型民事责任的能力，但由于其主要适用的领域是侵权责任，因而被有的学者错误地解释为“侵权行为能力”。在具体立法规定上，对违约责任能力，许多国家一般明确规定准用侵权责任能力。其他具体责任能力，如缔约过失责任能力、权利滥用责任能力、不当得利责任能力、无因管理责任能力等，各国立法一般没有直接规定，有学者认为，“依法律制度设计目的分析，缔约过失责任能力、权利滥用责任能力可以准用侵权责任能力，不当得利责任能力、无因管理责任能力则采任何人皆有的原则”①。从而侵

① 龙卫球：《民法总论》，239 页，北京，中国法制出版社，2002。

权责任能力的确定是整个民事责任能力确定的基础和中心问题。因此，下文的研究将仅以有代表性各国和地区民法侵权法中有关责任能力的规定为中心进行分析。另外，由于英美法系远离概念法学的特点，英美法系没有涉及责任能力的法律规定，只能从其对未成年人责任承担的规定进行一些不太严密的反推，所以，关于英美法系责任能力的问题本节将不涉及，而留待下文比较分析时再作出探讨。

## 一、《法国民法典》的有关规定及其解释

《法国民法典》第 1382 条规定："任何行为致他人受到损害时，因其过错致行为发生之人，应对该他人负赔偿责任。"本条规定只是强调加害人的过错，并未涉及行为人是否是未成年人[①]的问题，所以理论上有把法国法解释为任何人皆有责任能力，责任能力因出生而自然取得。[②] 但是长期以来，由于受个人主义过错思想的影响，"法国法要求侵权责任的承担人必须具有识别能力，也就是能够认识到其行为的后果，如果一个人没有认识能力，即不能责令他就其行为的后果承担侵权责任"[③]。法国学者 Carbonnier 还进一步解释说，"无论是侵权行为还是准侵权行为，都必须由具有侵权责任能力的人来实施"，"原则上讲，如果损害的肇事人对其行为无识别和判断能力，则他对损害的发生不存在着过错，因为他的致损事件不能使人们对他进行谴责。此种规则不允许法律责令那些在从事活动时没有识别能力的人就

---

① 精神病人等年龄之外的原因导致欠缺意思能力或辨别能力而可能不承担民事责任的情形，不属于本书研究范围，故在行文表述中将不涉及，但所分析之法条和理论一般亦涵盖此类情形。

② 参见龙卫球：《民法总论》，236 页，北京，中国法制出版社，2002；丁文：《自然人民事责任能力制度之反思与重构》，载《法商研究》，2005 (1)。

③ 张民安：《现代法国侵权责任制度研究》，57、140 页，北京，法律出版社，2003。

其活动导致的后果承担侵权责任"[1]。也就是说，虽然《法国民法典》没有明确规定没有识别能力的未成年人不承担侵权的民事责任，但学者基于过错的思想，将未成年人识别能力的欠缺解释为没有识别能力和判断能力从而不具有过错能力，不仅无法构成第1382条的侵权责任，而且是因为没有责任能力才不承担侵权责任。在此，法国学者对责任能力和责任承担采取了视为同一的立场。

但是，这样的一种解释理论在实践中可能产生不公平的后果，因为它几乎无视受害人确实存在的事实，仅从加害人侵害行为在道德上是否值得谴责来确定其是否具有责任能力和是否承担赔偿责任。20世纪以来，为了对受害人进行保护，法国司法逐渐改变了传统的规则：在20世纪初期创设了某些权宜的办法，例如，通过判例的方式要求那些对没有识别能力的人承担监护义务的人就这些人在没有识别能力的情况下所导致的损害承担责任；但到了20世纪60年代，法国有关成年人保护方面的法律改变了此种长期以来所践行的规则，认为精神病人亦应对其实施的侵权行为负责；法国判例更在1984年确立未成年人应对其侵权行为承担责任的规则[2]，新的规则是，"在确定未成年人是否有过错时，无须证实未成年人是否具有认识其行为后果的能力"。对此，Lègier指出："未成年人的过错不再以其行为的可责难性作为前提条件；只要具有非法性即具有过错，因此，过错是以客观的方式加以评价，此种非法性实际上就是对他人而言被认为不符合规范和危险的行为。"[3] 这样，未成年人的民事责任不再依赖于其辨

① ［法］Jean Carbonnier：Droit civil. Les obligations，Presse Universitaires De France，p. 411. 转引自张民安：《现代法国侵权责任制度研究》，57、60页，北京，法律出版社，2003。

② 参见张民安：《现代法国侵权责任制度研究》，57、140～141页，北京，法律出版社，2003。

③ 张民安：《现代法国侵权责任制度研究》，57、143页，北京，法律出版社，2003。

别能力，辨别能力不再是一个要讨论的问题。①

从上述法国法的发展看，传统的不区分责任能力和责任承担并将其决定于识别能力的理论无法适应现实的需要，导致了最终被司法实践的明确否定。而从理论上看，法国民法典对构成侵权责任的核心要求只是有过错，也就是要求能够构成过错，否则不承担侵权责任，并不涉及责任能力问题，而从《法国民法典》无论加害人年龄只要有过错就要承担侵权责任的规定来看，最合理的解释应是任何人均有责任能力，但不构成过错不承担民事责任，以前，过错的认定标准是未成年人自己的识别能力，在20世纪，这种认定标准则被提高到了一般成年人的识别能力，而不再具体考虑未成年人自己的识别能力。

## 二、《德国民法典》的有关规定及其解释

《德国民法典》第828条规定："未满七周岁的人，对其施加于他人的损害，不负赔偿责任；已满七周岁但未满十八周岁的人，如果在采取加害行为时不具有认识其责任所必要的理解力时，对其施加于他人的损害，不负责任。"而根据第829条的规定，在受害人对第828条之下所受的损害不能向有监督义务的第三人要求损害赔偿时，未成年人在合理的范围内"仍应当赔偿损害"②。

对德国法上述规定的解释，拉伦茨认为完全责任能力随着年满18周岁而同时发生，不足7周岁的儿童无责任能力，满7周岁但未满18周岁的儿童和青少年的责任能力，取决于他们在具体情况下进行有赔偿义务的行为时，是否已经具备"认识其责任所必要的理解力"。"理解力"在这里是指认识这种行为的不法性及由此所产生的责任的一般的精神能力。如果不具备责任能力，就无须再审查行为人是

---

① 参见［德］克雷斯蒂安·冯·巴尔著，张新宝译：《欧洲比较侵权行为法（上）》，99～100页，北京，法律出版社，2004。

② 郑冲、贾红梅译：《德国民法典》，北京，法律出版社，1999。本书所引《德国民法典》法条除另有特别注明外，均引自该书。

否尽了必要的注意。[①] 我国学者一般解释为，第 828 条第 1 款规定的是“绝对无责任能力”，第 2 款规定的是“相对无责任能力”，而第 829 条规定的未成年人合理范围内补充的赔偿责任是责任能力的例外，为基于衡平的赔偿责任。[②]

然而，上述解释也如对法国法的解释一样，是一种在过分强调过错理论前提下的解释，而对《德国民法典》第 829 条规定的未成年人承担民事责任的情况，也只能牵强地称为例外。并且，上述解释的结果是：未成年人没有识别能力就没有责任能力，但在受害人不能从监督人处获得赔偿时，未成年人有责任能力，因为其在此情况下应承担合理范围内的赔偿责任。如此，本来以识别能力为基础确定责任能力，有无责任能力就是一种自然状态，与未成年人的智力发展水平相对应，理论体系和思路明确合理，但立法对例外的情况下未成年人具有责任能力的规定使得理论的体系性和思路的清晰性荡然无存：因为未成年人是否具有责任能力在许多情况下有赖于受害人可否从有监督义务人处获得赔偿。对此，唯一能增加其合理性的解释是在受害人不能从监督义务人处获得赔偿的情况下，不是未成年人具有责任能力进行赔偿，而是其仍然没有责任能力，但法律特别规定使其承担赔偿责任，即承担的是无责任能力下的赔偿责任。但如此的结果是赔偿责任的承担不一定需要具有责任能力，无责任能力也可以承担民事责任，责任能力不是责任承担的必要条件。如果这个结论能够成立，则民事责任的构成将完全可以脱离责任能力制度而单独存在，立法的规定应只是对责任构成和责任承担的规定，与责任能力没有关系，则理论对立法的解释就失去了合理性，并且责任能力制度存在的意义也大为降低：研究责任能力主要的内容是界定清楚哪种情况下自然人没有责任

① 参见［德］卡尔·拉伦茨著，王晓晔等译：《德国民法通论》，156 页，北京，法律出版社，2002。

② 参见黄立：《民法债编总论》，254～255 页，北京，中国政法大学出版社，2002；刘保玉、秦伟：《论自然人的民事责任能力》，载《法学研究》，2001（2）。

能力，如果此一努力的结果只是没有责任能力的理论结论并不伴随不承担民事责任的结果的话，此研究之意义为何？因此，也许可以换一种思路来理解责任能力问题，将责任能力与责任承担分离，解释为未成年人均有责任能力，但一般可以不承担民事责任无疑更加合理，尤其是在考虑到随着社会的发展未成年人被确定承担民事责任的情况将日益增多的情况下。如此解释还有利于解释监护人（包括亲权人，下同）[①] 对未成年人侵权行为承担责任的性质，目前有自己责任、替代责任的争论，看似各有其理，然而如果在监护人责任越来越趋于严格责任的发展趋势上就可以看出是对他人行为的责任，是对具有责任能力应该承担民事责任，但考虑到未成年人的财产状况、智力不成熟等因素而使监护人承担其应承担的责任。

## 三、日本法的规定及其解释

### （一）《日本民法典》的规定及其传统解释

《日本民法典》第712条规定："未成年人加害于他人时，如不具备足以识别其行为责任的知识和能力，不就其行为负赔偿责任。"[②]《日本民法典》的此一规定，被明确标之以"未成年人责任能力"的标题，在解释上自然也被认为是对责任能力的规定。此条规定对未成年人的责任能力统一以有无识别能力作为判定根据，完全不考虑年龄，直接以有无识别能力作为是否承担赔偿责任的标准。至于未成年人是否具有责任能力，则是要在实务中个别判断，但"判例、学说大致上以小学毕业的12岁前后的能力为责任辨识能力"[③]。在立法的明

① 由于我国立法不区分亲权人与监护人，且两者在对未成年人致人损害承担责任方面没有不同，考虑行文习惯和方便，本书以监护人统称。另外，由于监护人和法定代理人的区别在本文研究中没有影响，且具体行使监护权的监护人即为法定代理人，本书在文中不区分监护人和法定代理人而相互替代使用。

② 王书江译：《日本民法典》，北京，中国人民公安大学出版社，1999。本文所引《日本民法典》条文均出自该书。

③ 于敏：《日本侵权行为法》，86页，北京，法律出版社，1998。

确规定之下，日本学者一般将民法的规定解释为对责任能力的规定，原则上不具有识别能力就没有责任能力。

这种解释下的责任能力制度，“是从过失责任主义逻辑地演绎出来的”。对日本民法典的规定，民法起草者之一梅谦次郎博士曾认为是因为“未成年人还很幼稚不具有足以辨识其行为责任的知识时不对其行为负责”，并将责任能力的欠缺解释为是意思能力的缺乏，从而不能构成法律上责任对象的“行为”①。鸠山秀夫博士对这种将能够实施行为的能力与责任能力同等看待的见解进行了批判，认为基于自己的意思，身体上有举动，由此，就可以说有在外界性的结果发生时的“行为”。鸠山秀夫进而以此为基础提出了以是否能够认识到行为结果的能力作为标准，后经我妻荣博上的继承最终发展成为“要求足以辨识自己行为结果的精神能力”作为责任能力依据的日本通说。②

**（二）个人能力与责任能力无关说——日本学者对传统解释的批判**

在日本民法后来的发展中，出现了对上述通说的有力批判。加藤教授和野村教授认为，今天的过失论已经采取客观的注意义务违反说，过失已不是主观的心理状态，而是依据客观义务违反的有无来判定，以个人的判断能力为前提的责任能力就已经不再是逻辑上的必然要求。森岛教授认为，违反注意义务作为责任根据的过失责任主义与使不具有辨识行为结果能力者免责的责任能力制度在严格的意义上并不存在一方构成另一方逻辑前提的问题，在客观的注意义务违反这一事实存在时，即使行为者的智能显著低下，也能够以受害者的救济不受加害者能力的影响为理由，采取认定赔偿责任的政策。另外，即使在采取无过失责任主义扩大加害者责任的场合下，对由于智能低下根本不可能期待其预先避免结果发生的人，要采取免除其赔偿责任的政策也并非不可能。因此，应该把责任能力看作是与个人的能力无关，只要存在客观注意义务违反的事实时加害者就要负赔偿责任这一客观过失责任主义之下，从认可对一定的能力显著低下者予以免责的政策

① 于敏：《日本侵权行为法》，80页，北京，法律出版社，1998。

② 参见于敏：《日本侵权行为法》，80页，北京，法律出版社，1998。

性考虑出发建立的制度。在从立法政策的观点重新探讨无责任能力制度的学说中，出现了考虑到今天的侵权行为制度正在从个人获得自由的限制向公平分配损害负担转轨的情况下，无责任能力制度的妥当范围应该大幅度缩小的倾向。并有人提出从与德国民法的衡平责任同样的构想出发，认为加害者自身有相当的资产，或者加入了足够的责任保险的场合，由无判断能力的加害者赔偿是公平的主张。①

**（三）对日本学者观点的简析——具有突破意义的个人能力与责任能力无关说**

从上述日本民法的传统解释看，日本学者是立足于责任能力和责任承担同一的立场的。早期基于有过错才有责任的认识，确立了必须有“辨识能力”才具有责任能力的通说。然而日本学者后来的研究发现了这种观点的偏颇，尤其是在客观过失主义日益成为侵权责任确定的主要方式的情况下，终于发现责任的承担与责任能力并不是绝对地具有逻辑前提的关系，责任承担与否以及责任承担主体的确定更主要是立法政策问题，而是否具有辨识能力是自然事实问题，法律可以在过失责任主义下使缺乏辨识能力的人承担侵权责任，也可以在无过失责任主义下不使缺乏辨识能力的人承担侵权责任，因此责任能力应该被看作是与个人能力无关的制度，而是一种从认可对一定的能力显著低下者予以免责的政策性考虑出发建立的制度。

作者认为，日本学者的研究已经正确地提出了责任能力制度是与个人能力无关的制度这一重要的观点，从而实现了对近代民法简单地将责任能力等同于意思能力或者辨识能力理论的一个重大突破。这种观点正确地看到了侵权法、尤其是现代侵权法损害赔偿责任的认定和承担其核心出发点是对受害者提供公平合理的救济，而意思能力或者辨识能力则是在个人主义的自由思想之下“自主决定、自己责任”观念的一个简单反映：如果不是自己决定的，自己就不应当承担责任，而是否自己决定的关键是自己能否理解有关行为的后果。然而，这种观念几乎是完全不考虑受害人的，而作为社会现实，无论在近代自由

① 参见于敏：《日本侵权行为法》，81～83页，北京，法律出版社，1998。

主义盛行的时期，还是在现代自由主义理论修正个人自由、重视社会自由的时期，受害人的利益都是不能完全忽视的，否则将导致非常不公平的后果。所以即使在近代的民法，也有德国法的所谓衡平责任在辨识能力之外提供对受害人的必须的合理救济，在现代法更有各国进一步对受害人救济的发展。通过这些理论和发展，我们可以看出，理论上更合理的选择就是将责任能力抽象地视为一种个人对其行为造成损害承担责任的资格，而具体的责任承担可以结合社会发展需要和各种立法政策的考量具体确定，如此在理论上将可以妥当地解释各种法律规定，更能适应社会实践不断发展的需要。

## 四、《意大利民法典》的规定及其解释

《意大利民法典》第 2046 条“致损行为的可归责性”规定为：“在实施致损行为时，无判断能力和意思能力的人不承担致损行为的后果，除非无行为能力的状况由其过失所导致。”第 2047 条“无行为能力人导致的损害”规定：“在损害是由无判断能力和意思能力人导致的情况下，应由对无行为能力人负有监护义务的人承担赔偿责任，但是，能证明他不能阻止该行为的除外；在负有监护义务之人不能赔偿损害的情况下，法官得根据双方当事人的经济条件判定致害人给予公平的赔偿。”①

一般认为，《意大利民法典》的规定是以判断能力和意思能力为一般标准、例外地考虑经济条件确定责任能力的典型立法例。② 根据上述法条及相关法条的规定，未成年人作为无能力人在不具有判断能力和意思能力时，不区分年龄一概对其所造成的损害不承担赔偿责任。按照责任能力的一般理论分析模式，意大利法总体上否定未成年

---

① 费安玲、丁玫译：《意大利民法典》，北京，中国政法大学出版社，1997。本书所引《意大利民法典》条文均出自该书。

② 参见刘保玉、秦伟：《论自然人的民事责任能力》，载《法学研究》，2001 (2)；胡峻、欧阳恩钱：《未成年人责任能力比较研究》，载《衡阳师范学院学报》，2005 (2)。

人的责任能力，未成年人原则上没有责任能力，只在有判断能力和意思能力时有责任能力。但“在负有监护义务之人不能赔偿损害的情况下”，未成年人可能会被判决承担基于公平责任的赔偿。然而此种情况是未成年人具有责任能力还是作为例外没有责任能力亦承担民事责任并不清楚。另外，需要指出的是，从意大利法的有关规定分析，作为责任能力之判断标准的判断能力和意思能力，与行为能力的认定标准是一致的。

## 五、我国台湾地区“民法典”的规定及其解释

我国台湾地区“民法典”第187条规定：“无行为能力人或限制行为能力人，不法侵害他人之权利者，以行为时有识别能力为限，与其法定代理人连带负损害赔偿责任。行为时无识别能力者，由其法定代理人负损害赔偿责任。前项情形，法定代理人如其监督并未疏懈，或纵加以相当之监督，而仍不免发生损害者，不负赔偿责任。如不能依前二项规定受损害赔偿时，法院因被害人之声请，得斟酌行为人及其法定代理人与被害人之经济状况，令行为人或其法定代理人为全部或一部之损害赔偿。”

对上述台湾地区“民法典”的规定，王泽鉴先生解释为间接规定了责任能力，并认为责任能力是侵权行为成立的前提，责任能力的判断以有无识别能力为标准，无识别能力者无责任能力，而识别能力，台湾地区“民法典”“立法理由书认系辨别是非利害的能力，而其所谓是非利害，非指善恶而言，乃指法律上的是非利害……即指辨别自己的行为在法律上应负某种责任的能力”①。而对于上述法条规定的无识别能力未成年人在受害人不能从法定代理人处获得赔偿时承担的全部或一部之损害赔偿责任，台湾学说称之为衡平责任或公平责任，王泽鉴先生认为“属无过失责任之一种”，“其应斟酌的，除经济情况

① 王泽鉴：《侵权行为法（第一册）》，275～277页，北京，中国政法大学出版社，2001。

外，尚应包括加害的种类及方法，责任能力欠缺的程度，以及被害人是否已取得保险金等情事”①。黄立先生也认为是“民法过失责任之另一例外”②。但如此解释的结果是，责任能力被更加明确地说明为只是过失责任承担之资格，不能适用于过错责任之外的其他责任类型。因而现代社会大量存在的无过错责任、公平责任等民事责任类型，有关的责任构成及承担却完全不需要责任能力。如此一来，“责任能力为承担民事责任资格”之解释将明显不妥，应修正为“责任能力为承担过错责任之资格”，其结果一是责任能力制度在现代社会之理论价值大为降低；二是大量的责任构成和承担不需要责任能力的存在，没有责任承担的资格而承担民事责任，导致民事责任理论产生明显的缺陷。

## 六、北欧国家的有关规定——非常有参考价值的立法模式

北欧国家的法律制度是在大陆法系和英美法系的共同影响之下成长起来的。在关于未成年人承担民事责任的规则上，北欧国家最显著的特点是没有一个国家的制定法规定有固定的承担责任的最低年龄界限，使低于这一年龄的儿童没有责任能力，也不承担民事责任。在北欧国家，原则上儿童与成年人适用的承担责任规则是一样的，但是法官可以依据衡平原则减少赔偿数额。在所有的这些国家，减轻责任的传统做法是以儿童的年龄和发育状况为基础的，但是在实践中仅仅适用于不满 4 岁的儿童。超过这一年龄，即使缺乏辨别能力也不排除民事责任。在对未满 14 岁的被告的过失进行判决时，法院适用与年龄相关的较低的注意标准。③

北欧国家上述在未成年人致人损害责任承担上不区分未成年人与

---

① 王泽鉴：《侵权行为法（第一册）》，278 页，北京，中国政法大学出版社，2001。

② 黄立：《民法债编总论》，255 页，北京，中国政法大学出版社，2002。

③ 参见［德］克雷斯蒂安·冯·巴尔著，张新宝译：《欧洲比较侵权行为法（上）》，409～410 页，北京，法律出版社，2004。

成年人，在实践中减轻 4 岁以下儿童的民事责任、并对 4 岁以上儿童适用与其年龄相应的注意义务标准的立法，结合法国民法的规定，可以解释为自然人均有责任能力，但根据形成过错的不同程度确定其不同的注意义务标准，从而以一元的过错形成能力标准不仅圆满地解决了理论上的各种问题，而且妥当地解决了现实中对未成年人利益的合理保护问题。北欧国家的规定提供了一种非常有参考价值的立法模式，也为我们理解责任能力提供了一个完全不同的视野：解决未成年人的特殊保护不一定要通过规定其为责任能力欠缺者的途径来解决，在肯定所有未成年人均有责任能力、具有承担民事责任的资格从而可以承担民事责任的前提下，通过司法实践中的责任减轻和过失判断的特别考虑，完全可以实现对未成年人合理的特殊保护，又可以兼顾受害人利益的维护。以此为基础构建责任能力的理论体系，反而比直接前置性地否定未成年人的责任能力更有利于体系的一贯性和完整性，也更利于实现合理的利益衡量和公平，从而北欧国家的有关规定具有其突出的优点，完全值得大陆法系国家在进行相关立法或者改进有关立法中加以借鉴。

## 第三节　未成年人民事责任能力的比较评析

### 一、大陆法系各国未成年人民事责任能力比较

#### （一）法国法和德国法比较

法国的立法规定从立法文义上并不区分未成年人和成年人，对其因过错致人损害一概承担赔偿责任。因此，立足于文义解释法国法，如果认为责任能力是承担民事责任的资格，则无疑法国法是承认所有责任人的责任能力的，包括所有的未成年人。也就是说，法国法认为责任能力人人皆有，是人格自然包括的内容。这一点是所有大陆法系国家唯一的典型。法国法在立法上根本没有考虑将未成年人作为承担责任主体的例外排除其对民事责任的承担。应该说，这种立法首先与法国法充满着对理性主义乐观的激情有密切的关系：既然过错致人损

害，那么任何人皆应承担责任，无论是否成年。其次，这种立法无疑与法学理论的不够精细有关：这是法国民法的典型特点，其更多的是充满理性、充满激情，缺少法学理论应有的稳重和冷酷——法国民法并不存在权利能力、行为能力和责任能力的概念，也不存在对不同能力进行细致研究的成果，立法自然无法反映这些成果的要求。但是，正如作者一再强调的，侵权法解决的是责任承担问题，并不重视理论的观点与体现，因此，在极端重视理论的德国法以及后来的大陆法系立法中，一般仍然是不明确规定未成年人的责任能力问题，故对法国法不涉及责任能力的立法不应过多强调其理论不足的背景，而应充分意识到其积极意义，在现代的背景下对其作出合理的解释。当然，无论是基于自然的公平还是基于人们基本的道德观念，未成年人致人损害总是会获得更多的谅解、尤其是在未成年人因为智力的幼稚不能意识到其行为后果的情况下。因此，法国司法实践也不可能要求未成年人像成年人一样对其行为承担责任。正如上文所说，基于理论的解释和从实际情况的考虑，法国实务在认定未成年人责任承担时要求未成年人对其行为有识别和判断能力，否则“他对损害的发生不存在着过错”①。既然不存在过错，则自然不能构成第1382条的民事责任。这样，从民事责任过错的构成上，即使未成年人有责任能力，也可以合理解决不使未成年人因其智力不成熟而不能合理判断行为后果而还需要承担民事责任的问题。可见，在理论上承认未成年人的民事责任能力并不必然导致理论和实践上不合理、不公平的后果。当然，法国法在20世纪的发展已经更加明确了未成年人可以全面承担民事责任的立法立场。通过若干判例，法国最高法院确定：在确定未成年人过错时，无须审查未成年人是否具有辨别其行为后果的能力，只要具有非法性即具有过错，或者说“责任是基于客观的不当行为，而与过错无

① 张民安：《现代法国侵权责任制度研究》，57、140页，北京，法律出版社，2003。

关”①。也就是说，通过引入客观过错的理论，法国法全面承认未成年人侵权行为可以构成民事责任，更加强和明确了所有人皆有民事责任能力的立场。对于法国法的新发展，冯·巴尔批评说：“似乎没有人记得父亲曾经是儿童了……剥夺要求儿童有辨别能力的这一保护性条件，是给他们在开始自己的生活之前就加上了沉重的义务。”然而，这种批评也许是不公平的，因为现代法加重的不仅是儿童的责任，而是全面采纳客观过错的理论，其有强化受害人保护等新的理念作为正当性基础，并且，通过保险等相关制度的配合，将产生更为合理也更为公平的社会后果。而对未成年人，由于其责任承担可以通过向监护人的转移而由监护人承担，应该不会“给他们在开始自己的生活之前就加上沉重的义务”。

德国法对责任能力的规定与法国法明显不同。首先，德国法将自然人的责任能力按照年龄进行了划分，7 周岁以下为“绝对无责任能力”，无论加害人对行为后果的辨识能力如何，对施加于他人的损害，不负任何的赔偿责任；7 周岁到 18 周岁为“相对无责任能力”，对其智力可以理解其后果的行为，承担相应的民事责任；18 周岁以上为完全责任能力，对其致人损害，负完全的赔偿责任。德国法的这种划分直接以立法的形式确定了可能的过错形成的不同情形：7 周岁以下，法律认定不能形成过错；7 周岁到 18 周岁，可以在一定范围内形成过错；18 周岁以上，可以形成任何过错。这种立法的好处是便于司法适用，尤其是对 7 周岁以下的未成年人可以直接确定其不承担民事责任，而法国法的立法则要求对任何年龄的人都要根据个案考察其是否具有相应的过错。另外，规定 7 周岁以下的未成年人不承担任何民事责任对保护其利益无疑是非常有利的。但德国立法的不足是绝对地排除了部分未成年人对民事责任的承担，并且人为地以 7 周岁作为年龄的界限。民事责任是法律对行为人行为的否定性评价，更是对受害人的救济，因此，责任承担与否需要综合考量多种利益。未成年

---

① ［德］克雷斯蒂安·冯·巴尔著，张新宝译：《欧洲比较侵权行为法（上）》，97～102 页，北京，法律出版社，2004。

人、尤其是年龄较小的未成年人是否使其承担民事责任、在多大范围内承担民事责任并不能仅仅从未成年人利益需要保护的角度进行回答。固然，还可以举出未成年人一般没有财产，使其承担民事责任一般没有意义来加强这一回答。然而，作为民事主体，生即可取得权利、承担义务，即可以拥有独立的财产，虽然未成年人往往缺乏以自己行为取得财产的能力，但法律已经为其提供了取得财产的多种途径并对其独立的财产加以充分保护，例如通过受赠、继承、保险合同受益、通过法定代理人以其名义活动取得利益等，还可以通过上述方式取得财产产生的孳息方式。既然是拥有独立财产的独立主体，其承担责任便具有最基本的可能性，也具有初步的合理性。

同时，考虑到侵权责任的承担在近代法固然主要是对个人自由的限制，但同时亦是对受害人所受损害的补偿，而现代法则越来越成为是对受害人所受损害的救济，那么使未成年人在一定情况下承担因其行为造成损害的合理性便得到了加强。尤其是考虑到近代法排除或限制未成年人承担民事责任的同时，作为对受害人所受损害救济的补偿性制度是规定未成年人的监护人对未成年人所导致的损害承担赔偿责任，一般是过错责任的赔偿责任。于是就可能发生如下的现实问题：监护人可能没有财力承担民事责任，或者实在不能够找到其过错使其承担责任。在这两种情况下受害人的损失均无法得到补偿。因此完全以识别能力不足以排除或限制未成年人承担民事责任将造成无辜受害人得不到救济的不公平结果，在上述监护人无力赔偿或者不能使监护人赔偿的情况下，使受害人自行承担损失无疑明显不公平。德国法以年龄排除或限制未成年人责任承担无疑存在此一重大弊端。事实上，对此种可能的不公平，德国民法典立法之时即已有充分之认识，故德国民法典在未成年人承担责任的年龄规则之外规定了衡平赔偿制度，规定了受害人所受的损害不能向有监督义务的第三人要求损害赔偿时，未成年人在合理的范围内“仍应当赔偿损害”。然而，作者认为，这种在原则上以识别能力排除或限制未成年人的赔偿责任、而又以例外肯定未成年人特殊情况下全面赔偿的立法，在逻辑上存在漏洞：既然不存在责任能力，何以例外又肯定无责任能力者的赔偿责任呢？另外，这种绝对排除低于一定年龄的未成年人承担民事责任的立法在法律适用上不当束缚了法院的酌情决定权，不利于在司法实践中个案公平的实现，也不利于法律不断适应社会发展的需要作出适当的调适。法国法正是由于其民法典有关立法弹性的优势，才能适应现实发展的需要，20 世纪 80 年代在无须改变法律条文的情况下大幅度扩大未成年人民事责任的承担。

因此，在受害人救济的更好实现和对受害人的公平方面，以及在立法技术更能适应社会发展需要方面，德国的立法不如法国的立法为优。

**（二）日本法与法国法、德国法比较**

在民法史上，《日本民法典》立法先是参考《法国民法典》进行起草，在《德国民法典》第一草案公布后又参考《德国民法典》进行新的起草，因此，日本民法主要吸收了德国的制度，但法国民法的影响也有一定体现。在未成年人民事责任上，《日本民法典》的规定与德国法相似之处在于其对未成年人责任承担明确作出特别规定："未成年人加害于他人者，如不具备足以识别其行为责任的知识和能力，不就其行为负赔偿责任。"此规定明确识别能力为未成年人承担民事责任的基础，体现了德国民法的精神。依照与德国民法典相似的解释，只有具有识别能力才具有责任能力，没有识别能力就没有责任能力，根本不存在责任承担问题。但此规定与德国民法典的规定明显不同的是，其不按照年龄区分未成年人的责任能力，不像德国民法典将未成年人责任能力分为绝对无责任能力和相对无责任能力，仅采用识别能力作为唯一的确定未成年人责任能力的标准。在这一点上，日本民法的规定与法国民法的规定具有实质上的相似性：虽然在形式上法国民法不区分成年人与未成年人统一以民法典第 1382 条规定侵权责任的承担，但在司法实践对第 1382 条的适用中考虑对未成年人根据其年龄确定过错形成的较低标准，从而在实质上对未成年人按照其形成过错的能力——基本等同于识别能力确定责任承担，因此与日本民法形式上直接特别规定对未成年人适用与其识别能力相应的标准确定责任承担相同；并且，日本民法不区分未成年人的不同年龄阶段的做法与法国民法的规定也是一致的；最后，日本民法由于统一规定未成年人以识别能力作为责任承担与否确定的标准，就为司法适用留下了必要的空间，如法国民法一样，法院可以基于公平、基于救济受害人的需要通过认定未成年人具有相应的识别能力而解决受害人的救济问题，而不必像德国法那样，在责任能力制度之外再引入外植的衡平责任赔偿制度解决特殊情况下的公平问题。当然，也正是由于上述的特点，日本民法可以通过司法适用的调整，从宽认定未成年人的识别能力，从而解决侵权法现代发展中更重视对受害人的保护问题。与法国法比较，日本法是德国式的责任能力、过错形成二元结构，但在实质的司法适用上与法国法暗合。日本法优于法国法之处在于其明确对未成年人的责任能力作出特别规定，从而不必像法国法一样需要借助于法条之外的学说解释和司法实践确定未成年人责任承担的特殊认定，但也正因为有这样的不同，日本法虽然可以调整对识别能力的解释适应侵权法现代发展的需要，但在理论上无法自洽地全面承认未成年人全面的责任能力，无法合理地完成法国法 20 世纪 80 年代在未成年人责任承担方面的发展。另外，其责任能力和过错形成的二元结构、并以责任能力为过错形成和责任承担前提的理论基础是否妥当也存在疑问。在日本学者的研究中，已有学者从不同方面对此质疑，提出在客观过失之下，过失已不是主观的心理状态，而是依据客观义务违反的有无来判定，以个人的判断能力为前提的责任能力就已经不再是逻辑上的必然要求，或者提出违反注意义务作为责任的根据的过失责任主义与使不具有辨识行为结果能力者免责的责任能力制度在严格的意义上并不存在一方构成另一方逻辑前提的问题。① 因此，日本法继承德国法的上述理论基础，已经不能正确解释侵权法新的发展，明显显示出理论的固有不足。

**（三）意大利法、我国台湾地区有关规定与日本法、德国法和法国法比较**

意大利民法的规定在文字上基本与日本民法的规定相同，只是在

① 参见于敏：《日本侵权行为法》，81～83 页，北京，法律出版社，1998。

解释上日本民法的识别能力是低于行为能力制度下意思能力的能力，意大利民法的“判断能力和意思能力”却采用与行为能力同样的认定标准。这样的后果是，绝大多数的未成年人被认定无责任能力，从而也不承担民事责任。受害人相应的损害只能通过向对未成年人的监护人主张而获得赔偿，从而与日本民法之下的制度相比，更可能出现受害人得不到赔偿的不公平后果。当然，《意大利民法典》在上述规则之外，还肯定了基于“社会的连带”和“社会的责任”思想①的公平责任的赔偿，“在负有监护义务之人不能赔偿损害的情况下，法官得根据双方当事人的经济条件判定致害人给予公平的赔偿”，从而上述的不公平情况在很大程度上可以得到解决。与德国民法相比，意大利民法在这一点上非常相似，但其不区分年龄统一规定未成年人责任能力的立法模式以及以与行为能力相同的意思能力作为具有责任能力的标准与德国法明显不同。至于与法国法相比，意大利民法的规定几乎是在完全不同的另外一个立法模式之下的。与上述三个国家的立法比较，意大利民法的规定无疑最不合理，以与行为能力相同的意思能力作为责任能力的标准，实际上否定了责任能力的独立性，更没有反映民事责任应有的独立价值，仅仅依靠一个公平责任，不仅不能完全弥补立法的不足，也使得公平的实现过多地依赖法官自由裁量，对法律的确定性造成不必要的危害。而在适应过失责任向客观过失主义发展和侵权法立法向保护受害人倾斜方面，意大利民法也受制于其规定不能作出必要的反应。因此，意大利的立法不足取。

我国台湾地区的有关规定是对德国法的改进，改进之处是吸收日本民法的优点，统一规定未成年人有识别能力者承担民事责任，采反对解释，未成年人无识别能力者不承担民事责任。这样就为司法适用保留了足够的弹性空间，不必如德国法那样不必要地束缚法官根据个案决定未成年人是否需要承担民事责任。并且，我国台湾地区“民

① 参见［德］克雷斯蒂安·冯·巴尔著，张新宝译：《欧洲比较侵权行为法（上）》，99～100页，北京，法律出版社，2004。

法”以识别能力为标准也比较合理。我国台湾地区“民法”的另外一个特色是直接规定未成年人实施加害行为时有识别能力时，与法定代理人连带承担赔偿责任。如此规定的积极意义在于使得受害人的利益可以得到更有效的保护，在未成年人具有责任能力的情况下，不是使赔偿主体转换为未成年人，而是增加未成年人为共同赔偿主体，无疑对受害人非常有利。此种立法虽然增加了法定代理人的负担，但与不断发展的侵权法理念和监护人承担责任的理念是一致的：重视保护受害人，监护人责任是对未成年人致人损害的他人责任，既然是他人责任，那么只要给他人造成损害，监护人就应承担责任。但是，我国台湾地区“民法”并没有完全贯彻监护人的他人责任理念，或者说只是贯彻了一半，因为其同时又规定了监护人尽了监护职责时的免责。对这一点，在监护人责任在近代大陆法系立法中并没有能够成为绝对的对他人加害行为责任的立法背景下，也是非常能够理解的：因为过错主义的影响虽然在不断褪去，但其余威仍然巨大，除了新的《荷兰民法典》规定了父母对 14 岁以下未成年子女致人损害的无过错责任外，监护人责任至今总体停留在过错责任的层面，尽管作者认为此种过错不过是“皇帝的新衣”，但要求总体制定在 1929 年的我国台湾地区“民法典”贯彻监护人责任是对他人行为责任的理念无疑是过分了，我国台湾地区“民法”目前的体现已经是难能可贵了。另外，我国台湾地区“民法”参考德国法规定了衡平责任，但比较德国法的衡平责任，又有明显改进：德国法的衡平责任是在受害人无法按照过错规则获得赔偿时衡量未成年人经济能力使未成年人给予合理赔偿的制度，而我国台湾地区“民法”的衡平则是在受害人无法按照过错规则获得赔偿时对未成年人和法定代理人经济能力的衡量，进而判决未成年人或法定代理人承担全部或部分的赔偿。此衡平责任再次把法定代理人作为承担赔偿的对象考虑进来，加重了法定代理人的责任，但也体现了上文所说对受害人的保护，符合侵权法理念的新发展。因此，我国台湾地区“民法”的规定是在以德国民法规定为基础，吸收日本民法的积极方面的基础上作出的，相对于德国民法和日本民法，均有其明显的进步性。如果与法国民法的规定相比，我国台湾地区“民法”在规范的精细化、合理化方面具有明显的优势，不足之处是其继受了德国民法责任能力与过错形成区分、并以责任能力为过错形成前提的二元结构理论，此理论在侵权法现代的发展中妥当性明显存在问题，也在全面承认未成年人责任能力方面存在难以克服的限制。但同日本民法一样，我国台湾地区“民法”在法律条文不作修改的情况下，即可以提高司法对辨识能力的从宽解释适应现代侵权法理念加强保护受害人的理念变化。

所以，总体而言，在大陆法系主要国家和地区的立法中，我国台湾地区有关规定的优点是明显的，其许多方面的规定均值得借鉴。

## 二、大陆法系和英美法系未成年人民事责任能力比较

### （一）英美法系未成年人民事责任能力分析

英美法系并没有大陆法系权利能力、行为能力、责任能力的理论，因此也没有以这些理论为基础的制度。然而，就承担民事责任的资格而言，英美法系当然也要面对未成年人是否有资格以及在何种范围内有资格就其致人损害承担民事责任的问题。因此，在实然上，英美法系也必然存在未成年人是否有资格承担民事责任以及在多大范围内、在多大程度上承担民事责任的法律规则。

与大陆法系从罗马法就有监护人对未成年人侵权行为承担责任的传统相反，英美法系的传统是父母不为未成年人承担责任。普通法从来不认为父母子女关系的存在是父母承担责任的当然原因。在普通法上，父母承担责任的基础是对自己过错的责任，即自己在照管未成年人子女中存在过失，该过失导致未成年人致人损害。[①] 即使通过后来的发展，如通过美国的“侵权法重述”，英美法对父母承担民事责任仍然持非常消极的态度，法院甚至会以各种理由拒绝适用“重述”，

① See Jeffrey L. Skaare, The development and current status of parental liability for the torts of minors, North Dakota Law Review, 2000.

并且对年龄较大的接近成年的孩子一般不认定父母责任。[①] 在现代侵权法，英美法、尤其是美国法，多以制定法发展父母对子女侵权行为致人损害责任的承担。尽管这些制定法多数规定了父母的严格责任，但仍然以较低的赔偿数额作为适用的限制，并且更重要的是，许多法院在法律适用中对父母责任的认定往往态度消极，抱一种几乎是敌视的心态，更有法院认为加重父母责任的制定法是违宪的，违反了美国宪法的正当程序条款，非法地限制了父母的自由和剥夺了父母的财产。在这样的法律观念之下，承担侵权责任的当然是未成年人自己了。所以在普通法，“作为一个一般的规则，未成年人对其侵权行为承担民事责任”。正因为如此，普通法允许父母要求加入其子女共同承担责任，以减轻其承担赔偿的数额。[②] 英美法认为，侵权法的目的是补偿原告或受害人，因此使未成年人及其父母承担责任是公平的，这并不意味着未成年人理解侵权行为并且像成年人一样具备侵权法的知识。[③] 因此，英美法在使未成年人承担侵权责任时，并不考虑其没有足够的识别能力问题，从而作为普通法的原则，未成年人应该对其造成的损害承担责任，而实践中受害人之所以往往要求未成年人父母承担责任，其原因是“年轻的侵害者”很少会有财产或者有任何的责任保险，（受害人向未成年人主张赔偿）往往得不到任何救济。[④]

---

① See Rhonda V. Magee Andrews, The justice of parental accountability: Hypothetical disinterested citizens and real victims 〈CDQ〉 voices in the debate over expanded parental liability, Temple Law Review, fall, 2002; David F. Johnson, Paying for the sins of another—Parental liability in Texas for the torts of children, Texas Wesleyan Law Review, Spring, 2002.

② See David F. Johnson, Paying for the sins of another—Parental liability in Texas for the torts of children, Texas Wesleyan Law Review, Spring, 2002.

③ See Lydia D. Johnson, What effect will Yarborough v. Alvarado have on Texas law enforcement interrogation of suspect minors?, Thurgood Marshall Law Review, Spring, 2005.

④ See David F. Johnson, Paying for the sins of another—parental liability in Texas for the torts of children, Texas Wesleyan Law Review, Spring, 2002.

根据上述分析，未成年人当然对其侵权行为承担责任。既然未成年人当然对其加害行为有赔偿的责任，那么借用大陆法系的概念，未成年人就具有相应的责任能力，也就是说，在英美法系，未成年人均有责任能力，可以也应该对自己加害行为造成的他人损失负责。

**（二）大陆法系与英美法系未成年人民事责任能力比较**

与大陆法系比较，英美法系对未成年人承担其侵权行为的态度明显不同。结合上文的分析，大陆法系国家主要以责任能力与过错形成的二元结构确定未成年人是否承担民事责任，而在确定未成年人是否有责任能力时再次考察未成年人形成过错的能力，体现出了明显的法逻辑特点。然而，正如上文已经指出的，在逻辑上，责任能力与责任承担可以分开，因此大陆法系出于保护未成年人合理的成长环境和过错主义在未成年人的实现等考虑而排除一定的范围内未成年人承担民事责任的立法政策并不必然要求否定该范围内未成年人的责任能力，此种立法模式在法技术上不具有必要性。在一方面法技术上并不必要的情况下，另一方面却是牺牲了受害人的利益：在加害人为不被立法赋予责任能力的未成年人的情况下，如果受害人不能从未成年人父母处获得赔偿（父母一般承担过错赔偿的责任），则无辜的受害人只能自己承受损失。为减少这一可能的不公平现象，德国法、意大利法和我国台湾地区有关规定等在责任能力、过错主义之外规定了所谓的衡平责任，例外地考虑未成年人的经济能力使无责任能力的未成年人或无过错的父母承担赔偿责任。而在没有规定衡平责任的日本等其他大陆法系国家，受害人在上述情况下完全没有获得救济的途径，且加害的未成年人则可能无忧无虑地享受其拥有的许多财产。比较而言，英美法系从救济受害人出发，至少保证了受害人可以从有财产的未成年人处获得赔偿，因此大陆法系的这种立法在法效果上明显不如英美法系。应该说，大陆法系的立法技术远比英美法系的立法技术复杂，但既不能完全贯彻严密的逻辑体系，在法效果上又不及英美法系，大陆法系无疑应借鉴英美法的立法模式加以改进。

需要强调的是，作为大陆法系的法国在立法上与英美法系国家的立法非常相似，只是在大陆法系“责任能力”和“过错主义”的氛围里，法国法几乎迷失了其应有的方向，更未能发挥对其他大陆法系国家立法的指引作用。因此，作者认为，大陆法系国家在改进有关立法时，在借鉴英美法系的同时，应考虑以法国法为参照，由于法国法属于大陆法系，参考法国法的改进将会能更融洽地融入现行的法律体系。并且，从英美法国家和法国法所表现出的侵权法发展方向看，未成年人致人损害的侵权责任承担逐渐向无过错的方向发展，且主要是父母等监护人承担的无过错责任。在这样的趋势下，损害救济的理念更加突出，受害人救济的实现日益得到重视，从而完全可以也完全应该将所有的未成年人纳入可以承担侵权责任的主体，而使未成年人在有过错的情况下可以和父母等监护人一起被要求承担侵权责任，并使有财产的未成年人承担基于衡平的赔偿责任。

## 第四节　我国民法关于未成年人民事责任能力的规定及其在未来的合理确定

### 一、我国现行法有关未成年人民事责任能力的规定

我国《民法通则》第 133 条规定：“无民事行为能力人、限制民事行为能力人造成他人损害的，由监护人承担民事责任。监护人尽了监护责任的，可以适当减轻他的民事责任。有财产的无民事行为能力人、限制民事行为能力人造成他人损害的，从本人财产中支付赔偿费用。不足部分，由监护人适当赔偿，但单位担任监护人的除外。”最高人民法院《关于贯彻执行〈中华人民共和国民法通则〉若干问题的意见》第 161 条第 1 款规定：“侵权行为发生时行为人不满十八周岁，在诉讼时已满十八周岁，并有经济能力的，应当承担民事责任；行为人没有经济能力的，应当由原监护人承担民事责任。”

上述规定是我国现行法有关未成年人责任能力的规定。当然从文义看上述法条是对未成年人致人损害责任承担的规定，也只能说是间

接地规定了责任能力。① 按照一般的解释，上述法条规定的内容是未成年人原则上没有责任能力，其致人损害的赔偿责任由监护人承担，但如果未成年人有自己独立财产的，则视为有责任能力，自行承担民事责任。② 其中，监护人承担是原则，未成年人自行承担是例外。而最高人民法院规定的意义在于，在个别情况下缓和了未成年人致人损害一概由监护人承担的规则，未成年人在被诉时已满 18 岁且有经济能力的，对其未成年时造成的损害自行承担赔偿责任。

## 二、我国民法学者对现行法的解释及关于未成年人民事责任能力的观点

### （一）我国学者对现行法关于未成年人民事责任能力规定的解释

我国学者对上述法律规定的解释由于受到国外及我国台湾地区学者观点的影响，也是在责任承担与责任能力同一的基础上解释有关规定的。根据《民法通则》第 133 条的规定，有学者认为我国对未成年人责任能力的判断以行为能力为一般标准，凡依法具有民事行为能力者，均具有民事责任能力，“以民事行为能力之有无，作为判断民事责任能力之根据，实有利于他人及对他人和社会利益之保护”③；另有学者认为我国尚以“财产状况”作为例外标准。④ 在此基础上，一般认为《民法通则》及司法解释关于未成年人不承担民事责任的规定就是规定了未成年人没有责任能力。

然而杨立新先生提出了不同的解释，认为“按照《民法通则》的

---

① 参见刘保玉、秦伟：《论自然人的民事责任能力》，载《法学研究》，2001（2）。

② 参见李庆海：《论民事行为能力与民事责任能力》，载《法商研究》，1999（1）；刘保玉、秦伟：《论自然人的民事责任能力》，载《法学研究》，2001（2）。

③ 梁慧星：《民法总论》，75 页，北京，法律出版社，2001。

④ 参见刘保玉、秦伟：《论自然人的民事责任能力》，载《法学研究》，2001（2）。

规定，无民事行为能力人或者限制民事作为能力人实施侵权行为，构成侵权责任，只是行为人无财产的，由其法定代理人承担赔偿责任；自己有财产的，则要自己承担侵权责任”，并进而提出，《民法通则》对未成年人侵权责任的构成，采用了与大陆法系不同的方法，“在大陆法系，确定侵权行为的民事责任，认为人要符合责任能力的要件，只有具有责任能力的人实施的侵权行为，才能够确定其侵权责任，不具有责任能力的人不承担侵权责任，由对其负有监护责任的人承担。我国侵权行为法不规定责任能力，只是规定凡是无民事行为能力或者限制民事行为能力的人实施的行为致人损害，一律采用由其监护人承担责任的办法，以民事行为能力为标准，不适用责任能力的标准”①。

**（二）我国学者关于责任能力的观点**

我国学者关于责任能力的观点传统上主要有：（1）民事行为能力包容说（广义民事行为能力说）。认为自然人的民事行为能力是指自然人能够通过自己的行为取得民事权利、承担民事义务的能力或资格，它不仅包括自然人为合法行为而取得民事权利和承担民事义务的能力，而且包括自然人对其违法行为承担民事责任的能力。（2）侵权行为能力说。谓侵权行为能力，亦称责任能力，乃负担侵权行为责任之能力。（3）意思能力说。认为自然人的民事责任能力，是其能够理解自己的行为并且预见其违法行为结果的心理能力，亦即关于违法行为的意思能力。（4）识别能力说。这是传统民法理论及民事立法所采行的通说，认为民事责任能力是“足以辨识自己的行为结果的精神能力”，或者说是“行为人足以负担侵权行为法上之赔偿义务之识别能力”。这里的“识别能力”，处于判断层次上，在程度要求上明显低于作为推理层次的“意思能力”。（5）独立责任资格说。认为民事责任能力是指民事主体据以独立承担民事责任的法律地位或法律资格。对于民事责任能力的判断标准，认为以意思能力为根本逐一进行个案审查，失之烦琐，难以操行，故而以民事行为能力之有无作为判断民事责任能力的根据，更具优点。

---

① 杨立新：《侵权法论》，156、435页，北京，人民法院出版社，2005。

几种观点中，民事行为能力包容说本为学界通说，然而随着有关理论研究的深入，越来越多的学者对其进行质疑[①]，责任能力不同于行为能力的独立价值日益被强调，独立责任资格说日渐取得支配性之地位。对责任能力与行为能力的区别，有学者总结为：（1）目的不同。法律设民事行为能力，在于使主体可以按照自己的意志追求自身利益；设民事责任能力之目的，在于对主体的违法行为追究民事责任，保护他人和社会利益。（2）效力不同。民事行为能力为决定行为是否有效的根据，民事责任能力为决定主体是否自己承担民事责任的根据。（3）性质不同。民事行为能力总是具体的，有一定的范围。民事责任能力乃是抽象的，并无一定的范围。无论何种主体，尽管各有其不同的民事行为能力范围，但他们的民事责任能力并无区别。[②] 对上述总结，尽管具体的表述还有值得探讨之处，但无疑已经充分说明了责任能力独立于行为能力的不同价值，也说明了责任能力独立责任资格说之合理性。

## 三、作者对现行法的理解和对理论的评析

### （一）作者对现行法的理解

作者认为，《民法通则》第133条的规定与国外立法是明显不同的，既不同于德国法划分年龄段并结合意思能力来确定责任承担与否的立法，也不同于日本和我国台湾地区以识别能力为基础来确定责任能力有无的立法。上述所有这些立法基本上是以过错为基础的立法，是在意思自由、自主决定基础上的立法。然而，《民法通则》的立法不涉及意思能力或者识别能力，直接规范责任承担的主体，其立法主导思想应是对受害人救济的具体实现。也就是说，《民法通则》立法

---

① 参见尹田：《自然人的行为能力、意思能力、责任能力辨析》，载《河南政法管理干部学院学报》，2001（6）；田土城：《论民事责任能力》，载《郑州大学学报（哲学社会科学版）》，2000（6）；冯兆蕙、冯文生：《民事责任能力研究》，载《河北法学》，2001（6）。

② 参见梁慧星：《民法总论》，74～75页，北京，法律出版社，2001。

的重心不在于强调未成年人有否辨别能力、进而有否责任能力，而直接立足于未成年人造成损害民事责任如何承担。这种立法思想暗合了现代侵权法从对个人自由界限的确定到为受害人提供合理的救济这一理念的变化，尽管是很初步的，甚至是无意识的，因为1986年《民法通则》的制定者应该是不可能意识到侵权法理念的这一重大变化并有意识地将其体现在《民法通则》之中的，然而，在目前新的历史条件下，如果能够作出更合理、更符合时代潮流的解释，为什么还要固守不合理的、落后的解释呢？

在这一思想之下，《民法通则》第133条第1款是关于未成年人致人损害责任承担的一般规则："凡是无民事行为能力或者限制民事自我能力的人实施的行为致人损害，一律采用由其监护人承担责任的办法。"① 在此规定之下，无论未成年人年龄如何，无论其意思能力如何，其原则上一概不承担民事责任。未成年人不承担民事责任可以从多个方面获得正当性支持：首先，未成年人一般没有财产，判决其承担民事责任对受害人来说一般没有什么意义；其次，未成年人往往智力不成熟，对行为及其后果的分辨能力不足，其致人损害的行为在道德上可非难性的理由不足；再次，未成年人正处在成长、成熟的过程中，社会应该为其提供一个宽松的成长环境，基于法律保护未成年人的立法政策，不能使其因民事责任的承担而影响了健康成长；最后，为保护未成年人的健康成长，各国法律一般有亲权和监护制度为其提供成年人的照管，未成年人行为违法造成他人人身和财产的损害，多数也与亲权人、监护人未尽到相应职责有关，在有过错的成年人和智力不够成熟的未成年人之间，当然是由有过错的成年人来承担民事责任更为妥当。正因为可以为未成年人不承担民事责任找出许多的理由，各国民法一般规定未成年人不承担民事责任或者只在非常有限的情况下承担民事责任。但无论未成年人因为什么原因不承担民事责任，受害人的救济总是一个必须解决的法律问题，因此各国法均明确规定未成年人致人损害的责任承担问题。我国的上述规定对此体现

① 杨立新：《侵权法论》，435页，北京，人民法院出版社，2005。

得更为明显。这样，第133条第1款的规定就是责任承担的规定，从规定本身无法看出立法对未成年人责任能力的态度。①

《民法通则》第133条第2款规定如果未成年人有财产的，有关赔偿从本人财产中支付，不足部分，由监护人适当赔偿。此款虽然仍然是责任承担的规定，但却更加进一步表明了立法对确定责任承担主体的态度：财产能力，即使是未成年人，即使其完全没有意思能力和识别能力，只要其具有财产，就由其以自己财产承担民事责任，只是在自有财产不足的情况下，才由监护人补足。这一规定再次把意思能力或者辨别能力在我国法中确定责任承担的核心地位加以摧毁，更加明确责任承担的确定是一个经济能力问题，只要有经济能力就能承担赔偿责任。这样，结合第133条两款的规定，结合责任能力为承担民事责任的资格的一般理论，对现行法合理的解释是，我国立法全面承认未成年人的责任能力，但在具体的责任承担方面，在未成年人有财产时直接由未成年人承担，在未成年人无财产时由监护人承担。最高人民法院的司法解释则是从另外一个方面支持了这种解释：正因为未成年人是有责任能力的，所以其本应该承担致人损害的民事责任，只要在诉讼时具有经济能力并成年，就由其承担其未成年时造成损害的民事责任——否则，如果未成年人没有责任能力，怎么可能因为有了财产就有资格承担民事责任？未成年人重要的能力之一责任能力怎么可能因为财产的有无而有区别？在人人平等的现代社会，人与人之间的抽象能力无疑是不允许因为财产拥有的不同而有区别的，有区别的只能是现实的责任承担的能力。

**（二）对学者理论的评价**

虽然《民法通则》的立法明显不同于大陆法系国家和地区的立法，结合各种因素，应该作出如上的解释，但我国学者却拘泥于大陆

---

① 对此，我国著名的侵权法学者杨立新先生解读为“我国侵权法采用了和大陆法系不同的立法”，“不规定责任能力”，作者对此不表赞同，认为理解为立法未对责任能力进行规定，没有表明对责任能力的态度为宜。参见杨立新：《侵权法论》，435页，北京，人民法院出版社，2005。

法系、尤其是德国法、日本法到我国台湾地区的理论思路，仍然牵强地将立法规定按照既定的理论框架进行解释，完全不顾立法的条文表述和侵权法发展的趋势，造成了理论的滞后与解释的不合理。

对广义行为能力说，以广义的行为能力概念包括对违法行为承担责任的能力。这种学说在德国法获得发展，作为解释责任能力的一种方法。作者认为，如果仅仅作为一种逻辑上的演绎，当然可以定义广义的行为能力包括责任能力，但问题是这样的处理在理论上是否妥当，在实践中是否有利。我们知道，行为能力作为一个当事人以自己行为取得权利、承担义务的能力，其对应的是行为人对有关行为的理解以及对其法律效果理解的必要能力，它在本质上要求行为人充分理解自己行为在法律上可能发生的权利义务，只有这样才能体现自由意志，才能体现自己决定。其出发点是在鼓励不断进行法律行为的基础上，对智力欠缺者提供必要的保护，以形成合理、公平的民事法律关系。由于需要适用于大量发生的自然人的行为，所以虽然从本质上应该个案确定是否有行为能力，但在立法上只能采用年龄主义加个别的个案审查的方式确定行为能力。而对责任能力来说，其核心在于承担消极后果的资格，在采取责任能力与责任承担同一观点之下，责任能力（责任承担）解决的是如何确定责任承担主体的问题。由于其重心在于对已经受到伤害的当事人提供救济，面对一个已经现实地受到损害的受害人，法律无法冷漠地只考虑加害人是否充分意识到可能造成的损害结果。因此即使不能做到对每一个损害均进行救济，至少在绝大多数情况下使受害人能得到救济。这样，即使在强烈地主张自由主义的近代民事立法，对责任承担的加害人注意义务也采取低于行为能力下注意义务的所谓“识别能力”或“辨别能力”标准，并且在受害人因加害人不具有“识别能力”或“辨别能力”而得不到救济的情况，采取由监护人承担赔偿责任或者如德国法的衡平责任等方法提供法律救济。另外，由于发生民事责任是对一定行为的否定性评价，相应的行为在一定意义上是反社会的行为，发生的数量较少，故可能也比较适合采用个案审查的方式确定具体个案行为人的识别能力是否足以使其承担民事责任。在上述两点上，行为能力和责任能力存在重大的区别，勉强将其合在一个术语之下，用广义行为能力的概念来概括在理论上明显不当，而在实践中也由于确定标准不同也无法贯彻：如果分别对行为能力和责任能力的有无适用不同的确定标准，把它们合在广义民事行为能力又有什么意义？如果非要生硬地采用同一标准，有行为能力就有责任能力，无行为能力就无责任能力，则既在价值上完全无视了责任能力制度的独立价值，又在逻辑上犯了不必要的错误：既然行为能力与责任能力完全同一，则有行为能力的说法已足，何必再添足称为“广义民事行为能力”？因此，广义行为能力说明显不可取。

对侵权行为能力说，虽然正确地看到了责任能力与行为能力在本质上的不同，承认责任能力应该与行为能力采用不同的确定标准，但此说在理论上明显存在三大问题：首先，将民事责任能力等同于侵权行为能力存在重大的逻辑漏洞，对责任能力的概括明显不完整。民事责任是对民事义务违反应承担的法律后果，因此凡是存在民事义务的情况均可能产生民事责任，不仅违反物权、人身权、知识产权等绝对权之下的义务会产生民事责任，违反合同义务、无因管理下的义务、不当得利下的义务也同样会产生民事责任，并且后者可能更为常见、数量更多。将民事责任能力等同侵权行为能力无法包括后面的各种情况，明显不合适。其次，将民事责任能力等同于侵权行为能力只是完成了一个术语的置换，并没有回答什么是责任能力、责任能力如何确定的问题。因为侵权行为能力同样是一个含义需要明确的法律术语，进行这样的置换在理论上不能解决问题，在实践上没有任何实际意义。再次，使用“侵权行为能力”这样的术语反映了在观念上将责任能力向行为能力的归依，反映了潜在的以意思能力决定责任能力的倾向，最终仍然会以过错为依据确定责任能力，不能正确反映责任能力应有的独立价值，也难以最终合理地确定责任能力。因此，将责任能力等同于侵权行为能力的观点也是明显不妥、甚至是错误的。

对意思能力说，其积极意义是肯定责任能力是不同于行为能力的一项制度，尝试在行为能力之外寻求责任能力的确定标准，并且也承认责任能力与行为能力的确定标准不同。但其不足在于，其仍然将责任能力完全依赖于“能够理解自己的行为并且预见其违法行为结果的心理能力”，就又回到了以过错为基础确定责任能力的方向。然而，责任能力是从救济受害人的角度出发确定的承担民事责任的能力，其哲学基础是任何人应对自己的加害行为负责，其具体体现是抽象的心理能力与实践中以经济能力确定责任的具体承担相结合的一种制度，认识仅仅停留在行为能力的过错基础上无疑是不妥当的。

对识别能力说，其与意思能力的不同是以一个要求较低的所谓判断层次的“识别能力”代替所谓推理层次的“意思能力”。其可取之处是认识到责任能力是主要解决对受害人的救济问题，不能面对无辜的受害者不管不问，只考虑加害人是否对自己的行为及其法律后果具有足够的理解，因此，应扩大承担赔偿的加害人的范围。但是，其采取的具体措施仅仅是降低承担责任的理解力的要求，其出发点仍然未能脱离对承担人过错的要求，只不过在过错的认定上稍加放宽。这样的结果是：首先，这种放开不足以完全满足保护受害人的需要，尤其在对受害人保护日益得到重视的情况下；其次，在理论上的认识仍然不够进取，停留在早期过错中心的观念上，未能充分意识到民事责任制度与权利能力制度、行为能力制度在理念上的重大不同。因此，识别能力虽然在传统民法甚受重视并成为理论的通说，但其不足仍然是非常明显的。

对独立民事资格说，虽然其主张民事责任能力的独立性值得充分肯定，但在具体确定责任能力时，却又令人遗憾地回到了行为能力，主张以行为能力的有无作为责任能力有无的标准。这无疑是不妥当的，也在很大程度上抵消了其坚持责任能力独立的积极意义。

综合以上的分析可以看出，我国学者对责任能力的研究由于受到近代德国、日本、我国台湾地区有关理论的影响，有关观点基本上没有走出这些理论下过错主义的束缚，更没有充分考虑到在现代侵权法对受害人救济日益重视的情况下应如何解读责任能力等理论问题。因此，有关的研究成果虽然有一定数量，但少有新意，今后的研究应在充分意识到法律发展潮流的基础上，对理论问题作出既符合时代发展、又符合理论框架的解读。

## 四、民法典草案关于未成年人民事责任能力的规定评析

### （一）民法典草案关于未成年人民事责任能力的规定

1. 法学所草案

以梁慧星教授为负责人的中国社会科学院法学所“民法典研究课题组”在全国人大委托的基础上提出了完整的民法典草案（简称“法学所草案”）。在该草案“侵权行为编”中，对包括未成年人在内的民事行为能力欠缺者的侵权责任能力作出了明确规定。该草案第1544条以“侵权责任能力”为标题作出规定如下：“无民事行为能力人对自己造成的损害不承担民事责任。限制民事行为能力人对其能够辨别的行为造成的损害承担民事责任……”在对此条的解释中，还明确提出，“所谓侵权责任能力，亦称民事责任能力，是指民事主体是否自己承担侵权责任的能力”①。

上述条文的规定实质上是采纳德国法的立法模式，规定无行为能力人无责任能力，绝对不负侵权责任，限制行为能力人在能够辨别自己行为后果的情况下有责任能力，对其行为造成的损害负侵权责任。而上述对责任能力的解释则更是明确将责任能力等同于责任承担能力，而与一般理论将责任能力定义为承担民事责任的“资格”不同。

2. 人民大学草案

以王利明教授为负责人的中国人民大学“民商事法律科学研究中心”也在全国人大委托的基础上起草了完整的民法典草案（简称“人民大学草案”）。在人民大学草案“侵权行为编”中，沿袭《民法通则》的立法模式，没有责任能力的规定，只是具体规定了未成年人造成他人损害的责任承担。该草案第1898条规定：“无行为能力人或者限制行为能力人造成他人损害的，应当由负有监护责任的人承担民事

① 梁慧星：《中国民法典草案建议稿附理由（侵权行为编·继承编）》，7～8页，北京，法律出版社，2004。

责任，但即便行为人有完全行为能力仍不能避免损害发生的除外。”第1899条规定：“无行为能力人或者限制行为能力人致人损害，负有监护责任的人没有财产，而行为人有财产的，应当依公平原则由行为人对受害人进行适当补偿。”①

人民大学草案是《民法通则》规定的改良，按照该草案立法理由的有关解释，人民大学草案是维持了《民法通则》监护人对被监护人侵权承担无过错责任的规定，但改变了《民法通则》只要未成年人有财产就以其财产承担责任、监护人承担补充责任的规定，而只使未成年人在监护人没有财产的情况下，基于公平原则承担责任，“以充分保护无行为能力人和限制行为能力人的利益”②。而按照我国学界认为“不能承担责任即没有责任能力”的一般观点，则在人民大学草案之下未成年人不分年龄和识别能力，一概无责任能力，最多可以认为在其承担公平责任时例外具有责任能力。

3. 全国人大常委会审议草案

提交全国人大常委会审议的《中华人民共和国民法（草案）》（简称“人大审议草案”）“侵权行为编”第61条规定：“无民事行为能力人、限制民事行为能力人造成他人损害的，由监护人承担侵权责任；有财产的无民事行为能力人、限制民事行为能力人造成他人损害的，从本人财产中支付赔偿费用。不足部分，由监护人赔偿。”③

上述规定几乎是重复了《民法通则》的规定，只不过加重了监护人责任，去掉了监护人尽到监护职责“可以减轻责任”的规定，并将监护人在未成年人有财产情况下的补偿责任从“适当赔偿”加重到“赔偿”。在此规定之下，未成年人的责任能力在传统解释下自然仍然

① 王利明：《中国民法典学者建议稿及立法理由（侵权行为编）》，164、167页，北京，法律出版社，2005。

② 王利明：《中国民法典学者建议稿及立法理由（侵权行为编）》，164～165、167～168页，北京，法律出版社，2005。

③ 全国人大常委会2002年12月17日公布的《中华人民共和国民法（草案）》。

是：原则上没有责任能力，有财产时有责任能力或者仍然无责任能力但承担赔偿责任。

**（二）对民法典草案有关规定的评析**

上述人大审议草案的规定几乎完全重复《民法通则》的规定，仍然不对未成年人的责任能力作出规定，其结果是这个问题只能继续留给学者之间无休止的争论。而如果按照对《民法通则》未成年人原则上没有责任能力的传统解释，则这种规定完全背离了大陆法系各国和地区的立法传统，更与未成年人责任能力的发展趋势不符。因此，人大审议草案的规定明显不足取。

上述人民大学草案的规定同样没有对未成年人责任能力作出明确规定，并且其将《民法通则》未成年人有财产就承担民事责任的规定删除，使未成年人仅在监护人没有财产时依公平原则承担补偿责任，从而就排除了在理论上通过有财产的未成年人可以承担赔偿责任而解释为未成年人具有责任能力的可能性，使得未成年人成为完全无责任能力人，也使我国民法学界上述关于未成年人责任能力的各种观点完全失去了立法根据。而从大陆法系各国和地区立法来看，由于未成年人作为主体的独立性和拥有独立财产的可能性，对作为救济受害人为重要目的的侵权责任，各国和地区法都是在不同程度上承认未成年人的责任能力、使未成年人在不同程度上承担赔偿责任的，法国法和英美法更是全面承认未成年人的责任能力，使任何的未成年人得成为侵权责任的承担主体。人民大学草案的规定无疑是与各国立法通例完全相悖的。另外，从利益衡量分析，人民大学草案的规定也将导致不合理的利益失衡：对侵害后果有足够识别能力且有财产的未成年人只要监护人有财产即完全不承担责任，既不能体现侵权法惩戒加害人的目标，也不适当地加重了监护人责任，还不利于受害人救济的实现，因为按照各国和地区较优之立法，此种情况下受害人本来是可以主张未成年人和监护人连带责任的。结合以上各点分析，作者认为人民大学草案亦不足取。

法学所草案是三个民法草案中在未成年人责任能力规定方面较优的草案，体现为其回归传统大陆法系民法以识别能力确定未成年人责任能力的模式[1]，符合近代民法“自主决定，自己责任”的理性主义精神，具有合理的道德基础。然而，法学所草案的规定亦存在不足，主要表现为其继续维持德国法模式按照年龄将未成年人区分为绝对无责任能力和相对无责任能力的做法，规定低于一定年龄的未成年人绝对无责任能力，同样存在如德国法的“在法律适用上不当束缚了法院的酌情决定权、不利于在司法实践中个案公平的实现、也不利于法律不断适应社会发展的需要作出适当调适的需要”的缺陷。另外，其“立法解释”将责任能力界定为“民事主体是否自己承担侵权责任的能力”体现出起草者将责任能力和责任承担完全混同的思想，在理论上似乎也存在不妥，因为作者认为还是将责任能力界定为“承担责任的资格”，是一种承担责任的可能性，从而责任能力可以与责任承担分离更为合理。

## 五、我国民法未成年人民事责任能力的合理确定

### （一）确定未成年人民事责任能力应考虑的因素

从上文可以看出，不同国家、不同历史时期的立法对确定未成年人民事责任能力存在不同，即使在大陆法系内部也存在着重大的区别。对此，虽然可以解释为各个国家确定其未成年人责任能力的立法均基于特定国情和文化，均有其特定的合理性考虑，然而作为一定社会确定未成年人责任能力还是具有更多的共通性，还是具有大致共同的需要考虑的各种因素。作者认为，从比较法的视角和历史发展的视角，合理确定未成年人民事责任能力需要综合考虑以下几个方面的因素：

1. 对责任能力本质的认识

责任能力的本质是责任能力制度存在的根本价值，因此也是确定责任能力有无的最深层的原因。虽然在责任能力是“民事主体承担民

① 参见丁文：《自然人民事责任能力制度之反思与重构》，载《法商研究》，2005（1）。

事责任的资格”这一点上可以取得一致，但在具体认识责任能力的本质上理论的分歧无法避免，尤其是考虑到责任能力的本质还可能是一个随着历史的发展变化的问题，对何为责任能力的本质就更可能存在分歧。作者认为，目前关于责任能力本质的认识可以归结为两个主要的类型：一是认为责任能力是自己具体承担民事责任的资格，其特点是强调自己具体的承担，如果有责任能力就需要以自己的财产承担民事责任，即使如我国台湾地区“民法”规定的法定代理人同时连带承担责任也不改变有责任能力的未成年人需要以自己的财产承担民事责任的特点。在这种认识之下的理论，在解释大陆法系国家立法时，均将有关未成年人在何种情况下承担民事责任的立法解释为关于未成年人责任能力的立法，认为有关立法规定承担民事责任就是有责任能力，立法规定不承担民事责任就是无责任能力。另一种类型是认为民事责任能力是自然人天然能力之一种，是与权利能力相对应的一种天然能力，是人格构成的消极方面。

基于前文的分析，作者认为，权利能力是从积极的方面肯定自然人取得民事权利、承担民事义务的能力，是自然人人格构成的积极方面，其核心是自然人具有积极参与民事生活去追求一定利益的实现以及实现自我价值的资格；责任能力是自然人承担民事责任的资格，是自然人人格构成的消极方面，其核心是自然人作为理性的主体具有承担自己行为的消极后果的资格。积极资格固然是人格构成的必要要素，因为没有资格取得权利、承担义务的主体当然无法具有独立的人格，而消极资格也是人格构成的必要要素，如果一个人不具有承担自己行为后果的资格，其人格必然是不完整的，因为理性人必然同时包含了积极行为取得利益和对行为损害承担责任，如此才完整构成一个人格。近代理性主义“自主决定、自己责任”的思想说明了这一点。我们无法想象一个完整的主体人格只能取得积极利益而没有资格就自己自主行为的后果承担责任！并且如果认为一定的未成年人没有责任能力，则根本无法解释其何以被法定代理人代理进行订立合同等法律行为并承担违约责任。因此，在对责任能力本质的两种认识中，作者赞同第二种认识，认为第二种认识更为合理。这种合理性将在下文其他因素的考虑中继续得到论证。

2. 对责任能力和责任承担关系的认识

在这个问题之下有两方面的问题需要考虑：一是有责任能力是否必须承担加害行为造成的损失赔偿问题，也就是责任能力有无和责任是否承担在法适用上是否等同的问题，二是责任承担是否必须以具有责任能力为前提的问题，具体说，立法作为例外规定无责任能力人承担民事责任是否妥当的问题。

对第一方面的问题，流行理论一般简单地将具有责任能力和承担民事责任等同，认为有责任能力就要承担民事责任，不承担民事责任就是因为没有责任能力。此观点的深层基础是过错主义之下认为过错形成能力是责任能力存在前提的观点和责任能力本质是具体承担民事责任资格的认识，其实质是将识别能力作为责任能力存在的决定性标准。对此，正如日本学者森岛教授已经正确指出的，违反注意义务作为责任的根据的过失责任主义与使不具有辨识行为结果能力者免责的责任能力制度在严格的意义上并不存在一方构成另一方逻辑前提的问题，在客观的注意义务违反这一事实存在时，即使行为者的智能显著低下，也能够以受害者的救济不受加害者能力的影响为理由，采取认定赔偿责任的政策；另外，即使在采取无过失责任主义扩大加害者责任的场合下，对由于智能低下根本不可能期待其预先避免结果发生的人，要采取免除其赔偿责任的政策也并非不可能。[①] 因此，传统民法理论将责任能力与责任承担等同，认为有责任能力就要承担民事责任，不承担民事责任就是无责任能力的认识是不正确的，就责任承担来说，完全可以基于法律政策的考虑作出与责任能力的有无不一致的规定。传统理论的认识既不具有逻辑上的严密性，因为从责任能力并不必然推导出责任承担，只能推导出有资格承担民事责任，又不具有理论上的必要性，因为作为责任能力和责任承担的理论，完全可以在理论上将责任能力和责任承担分开，没有特别的必要一定要使二者等同。

① 参见于敏：《日本侵权行为法》，83页，北京，法律出版社，1998。

对第二方面的问题，由于将责任能力与责任承担等同，而又将责任能力作为具体的承担民事责任资格从而基于公平、未成年人保护等理由使其有无取决于识别能力的有无，这样，无识别能力的未成年人（日本法、我国台湾地区有关规定）或者低于一定年龄的未成年人（德国法）绝对地无责任能力，相应地也不承担民事责任，受害人损失只能通过向父母等监护人请求赔偿。由于父母等监护人一般承担过错责任，在不能证明过错的情况下，受害人得不到任何救济，而作为加害人的未成年人可能财产丰富、生活优裕。为救济此一不公平现象，德国法、意大利法、我国台湾地区有关规定等分别以各自的方式规定了所谓的衡平责任，例外地使未成年人以其财产在责任能力制度之外承担赔偿责任。① 这样，作为合理的大陆法系制度，就肯定了责任能力制度之外的无责任能力可以承担民事责任的制度。对此，当然可以以有法律例外的特别规定，从而可以不考虑责任能力的有无加以解释。但如此仍然面临着如下的两方面问题：首先，是否有必要以特别规定突破理论逻辑的问题。使未成年人在一定情况下承担民事责任，可以采用两种立法模式：一是承认所有未成年人的责任能力，但一般情况下只使有一定识别能力的未成年人承担民事责任，在衡平责任的情况下，始使无识别能力而有财产能力的未成年人承担责任，如此由于无识别能力的未成年人本身具有责任能力，使其承担民事责任便具有理论上的自洽性，无须借助于所谓的法律特别规定等立法技术。其次，目前的流行观点，结论是本不具有责任能力的未成年人因为法律的特别规定而承担责任。后者始终要面对的质疑是，既然不具

---

① 在分析公平责任（衡平责任）起源于《普鲁士一般邦法》时的立法理由时，冯·巴尔特别指出其与公平的关联："我们只需要对当时普鲁士人的生活有一点了解并想象一下地主的横行霸道的孩子们打碎雇农住房的窗子之情形，就能理解规定这些条文的理由了。"而《意大利民法典》规定公平责任的第 2047 条的立法理由，也被明确解释为"产生于'社会的连带'和'社会的责任'"，"因此，富人可能必须对穷人承担责任，而穷人则不必对富人承担责任"。参见［德］克雷斯蒂安·冯·巴尔著，张新宝译：《欧洲比较侵权行为法（上）》，111、116 页，北京，法律出版社，2004。

有责任能力，没有承担责任的资格，立法何以就可以特别规定使其承担责任，此种承担责任到底意味着时仍然没有责任能力而依照法律特别规定承担民事责任还是因为法律特别规定而具有了责任能力而承担民事责任？如果认为是没有责任能力而依照法律特别规定承担民事责任则破坏了确定责任能力理论和法律规定的逻辑统一性和连续性，而且正如上文所说，这种破坏本来可以合理地避免，是没有必要的；如果认为是因为法律的特别规定而具有了责任能力，则同样是不必要地破坏了责任能力理论的统一性和连续性，并且以财产之有无作为责任能力之有无更违背了人人平等的基本价值。

因此，在责任能力与责任承担的关系方面，传统理论简单地将二者等同是不妥当的，造成对有关理论不必要的破坏，而德国法等为公平而确立的衡平责任在传统理论下的解释也存在不足。相反，如果采取开放的态度，不拘泥于传统观点，而是在人人皆有民事责任能力、责任能力是人格构成的消极要素的观念之下，则责任承担作为法律具体确定承担民事责任主体的制度，固然需要以具有责任能力为前提，但基于特定的法律价值和法律逻辑，具有责任能力的人可以不承担民事责任。在此法律逻辑之下，作为对未成年人成长的必要保护、作为对未成年人识别能力欠缺的正当考虑，一定范围的未成年人不承担民事责任，而作为例外，在衡平原则之下，考虑到未成年人即使欠缺识别能力也毕竟是造成他人损害的加害人，考虑到无辜的受害人得不到救济的不公平，法律特别规定，使在一定条件之下具有财产能力的未成年人承担民事责任。如此，则有关理论逻辑非常顺畅，法律规则价值明确，远较传统的理论解释为优。

3. 责任能力制度的统一问题

各国立法关于责任能力的规定和关于责任能力的各种理论观点，其实均有一个未曾明确但又非常清楚的理论前提，那就是所有的规定和论述基本上是对侵权责任能力的规定和论述。上文的分析和论述基本上也是在这一理论预设前提之下进行的。但是，民事责任的产生和承担，显然不限于因侵权行为而产生的民事责任承担。只要存在民事义务，就可能存在对民事义务的违反，也就可能产生民事责任。因此，在侵权的民事责任之外，还存在违约的民事责任、缔约过失的民事责任、无因管理中的民事责任和不当得利中的民事责任等。[①] 所有这些民事责任的承担，在理论上均存在责任能力的问题。[②] 对此，上文已经提及，对侵权责任之外民事责任承担中的责任能力，各国和地区民法一般不作出明确规定，德国等国民法和我国台湾地区“民法”则是规定了违约责任的责任能力适用侵权责任责任能力的规定，而对其他民事责任承担中的责任能力仍然未作出规定，只是在无因管理和不当得利有关制度中，直接规定有关的义务。

作者认为，对违约责任，虽然未成年人直接以自己行为去订立合同成为合同当事人的合同种类较少，但一旦符合法律关于行为能力的规定，未成年人即可自行成为合同当事人。而更为普遍的是，由于自然人皆有权利能力，可以以自己的名义取得权利、承担义务，当然也可以成为合同当事人，只是可能的行为能力不足需要由法定代理人补足。在此意义上，未成年人可以广泛地成为合同当事人。在这些未成年人成为合同当事人的情况下，未成年人往往需要承担一定的合同义务，而合同义务的不履行自然会发生违约责任。未成年人可以成为广泛类型的合同的当事人，可以通过合同获取利益，当然不能说其不具有违约责任能力而可以不承担违约责任。并且此种情况下，完全没有合理的途径要求父母或者其他监护人加入作为违约责任的承担人，因此只能要么由未成年人以其财产独立承担民事责任，要么任凭受损失一方自行承担损失，而后一种方案无疑是极不公平的，也是完全不可行的。因此只能由未成年人独立承担所有的违约责任。既然在违约的情况下所有的未成年人要承担违约责任，则必然的结论就是未成年人

---

① 应该说，除了上述四种与债务对应的责任之外，在物权法、亲属法中还存在违反对物权请求权和违反对亲属法上请求权下的义务而产生的民事责任，从而也有相应的责任能力问题。但考虑到物权绝对性和亲属权的特殊性，有义务的人当然有相应的责任能力，不存在责任能力的复杂问题，又考虑到本研究课题篇幅和适当简化，这两部分内容不纳入课题的研究范围。

② 参见李庆海：《论民事行为能力与民事责任能力》，载《法商研究》，1999(1)。

皆有违约责任能力。并且此违约责任能力是与未成年人行为能力无关的全面承担违约责任的能力。①

对无因管理的情形和不当得利的情形，由于其分别为事实行为和事件，均不要求行为人具有相应的行为能力，所以未成年人当然可以成为无因管理中的管理人和不当得利中的得利人。在无因管理中，作为管理人的未成年人如果没有尽到管理人应有的注意义务，造成被管理人损害的，就需要承担赔偿的民事责任。此时，在承认未成年人可以成为管理人的前提下，其当然应该就其行为的后果承担民事责任。在发生不当得利的情况下，作为不当得利人的未成年人当然应该返还其获得的不当利益，如果其拒不返还不当得利，当然也需要承担民事责任。在上述两种情形下，未成年人无论识别能力如何，均应承担民事责任。因此，在上述两种情形下，合理的逻辑结论也是：未成年人均有相应的责任能力。②

因此，各国法之所以多没有明确规定违约、无因管理、不当得利中的责任能力问题，应该是因为在这三种情况下未成年人均具有责任能力，不存在因为年龄或者识别能力而可能发生的区别对待问题。而对侵权责任能力，虽然传统理论可以找到一定的理由区别不同未成年人责任能力的有无，但在上文的分析之下，这些理由也显得既不充分也不必要。而作为一项制度的确立，从理论简洁和法律简化的角度出发，应该考虑制度的统一问题，如果在不影响制度价值实现的情况下存在较为简洁的制度，当然应该选择此一制度。基于此种理由，考虑责任能力制度的统一，应承认未成年人具有全面的、普遍的责任能力。

4. 确定民事责任能力的理论与现行法的兼容问题

作为一种理论模式的确定，在可能的情况下，应该考虑与现行法

---

① 参见田土城：《论民事责任能力》，载《郑州大学学报（哲学社会科学版）》，2000（6）。

② 参见龙卫球：《民法总论》，239页，北京，中国法制出版社，2002；李庆海：《论民事行为能力与民事责任能力》，载《法商研究》，1999（1）。

实现最大限度的兼容，除非现行法存在明显的错误。否则，如果确立一种与现行法几乎完全不同的理论模式，而新的理论模式与现行法模式之间只是一种模式的选择，不是对错的关系，只是更优与次优的关系，则新的理论模式的价值将大大降低，由于不能在现行法之下获得合理之适用，理论的意义自然会受到较大影响。所以，确立民事责任能力的理论应该也必须考虑其与现行法的兼容问题。

根据前文对大陆法系主要国家和地区对未成年人民事责任能力法律规定的介绍和分析，这些法律规定只是规定未成年人在何种情况下承担民事责任或者什么样的未成年人不承担民事责任，这些规定本身只是责任承担的法律条款，是各国和地区的理论将其解释为规定责任能力的法律条款。因此，从现行法的角度看，其既可以支持传统理论的解释，即将其解释为关于责任能力规定的条款，也可以支持其仅是责任承担的条款，不涉及对责任能力的规定，后一种解释与法律条文之间也存在逻辑的自洽性。因此，采用人人皆有责任能力，制定法的规定只是关于责任承担的理论模式与现行法也是完全兼容的，从而从理论与制定法兼容出发也不排斥肯定所有未成年人的责任能力。

**（二）未成年人民事责任能力的合理确定**

结合上文确定未成年人责任能力应考虑的因素的分析，作者认为，将责任能力的本质界定为人格构成的消极因素、人格构成必不可少的内容，既有利于构造完整的人格理论，因为近代理性主义之下人的假设固有地就应包括对责任的承担；又有利于解释各国和地区现行法中有关未成年人责任能力的规定，使得这种解释在理论上更具有逻辑自足性，因此，应该接受这种对责任能力本质的观点。

在责任能力与责任承担的关系方面，两者并不具有天然的同一性，其等同只是理论解释的一个后果。因此，基于合理的逻辑分析，完全可能也应该将二者分开，承认责任能力和责任承担有其各自独立的价值：前者为对人人格构成消极方面的肯定，后者为在一定的法价值之下对具体承担民事责任主体的确定，两者所涉及的当事人虽然可以在大多数情况下一致，但也可以在一定的情况下不一致，涉及未成年人致人损害就是两者可能出现不一致的主要情形。

而考虑到侵权责任能力之外的违约责任能力、无因管理中的责任能力、不当得利中的责任能力均不考虑未成年人的年龄和识别能力，因此，从建立简洁、统一的责任能力制度出发，也应该肯定每一个未成年人的侵权责任能力，认为人人皆有责任能力。而在考虑与现行法的兼容方面，上述将责任能力认识为人格构成的消极方面和将责任能力与责任承担分开并不导致与现行法的背离，相反，可以非常和谐地与现行法保持兼容，只不过对现行法的解释回归到立法本来的对责任承担进行规定的面目，而不是如目前不合理地将其解释为对责任能力的规定。因此，考虑与现行法的兼容并不排斥上述的认识。

综合以上分析，未成年人民事责任能力应被合理确定为：未成年人人人皆有民事责任能力。

# 第二章 未成年人侵权行为致人损害责任承担比较研究

## 第一节 致人损害责任承担与相关制度的关系

### 一、致人损害责任承担与民事主体地位的关系

致人损害责任承担是确定由什么样的民事主体具体承担民事责任的问题，解决的是受害人可以向其请求赔偿的主体问题。承担赔偿责任的当事人固然需要具备主体地位，但不承担民事责任也不影响当事人的主体地位。在罗马法上，决定主体地位有无、强弱的是权利能力的有无和范围，而近代法以来，所有自然人均是民事主体、均享有平等的权利能力的观念已经

为各国法所肯定并已经深入人心：任何人，只要出生成为人，就具有权利能力，就具有民事主体地位，这一地位不受剥夺和限制，只有人的自然死亡才能够使得主体地位消灭。① 此种观念无疑是近代以来人人平等观念在法律上的贯彻和体现，是一种庄严的价值宣示：从此之后，人只是人，不再是物；从此之后，人只是主体并且永远是主体，不是客体！

然而社会生活是现实的，不是抽象的，社会生活是具体的，不仅是价值的，法律在宣示了抽象的价值之后，必须进一步确立具体的规则来实现这些抽象的价值，来应对具体的现实生活。于是，在权利能力之外，各国法规定了行为能力制度来解决具体自然人以自己积极的行为取得权利、承担义务的问题，对不具备理解自己行为及其法律后果的自然人给予特殊的保护，使其可以不受自己行为后果的约束。如果将责任能力作为与权利能力相对的人格构成的消极方面，那么，在此抽象的价值之外，也需要相应的制度解决具体的责任承担问题。各国法上有关责任承担的制度即是解决这一问题的制度。通过责任承担制度的规定，对不具备相应识别能力的未成年人使其不承担赔偿的民事责任，或者不使一定年龄之下的未成年人承担民事责任，从而起到对未成年人给予特殊保护的法律效果。但是，此不承担民事责任丝毫不影响责任能力的存在，正如不具有行为能力丝毫不影响权利能力的存在一样；两者进一步相同的是，没有行为能力和不承担民事责任均不影响未成年人人格的完整性，不影响未成年人的主体地位。②

因此，民事主体地位是关乎人之为人的基本问题，任何自然人皆

① 宣告死亡基本上可以发生与自然死亡相同的人身和财产后果，但并不能发生与自然死亡相同的主体资格消灭的后果，因为各国皆肯定，被宣告死亡而实际上未死亡的自然人，仍然可以有效地进行财产和人身行为，其主体地位并不消灭。宣告死亡只在其与自然死亡一致的情况下才能发生被宣告人主体地位消灭的后果。

② 两者另外一个相似之处是无行为能力由其监护人代其行为，不承担民事责任由其监护人代为承担。

有不可被剥夺和限制的主体地位，而责任承担则是确定对一定的损害后果由谁来承担赔偿责任的具体问题，承担民事责任与否丝毫不影响当事人的主体地位。

## 二、致人损害责任承担与民事行为能力的关系

上文已经提及，致人损害责任承担解决的是具体确定一定损害责任如何承担的问题，是在自然人责任能力之下，具体解决因一定行为受到损害的受害人可以向什么人、在多大范围内要求赔偿的问题，而行为能力是具体确定具有什么样意思能力的自然人可以以自己的行为取得权利、承担义务的问题，是在自然人权利能力之下，具体解决如何实现权利能力中所包括的取得权利、承担义务的实现问题。因此，责任承担制度解决的是人格构成消极方面的具体贯彻问题，行为能力解决的是人格构成积极方面的具体贯彻实现问题。在此意义上，两者是一种平行的关系，是两个平行的制度。然而，在现实的层面上，由于两者解决的问题都涉及一定行为的法律后果问题，两者存在交叉关系。在现实的法律规定上，行为能力要求的当事人意思能力较高，不仅要求能够理解自己的行为，还要能够充分意识到行为的法律后果。既然具有行为能力的自然人具有如此高的意思能力，自然的结果是其必须就其行为的一切后果承担法律责任。而在责任承担的法律规定上，由于法律不仅考虑行为人对行为后果的辨识能力，还要考虑对受害人的必要救济，所以要求的行为人理解自己行为的程度较低，一般只要能意识到会对他人造成损害的法律后果即为已足，并且基于公平，还可能不考虑加害人对自己行为的理解能力而规定其对民事责任的承担，从而承担民事责任的自然人可以不具有行为能力，甚至可以完全没有行为能力。

所以，责任承担与行为能力从本质上是不同的制度，分别从消极方面和积极方面实现人格的内容，但存在交叉关系。

## 三、致人损害责任承担与意思能力的关系

在理论上，有观点认为确定责任能力有无的标准是意思能力，只有具有意思能力才具有相应的责任能力，意思能力的欠缺导致没有责任能力。① 在立法和司法实践上，意大利法对责任能力所要求的当事人对行为的理解能力等同于行为能力的意思能力。然而，前文的分析已经清楚地表明，由于责任承担确定的价值基础不同于行为能力确定的价值基础，所以各国立法和理论即使采用责任能力与责任承担等同的观点，一般也认为责任能力的确定应该采用低于意思能力的识别能力或者辨别能力的意思标准。因此，作为通说或者通行的理论，是明确区别责任能力和意思能力的，从而也是明确区别责任承担与意思能力的，没有意思能力不必然导致不承担责任。而在作者设计的责任能力与责任承担关系之下，意思能力与责任能力无关，只与责任承担有关。而责任承担的确定是在考虑未成年人保护、受害人保护、未成年人对加害行为的理解程度等的基础上确立的一项制度，意思能力只与其中的未成年人对加害行为的理解程度一项考虑因素有关。但此处对理解程度的要求，远远低于行为能力要求的理解自己行为及其法律后果的意思能力的要求，并且随着侵权法适应社会生活发展需要而发生的演变，对理解程度的要求逐渐降低甚至取消，客观过错的理论和司法实践已经表明了这样的发展趋势。所以在侵权法上，责任承担的确定将会完全脱离以对识别能力考虑为体现的过错主义阶段，走向一种违法即有责任的客观过错或者说无过错的道路。在这样的背景下，责任承担将完全与意思能力无关。在目前的情况下，在主流的理论和立法之下，有意思能力的加害人一定是损害后果的承担者，但无意思能力的加害人不一定不承担民事责任，人人皆可以因具有低于意思能力的识别能力或基于公平承担一定的民事责任。

① 参见张俊浩主编：《民法学原理》，73页，北京，中国政法大学出版社，1997。

# 第二节　大陆法系主要国家和地区未成年人侵权行为致人损害责任承担规则

## 一、法国法的未成年人侵权行为致人损害责任承担规则

法国法规定未成年人侵权行为致人损害责任承担规则的主要是《法国民法典》的有关规定。《法国民法典》第1382条规定："任何行为致他人受到损害时，因其过错致行为发生之人，应对该他人负赔偿责任。"第1384条第1款规定："任何人不仅因自己的行为造成的损害负赔偿责任，而且对应由其负责之人的行为或由其照管之物造成的损害负赔偿责任。"同条第4款规定："父与母，只要其行使对子女的照管权，即应对与其一起居住的未成年子女造成的损害，承担连带责任。"同条第6款规定："小学教师与家庭教师及手艺人，对学生与学徒在受其监视的时间内造成的损害，负赔偿责任。"第7款规定："如父、母与手艺人能证明其不能阻止引起责任的行为，前述责任得免除之。"

上述法条是法国关于未成年人侵权行为致人损害承担的主要法律规定。根据前文的分析，第1382条虽然没有明确规定对未成年人亦适用，但法国法的本意是不区分年龄统一适用第1382条的过错责任。在今天的法国司法实践中，法国最高法院一再强调法官在确定未成年人的过错时，无义务审查未成年人是否有识别其行为后果的能力，即使未成年人不能识别其行为的后果，仍然可以认定其过错。① 这样，法国法全面肯定了未成年人对其过错行为的民事责任，无论该未成年人是否能够识别自己行为的后果。于是，在未成年人加害他人的情况下，首先成立未成年人的过错责任，受害人可以要求未成年人承担民

① 参见罗结珍译：《法国民法典》，1076～1077页，北京，法律出版社，2005。

事责任。

然而，正如上文多次提到的一样，由于未成年人很少有财产，要求未成年人承担民事责任往往没有意义，所以受害人多会寻求在未成年人之外获得救济，而也正因为未成年人的财产匮乏无法使其成为一个有效的现实上的赔偿主体，法律也必须在未成年人之外为受害人合理地寻找一个现实上有效的赔偿主体，在法国法这个主体主要是父母，其次还有教师。

根据上述法律的规定，第 1384 条第 4 款规定的是父母的当然责任，根据法国有关判例，只要未成年人实施了受害人所主张的作为损害之直接原因的行为，父母便需要承担连带责任；父母责任只有在不可抗力以及受害人本人过错的情况下才能免除，即使孩子已经长大，几乎已经成人，或者加害行为发生时孩子在学校，均不能免除对父母的责任推定。① 这里规定的父母责任不是过错责任，因为他不考虑父母的过错，而是一种非常接近无过错责任的责任类型。当然，父母承担责任的前提是有未成年子女责任的存在，如果未成年子女的行为不构成侵权行为，就不会发生对父母责任的推定。但是，一旦未成年子女的责任可以成立，父母就当然承担连带责任，除非发生上述第 7 款规定的“能证明其不能阻止引起责任的行为”，主要是不可抗力和受害人过错，才可以免责。所以，在法国法，常见的未成年人侵权行为致人损害责任承担规则是父母与未成年人承担连带的赔偿责任。

但是，需要强调的是，在上述范围之外，《法国民法典》并未单独规定父母之外的监护人的责任。而在司法实践中，法国最高法院严格按照法条的字面意思适用法律，认为第 1384 条第 4 款规定的只是父母责任，不包括监护人责任。最高法院的这一立场在 1971 年 11 月 9 日的判决中被再次强调，“根据法国法律，民法典第 1384 条 IV 不

---

① 参见罗结珍译：《法国民法典》，1107～1108 页，北京，法律出版社，2005。

包括监护人"①。而由于第1384条第1款的"照管人"责任包括了所有对未成年人承担照管义务的人，而监护人对未成年人负有法定的照管责任，所以，监护人应根据该款承担责任。根据法国最高法院的判决，"按照第1384条第1款意义上的对他人行为负有责任的人，只有在证明其没有任何过错的情况下，才能免负由该条规定所引起的'当然责任'"②。而根据合同被雇用照管孩子的人只对不作为的过错承担责任。③

另外，根据第1384条第6款的规定，教师也可能成为责任承担者。在法国司法实践中，教师的范围超出法条规定的小学教师，也包括中学教师，因为此条款规定的目的显然是要求对未成年学生未尽到监视义务的教师承担责任。在具体的责任确定中，教师的责任是过错责任，只有在证明教师有过错的情况下，才能对其学生在他们监视下的时间内造成的损害承担责任。此过错的认定包括教师明知而听任年龄在15岁以下的学生处于无任何监管的状态和教师在课后听任其学生无视任何监视攀登楼梯等情形。但法国法在认定教师责任的情况下，由国家替代"公立教育之成员"的责任，受害人只能主张国家赔偿，不能向有过错的教师主张民事赔偿，除非是教师本人对学生造成损害。④ 因此，在符合本款规定的情况下，受害人可以要求国家承担赔偿责任。法国法没有明确规定教师责任成立的同时是否成立作为侵害人的未成年人的个人责任，从法国法的原理上看，应该认为也承认受害人对未成年人本人主张侵权责任的权利。此种情况下，应成立未成年人与教师的连带责任。

因此，在法国法上，未成年人侵权行为致人损害的责任承担方式

---

① ［德］克雷斯蒂安·冯·巴尔著，张新宝译：《欧洲比较侵权行为法（上）》，181页，北京，法律出版社，2004。

② 罗结珍译：《法国民法典》，1105页，北京，法律出版社，2005。

③ 参见［德］克雷斯蒂安·冯·巴尔著，张新宝译：《欧洲比较侵权行为法（上）》，213页，北京，法律出版社，2004。

④ 参见罗结珍译：《法国民法典》，1111页，北京，法律出版社，2005。

有以下几种：(1) 未成年人与父母的连带责任；(2) 未成年人与监护人的连带责任；(3) 未成年人与教师的连带责任，其中教师的责任由国家替代承担。

## 二、德国法未成年人侵权行为致人损害责任承担规则

《德国民法典》第 828 条规定："未满七周岁的人，对其施加于他人的损害，不负赔偿责任；已满七周岁但未满十八周岁的人，如果在采取加害行为时不具有认识其责任所必要的理解力时，对其施加于他人的损害，不负责任。"第 829 条规定："具有第 823 条至第 826 条所列举的情形之一，而根据第 827 条、第 828 条的规定对所引起的损害可以不负责任的人，在不能向有监督义务的第三人要求赔偿损害时，仍应当赔偿损害，但以根据情况，特别是根据当事人之间的法律关系，合理要求损害赔偿，而不剥夺其为维持适当生计或者履行其法定扶养义务所必需的资金为限。"第 832 条规定："(1) 根据法律对未成年人或者因精神或者身体状态而需要监督的人负有监督义务的人，对受监护人非法施加于第三人的损害，负有赔偿义务。监护人已尽监督义务，或者即使尽到必要注意仍难免发生损害的，不负赔偿义务。(2) 根据合同承担实施监督义务的人，负有相同的责任。"

根据《德国民法典》的上述规定，德国未成年人侵权行为致人损害责任承担的规则较法国法为复杂。首先，对 7 周岁以下的未成年人，第 828 条规定"不负赔偿责任"，德国理论认为其完全没有责任能力，不承担民事责任，其致人损害的民事责任按照第 832 条的规定由负有监督义务的人承担。根据第 832 条的规定，监护人的责任是一种推定的过错责任，有监督义务的人可以提供证明自己已经尽到监督义务或者即使尽到必要的注意也难以阻止损害的发生而免责。此处法律规定的是负有监督义务的人，不仅是父母，而是负有监督义务的人，负有监督义务的人就包括了父母、继父母、养父母和通常监

护人。① 并且，法定的监护人之外根据合同监督未成年人的人，与父母等法定监督义务人承担同样的责任。其次，对满 7 周岁的未成年人，分为两种情况：第一种情况是对加害行为没有必要的理解力，则对损害后果的承担和不满 7 周岁的未成年人相同；第二种情况是对加害行为有必要的理解力，则根据第 828 条的规定，未成年人应对其加害行为承担损害赔偿责任。在此种情况下，根据第 832 条的规定，负有监督义务的人亦负有赔偿责任，此时应发生未成年人和监护人的连带责任。当然，对 7 周岁以上未成年人侵权行为致人损害的情形，依据合同进行监督的人亦同样按照第 832 条的规定承担与法定的监督义务人相同的责任。

另外，第 829 条的规定是德国法明显不同于法国法的特色。第 829 条规定的是衡平责任之下的未成年人侵权行为致人损害民事责任承担。在未成年人因为不满 7 周岁，或者满 7 周岁但不具有对加害行为必要的理解力时，受害人只能根据第 832 条向父母等有监督义务的人请求赔偿。然而，第 832 条的监护人责任是一种推定的过错责任。在监护人可以证明其没有过错时，受害人无法在 832 条之下得到救济。如果没有其他的救济途径，其只能自行承受损失。为避免此一不公平后果的出现，第 829 条提供救济途径：无论未成年人的年龄如何，只要是未成年人侵权行为致人损害，受害人无法依据第 828 条也无法依据第 832 条得到法律救济的，可以主张本条之衡平责任之救济，要求加害的未成年人在合理的范围内承担赔偿责任。

对在学校中发生的未成年人侵权行为致人损害，德国区分公立学校和私立学校。对公立学校，德国把教师的监督义务当作源于公法的义务，“因此，违反这种义务仅仅由学校的管理部门对第三人的请求承担责任，教师仅仅对学校的管理部门负责，而且通常只是在严重过

① 参见［德］克雷斯蒂安·冯·巴尔著，张新宝译：《欧洲比较侵权行为法（上）》，181 页，北京，法律出版社，2004。

失或者故意的情形才承担责任"①。进一步，在公立学校区别对财产造成的损害和对人身造成的损害，上述规则仅适用于对财产的损害，发生在公立学校的人身伤害，采用工业伤害保险制度，除了故意造成他人人身伤害的案件，教师、学校管理部门以及学生都免于个人责任，由保险部门支付赔偿。②

因此，在德国法之下，未成年人侵权行为致人损害承担的情况可能有以下几种：(1) 监护人单独责任，在未成年人不满 7 周岁或者虽满 7 周岁但对加害行为缺乏必要的理解力时发生；(2) 未成年人与监护人基于过错的连带责任，在未成年人满 7 周岁并且能够理解加害行为的情况下发生；(3) 未成年人衡平责任，在未成年人不满 7 周岁或者虽满 7 周岁但对加害行为缺乏必要的理解力并且监护人尽了监督义务的情况下产生；(4) 学校管理部门的责任或者保险公司责任，分别在公立学校教师过错导致未成年人造成他人财产损害和人身损害的情况下产生，此种责任不属于民事责任。

## 三、日本法未成年人侵权行为致人损害责任承担规则

《日本民法典》第 709 条规定："因故意或过失侵害他人权利时，负因此而产生损害的赔偿责任。"第 712 条规定："未成年人加害于他人者，如不具备足以识别其行为责任的知识和能力，不就其行为负赔偿责任。"第 714 条规定：" (1) 无能力人依前二条规定无其责任时，对其应予监督的法定义务人，就无能力人加于第三人的损害，负赔偿责任。但是，监督义务人未怠其义务时，不在此限。(2) 代监督义务人监督无能力人者，亦负前款责任。"

《日本民法典》的上述规定同时有法国法和德国法的影子。根据上述法律规定第 712 条，日本民法对未成年人侵权行为致人损害的承

---

① ［德］克雷斯蒂安·冯·巴尔著，张新宝译：《欧洲比较侵权行为法（上）》，217～218 页，北京，法律出版社，2004。

② 参见［德］克雷斯蒂安·冯·巴尔著，张新宝译：《欧洲比较侵权行为法（上）》，218～219 页，北京，法律出版社，2004。

担统一采取不区分未成年人年龄，只考虑其有无过错、具体是能否形成过错的立法模式：如果未成年人具备足以识别其行为责任的知识和能力，则未成年人根据第 709 条自行承担过错责任；如果未成年人不具备足以识别其行为责任的知识和能力，则未成年人不就其行为负赔偿责任。在后一种情况下，受害人可以通过第 714 条寻求救济，由负有监督义务的人承担推定过错的民事责任。法定监督义务者包括未成年人的亲权人或监护人。此责任可以通过证明已经尽了必要的监督义务得以免除。在日本理论界存在在监督义务人证明了即使没有懈怠监督义务损害也将发生能否免责的争论，认为这种场合不存在因果关系的情况已经得到证明，应予免责的观点正在逐渐成为通说。① 这样，监督义务者还可以借助于证明上述情况免除第 714 条规定之下的赔偿责任。根据第 714 条，不仅有法定义务进行监督的监护人，而且代监督义务者监督无能力人者，也要就无能力人加于第三人的损害负赔偿责任。此处代替法定监督义务者监督无能力人者，“是指托儿所、幼儿园的保姆，小学校的教员，精神病院的医师，少年院的职员等那种依据法律，或者依据合同受托监督无能力者的人……受法定监督义务者委托临时照看无能力人的人也可以是代理监督者”②。需要强调的是，在存在代理监督义务者责任的场合，并不排除法定监督义务者的责任，“两者的责任构成不真正连带债务”③。

因此，在日本民法的规定之下，未成年人侵权行为致人损害的责任承担有以下几种情形：(1) 未成年人单独责任，发生在未成年人对加害行为具备足够的识别能力的情况，此单独责任是过错责任。(2) 法定监督义务人的单独责任。在不存在代替监督义务人而由法定监督义务人进行监督的情况下，对加害行为不具备足够识别能力的未成年人致人损害的，由法定监督义务人单独承担责任。此责任为推定的过错责任，可以通过监督义务人证明对监督义务没有懈怠免除。(3) 代

① 参见于敏：《日本侵权行为法》，91～92 页，北京，法律出版社，1998。

② 于敏：《日本侵权行为法》，89～90 页，北京，法律出版社，1998。

③ 于敏：《日本侵权行为法》，94 页，北京，法律出版社，1998。

替监督义务者与法定监督义务者的连带责任。在代替监督义务者进行监督的情况下，代替监督义务者承担法定监督义务者的推定过错责任，法定监督义务者与其连带承担责任。

从上可以看出，在日本民法之下，监督义务者的责任是补充性责任，即在未成年人因为不具备足够识别能力依法不承担赔偿责任的情况下，由监督义务者补充承担责任。在可以认定未成年人责任构成的情况下，不存在监督义务者责任。对此，学说提出了强烈的批判，认为此种规定明显不足。首先，在加害者有无责任能力不明的场合，使受害人不知道以加害行为实施的未成年人还是以监督义务者起诉，无论以未成年人或者监督义务者起诉都可能被驳回，非常不利。其次，未成年人在大多数情况下均没有自己的财产，即使认定其具备足够的识别能力，应当承担赔偿义务，实际上受害者也无法得到赔偿。于是，有理论认为，无论加害人有无识别能力，监督义务者均应负有赔偿义务始为合理，使监督义务者责任与未成年人责任并存。还有理论认为，如果监督义务者存在监督的懈怠，那么无论未成年人有无责任能力，均应构成监督义务者的过错责任。日本判例也采此种观点，认为“即使是未成年人有责任能力的场合，在能够认定监督义务者的义务违反与因该未成年人的侵权行为产生的结果之间的相当因果关系时，解释为对监督义务者成立基于第709条的侵权行为是适当的，民法第714条规定并不妨碍上述解释”①。

## 四、意大利法未成年人侵权行为致人损害责任承担规则

《意大利民法典》第2043条规定：“任何故意或者过失给他人造成不法损害的行为，行为实施者要承担损害赔偿的责任。”第2046条规定：“在实施致损行为时，无判断能力和意思能力的人不承担致损行为的后果，除非无行为能力的状况由其过失所导致。”第2047条规定：“在损害是由无判断能力和意思能力人导致的情况下，应由对无

① 于敏：《日本侵权行为法》，92～93页，北京，法律出版社，1998。

行为能力人负有监督义务的人承担赔偿责任，但是，能证明他不能阻止该行为的除外；在负有监督义务之人不能赔偿损害的情况下，法官得根据双方当事人的经济条件判定致害人给予公平的赔偿。”第 2048 条规定：“父亲和母亲对未解除亲权的未成年人、监护人对同他们一起居住的被监护人的不法行为导致的损害承担责任……家庭教师和教授技能或手艺的人，对他们的学生和徒弟于被他们监管期间发生的不法行为导致的损害承担责任。但是，如果证明上述两款指明之人不能阻止该不法行为的，不承担责任。”

在上述规范未成年人侵权行为致人损害责任承担规则的法律规定中，第 2043 条应是借鉴《法国民法典》第 1382 条，对侵权责任构成的一般规定，也同样规定的是过错责任的侵权责任。该条的特点是，不区别未成年人和成年人，意味着对未成年人也有适用的空间。第 2046 条的规定原则上排除了无判断能力和意思能力的未成年人对其致人损害后果责任的承担，第 2047 条接着规定了这种情况下受害人所可以获得救济的途径，第 2048 条继续规定这种救济措施，规定了在亲权之下、在监护之下的未成年人侵权行为致人损害由父母或者监护人承担。根据解释，第 2047 条第 1 款仅适用于孩子未与父母共同生活的情形，并且，对第 2047 条和 2048 条规定的监护人、父母和监护人责任，绝大多数法学家和意大利最高法院都认为是“对自己行为之责任的基础”，不是对他人之行为所负的严格责任，而是这些人的疏忽责任。[①] 因此，在法条的文义之下，第 2047 条第 1 款和第 2048 条第 1 款规定的都是过错责任，原则上父母亲可以通过证明其监督没有疏忽而获得免责。然而在司法实务上，第 2047 条第 1 款要求父母必须证明既没有教唆造成危险情形，也没有默许让无行为能力人可能实施加害行为或者更容易实施加害行为的取向存在，只有很少的父母能够达到司法实务中的要求。而在第 2048 条第 1 款之下，法院更是认定根据该条认定责任基础之确定的判例“不是推定父母疏于监督，

---

① 参见［德］克雷斯蒂安·冯·巴尔著，张新宝译：《欧洲比较侵权行为法（上）》，185 页，北京，法律出版社，2004。

而是推定其疏于适当地养育孩子。因此，父母不仅必须证明适当的监督无法防止其孩子实施该侵权行为，他们还必须向法院证明他们一直勤勉地教育其孩子不要侵害他人……证明其积极地履行了民法典第2048条规定的教育义务。对孩子的培养必须符合‘道德和社会的要求’，除了对年龄稍大的未成年人有些许例外。只有孩子以适当的注意实施行为，才被认为其为适当抚养的……结论是：民法典第2048条Ⅰ是一条准严格责任的规定，它使得父母亲对其孩子的侵权行为承担连带责任”①。因此，通过法院的司法实践，意大利民法已经大大突破了父母责任的目的是基于家庭法的监督义务而保护他人，意大利民法“已将不对他人造成损害作为父母亲教育的目的之一，因而对教育上的过失适用的差不多是严格责任”②。另外，第2047条第2款规定了监督义务人不能赔偿的情况下，作为加害人的未成年人基于公平的赔偿责任。

因此，在《意大利民法典》中，未成年人侵权行为致人损害责任承担可能有以下几种情形：(1) 有判断能力和意思能力或者因自己的原因导致判断能力和意思能力丧失的未成年人，单独按照第2043条承担过错责任。(2) 父母、监护人根据第2047条第1款单独承担赔偿的责任，此责任为推定的过错责任。(3) 行使亲权的父母亲和监护人根据第2048条第1款的赔偿责任。此责任在立法上没有明确为单独责任，解释上应包括未成年人有判断能力和意思能力可以单独承担责任的情形，此时由父母等和未成年人承担连带责任。此责任在法条文义上是推定的过错责任，但在司法实践中基本上是严格责任。(4) 未成年人基于第2048条第2款的公平责任。此责任由于发生的前提是负有监督义务的人不能赔偿损害，所以只可能是单独责任。(5) 家庭教师等根据第2048条第2款的赔偿责任，此责任为推定的过错责

① ［德］克雷斯蒂安·冯·巴尔著，张新宝译：《欧洲比较侵权行为法（上）》，186～187页，北京，法律出版社，2004。

② ［德］克雷斯蒂安·冯·巴尔著，张新宝译：《欧洲比较侵权行为法（上）》，193～194页，北京，法律出版社，2004。

任。至于其是否为单独责任，尚不清楚。

## 五、我国台湾地区未成年人侵权行为致人损害责任承担规则

我国台湾地区“民法典”第184条规定：“（1）因故意或过失，不法侵害他人之权利者，负损害赔偿责任。故意以背于善良风俗之方法，加损害于他人者亦同。（2）违反保护他人之法律，致生损害于他人者，负赔偿责任。但能证明其行为无过失者，不在此限。”第187条规定：“（1）无行为能力人或限制行为能力人，不法侵害他人之权利者，以行为时有识别能力为限，与其法定代理人连带负损害赔偿责任。行为时无识别能力者，由其法定代理人负损害赔偿责任。（2）前项情形，法定代理人如其监督并未疏懈，或纵加以相当之监督，而仍不免发生损害者，不负赔偿责任。（3）如不能依前二项规定受损害赔偿时，法院因被害人之声请，得斟酌行为人及其法定代理人与被害人之经济状况，令行为人或其法定代理人为全部或一部之损害赔偿。”

台湾地区“民法典”用第187条一个法条规定了几乎全部的未成年人侵权行为致人损害责任承担的情况。依照第1款的规定，如果未成年人对加害行为有识别能力，则发生未成年人与其法定代理人的连带责任，如果未成年人对加害行为无识别能力，则未成年人不承担损害赔偿责任，有关责任由其法定代理人承担。但法定代理人在上述两种情况下承担的民事责任是推定的过错责任①，法定代理人可以通过证明其监督并未懈怠或者谨慎监督不能避免损害的发生而免除责任。在受害人不能通过第1款和第2款规定的过错责任获得赔偿时，加害的未成年人和他的法定代理人还可能根据第3款承担衡平的赔偿责任。

因此，在我国台湾地区“民法典”之下，未成年人侵权行为致人损害的责任承担可能有以下几种情形：（1）未成年人法定代理人单独

---

① 参见李春林：《海峡两岸非完全行为能力人致害责任比较研究》，载《华侨大学学报（人文社会科学版）》，2001（3）。

责任。此责任为推定的过错责任，发生在未成年人实施加害行为时没有识别能力的情况下。(2) 未成年人与其法定代理人的连带责任。发生在未成年人对加害行为有识别能力的情况下。此责任对未成年人应是基于我国台湾地区“民法典”第184条的过错责任或者推定过错责任，对未成年人的法定代理人为推定的过错责任。(3) 未成年人单独责任。此责任为一般的过错责任，发生在未成年人有识别能力且法定代理人已举证免责的情形。(4) 未成年人和法定代理人的衡平责任。发生在受害人无法按照第187条第1款和第2款获得赔偿的情况下。此责任可能是未成年人或其法定代理人的单独责任，也可能是两者的共同责任。①

需要注意的是，台湾地区“民法典”直接规定未成年人的法定代理人承担有关责任，并不限于具有亲权的父母，包括父母之外因监护未成年人而居于法定代理人地位的人。至于因合同承担监护义务的人，由于合同监护人不能被认定为其成为法定代理人，故不受上述条文调整，在存在合同监护人的情况下，应该解释为法定代理人不能免除其责任。

## 第三节　英美法未成年人侵权行为致人损害责任承担规则

### 一、传统普通法下未成年人侵权行为致人损害责任承担规则

#### (一) 未成年人对侵权责任的自行承担

在普通法上，“未成年人在法律上被认为是单独的个人，允许他

---

① 参见王泽鉴：《未成年人及法定代理人之侵权责任》，载王泽鉴：《民法学说与判例研究 (3)》，北京，中国政法大学出版社，1998。需要说明的是，我国台湾地区“民法典”原于第184条第3款仅规定未成年人的衡平责任，1999年修正为未成年人及法定代理人的衡平责任。

们以其自己的权利为基础进行诉讼"①。"作为一般规则，未成年人对自己的侵权行为负责"②，"受害人能够对犯错的未成年人直接提起侵权诉讼"，"虽然一般情况下未成年人可以以年幼为理由不受其订立的契约的约束，但是作为一项许多司法判决遵循的规则，年幼并不意味着侵权责任的免除"③。这样，在普通法的规则上，作为一种观念，未成年人作为独立的主体，对自己的侵权行为当然承担责任，是受害人寻求救济可以选择的首要对象。普通法的这种规则凸显了未成年人在法律上的独立主体地位，在一定意义上也是对"自己责任"更彻底的贯彻。

尽管普通法原则上认为未成年人需要为自己的加害行为承担侵权责任，但随着时间的流逝，这一严格的规则逐渐被很多限制所"侵蚀"，"未成年人逐渐可以以年幼不具有形成故意的智力或者不能辨别自己违法行为所可能产生的后果等理由成功地进行抗辩"，"法院也考察未成年人的年龄和经验（作为是否判决其承担侵权责任的）决定因素，一些法院更具体将'一个通情达理的孩子在相同环境下（的注意程度）'作为判断未成年人是否能够形成过失的标准"，其结果是，现在起诉未成年人获得胜诉的可能性已经非常低。④

由于上述的侵权法发展，更主要的是由于司法实践证明未成年人一般缺乏进行赔偿的经济能力，判决未成年人承担赔偿责任

---

① Kimberly Lionel King, Torts—liability of parents for negligent supervision of their minor children—Snow V. Nelson, Florida State University Law Review, Winter, 1985.

② David F. Johnson, Paying for the sins of another—parental liability in Texas for the torts of children, Texas Wesleyan Law Review, Spring, 2002.

③ Valerie D. Barton, Reconciling the burden: Parental liability for the tortious acts of minors, Emory Law Journal, Spring, 2002.

④ See Valerie D. Barton, Reconciling the burden: Parental liability for the tortious acts of minors, Emory Law Journal, Spring, 2002.

导致大量因未成年人侵权而受到损害的受害人得不到赔偿①，这种事实上的对受害人赔偿请求的否定导致了逐渐通过判例或者制定法使父母在一定条件下承担对未成年子女侵权的赔偿责任，而受害人也经常选择起诉父母获得救济。

**（二）父母对未成年人侵权责任的承担**

普通法的传统是父母不对未成年人侵权行为致人损害承担责任，父母关系不当然导致父母的责任。根据普通法的理论，父母在未成年人侵权行为致人损害责任承担中的角色是消极的。作为原则，父母对他既无广泛的义务也没有有限的义务，其对受害人既不承担替代责任也不承担严格责任。② 对此，美国纽约州最高法院1910年（的判决）有过非常清楚的说明："父母不对未成年人非法行为承担责任，除非其在一定意义上'参与'了这种行为；并且，这种'参与'必须是被（原告）主张和证明的，不能是仅仅因为存在父母子女关系而作为一个法律上的假定被认为是存在的。"③ 这样，在普通法的原则上，父母的主体地位与子女的主体地位是独立的，父母只对有自己参与的行为造成的后果承担责任，对完全是未成年人自己行为造成的他人损害，父母不承担任何责任。但在普通法上，父母对自己的过错承担责任：如果父母的过错导致孩子的行为导致他人损害，父母对受害人承担赔偿责任。④

根据佛罗里达州最高法院在Gissen v. Goodwill一案中的列举，

---

① See Kimberly Lionel King, Torts—liability of parents for negligent supervision of their minor children—Snow V. Nelson, Florida State University Law Review, Winter, 1985.

② See Rhonda V. Magee Andrews, The justice of parental accountability: Hypothetical disinterested citizens and real victims 〈CDQ〉 voices in the debate over expanded parental liability, Temple Law Review, Fall, 2002.

③ Valerie D. Barton, Reconciling the burden: Parental liability for the tortious acts of minors, Emory Law Journal, Spring, 2002.

④ See Jeffrey L. Skaare, The development and current status of parental liability for the torts of minors, North Dakota Law Review, 2000.

在普通法的原则下，父母在下述四种情形对未成年子女导致的他人损害承担责任①：

（1）父母信赖其子女而将某种工具给子女使用，而由于年龄小、缺乏判断力或者缺乏经验等原因，子女使用这种工具成为对他人造成危险的来源；

（2）未成年人作为父母的雇员或者代理人活动而进行了侵权行为；

（3）父母知道子女的错误行为，而直接同意或者默许子女进行该行为；

（4）尽管父母知道、或者尽适当的注意应该知道其子女的行为可能导致对他人的损害，而未能对其子女的行为进行适当的控制。

对父母承担未成年人侵权责任的理由，普通法有各种理论来解释。但在许多的案例中，这种理由事实上“被归结为一种‘深口袋’理论，有监督义务的父母有更大的财力或责任保险，更可能有能力对无辜的受到伤害的原告进行赔偿”②。另外，在普通法，父母承担侵权责任，并不排除未成年人本人侵权责任的承担，即使原告只对父母提起诉讼，“但被要求承担责任的父母可以要求侵权子女分担责任，子女可被作为‘负有责任的第三方’追加到诉讼中”③。

### （三）传统普通法下未成年人侵权行为致人损害责任承担的可能情形

根据上文对传统普通法上未成年人侵权行为致人损害责任承担各种情况的分析，在传统普通法未成年人侵权行为致人损害可能有以下几种具体情形：

---

① See Valerie D. Barton, Reconciling the burden: Parental liability for the tortious acts of minors, Emory Law Journal, Spring, 2002.

② Valerie D. Barton, Reconciling the burden: Parental liability for the tortious acts of minors, Emory Law Journal, Spring, 2002.

③ David F. Johnson, Paying for the sins of another—parental liability in Texas for the torts of children, Texas Wesleyan Law Review, Spring, 2002.

1. 未成年人单独承担责任。未成年人是责任承担的当然主体，如果受害人单独起诉未成年人，当然由未成年人单独承担侵权责任。另外，如果父母不存在上述普通法认可需要承担责任的情形，原告也只能要求实施加害行为的未成年人单独承担侵权责任。

2. 未成年人父母的单独责任。如果属于上述几种未成年人父母应承担责任的情形，受害人选择单独起诉父母，而父母不提出要求其子女作为"负有责任的第三方"追加到诉讼中，则此种情况下未成年人父母承担单独责任。

3. 未成年人与其父母共同责任。如果未成年人父母应该承担责任且被原告起诉，但被起诉的父母要求其子女作为"负有责任的第三方"分担责任，则发生未成年人与父母共同承担责任的情形。

## 二、现代普通法的未成年人侵权行为致人损害责任承担规则

传统普通法后来的发展仍然没有否定未成年人对自己侵权行为责任的承担，只是基于对未成年人智力不成熟等的考虑，为未成年人承担侵权责任附加了条件，包括"在必须存在'恶意或目的'的侵权行为案件中，未成年的被告可能被认为年纪太小而无法表达恶意"和"'在必须表明缺少合理注意'的地方，对未成年人所要求的关注程度应该与他的年龄和理解力相称"等。[①] 普通法的这种发展改变了侵权法对未成年人的严苛性，正如上述大陆法系各国所普遍考虑的，未成年人承担与其理解力相应的责任才具有最起码的合理性。传统普通法的规则过分强调了未成年人主体的独立性，是个人主义思想的一种不恰当的贯彻：在"进行损害赔偿因果关系的分析时，父母从人们的视野中消失了，孩子被作为一个完全独立的角色被推到了最前面"[②]。而事实上，孩子无疑是不能被视为社会中一个完全独立的角色的。

---

① 参见徐爱国：《英美侵权行为法》，266页，北京，法律出版社，1999。

② Valerie D. Barton, Reconciling the burden: Parental liability for the tortious acts of minors, Emory Law Journal, Spring, 2002.

普通法的一个最大发展是对父母承担责任的消极态度得到了很大的改善，在一系列严格条件的限制下，普通法从原则上不承认父母责任到原则上承认父母的过错责任。这种发展典型地体现为美国《侵权法重述（第二次）》第 316 条对父母承担侵权责任条件的明确规定。根据《侵权法重述（第二次）》第 316 条的规定，在满足下列条件时，父母应对未成年子女的侵权行为承担责任①：

（1）知道或应当知道有能力控制孩子，（2）在知道或应当知道有控制孩子行为的必要性和机会的情况下，如果父母未能合理控制孩子的行为造成他人损害，则父母基于监督的过错承担损害赔偿责任。

其中，父母对未成年人造成他人损害能够预见到是确定责任成立的重要因素。在具体认定中，即使孩子很小，不能形成自己的过错，不影响对父母责任的认定；而如果孩子较大，法院倾向于认为父母不能控制孩子的行为，一般不认定父母的责任。

《侵权法重述（第二次）》第 316 条的上述规定，虽然仍然要求较严格的举证证明父母具有过失，但较传统普通法原则上不承认父母责任已经有较大的进步。并且，由于其表述的弹性，也为法院通过解释扩大认定父母责任的范围留下了很大的空间。在实践中，美国一些法院通过解释父母对孩子行为的可预见性使得更多的受害人可以向父母主张赔偿责任。由于《侵权法重述（第二次）》的权威性，虽然其不是具有强制约束力的制定法，其仍然取得了支配性地位，成为普通法确定父母责任的支配性规则。

上述普通法的发展只是扩大了认定父母责任的范围，明确了父母基于监督的过错责任，并没有对传统普通法责任承担的规则作出根本性改变，因此，未成年人侵权行为致人损害承担责任的情形与上述传

---

① See David F. Johnson, Paying for the sins of another—parental liability in Texas for the torts of children, Texas Wesleyan Law Review, Spring, 2002; Rhonda V. Magee Andrews, The justice of parental accountability: Hypothetical disinterested citizens and real victims 〈CDQ〉 voices in the debate over expanded parental liability, Temple Law Review, Fall, 2002.

统普通法相同，也包括“未成年人单独承担责任”、“未成年人父母的单独责任”和“未成年人与其父母共同责任”三种具体情形。

## 三、制定法下未成年人侵权行为致人损害责任承担规则

尽管有《侵权法重述（第二次）》等对普通法的发展，但在实践中仍然存在无辜的受害人得不到合理赔偿的问题，尤其是许多法院出于敌视父母责任或其他原因，在适用《侵权法重述（第二次）》第316条时过分强调原告对父母可预见其未成年人子女加害行为的证明，导致实践中许多受害人因无法证明“可预见性”而不能获得赔偿。为对应普通法的僵硬和不足，美国各州普遍制定了成文法规范未成年人侵权行为致人损害时的父母责任问题。虽然各州的规定均不相同，但制定法规定的父母责任典型的是严格责任（strict liability）：即无论父母对未成年人致人损害有无过错，能否预见到未成年人行为会致人损害，父母均需对受害人承担损害赔偿责任。①

在具体的立法例上，《加利福尼亚州民法典》第1714.1（a）条规定：“任何未成年人的故意行为导致他人死亡或其他人身或财产损害，将被归咎于对其进行监护的父母或监护人，由其父母或监护人共同地或单独地与该未成年人一起对损害承担赔偿责任。”《加利福尼亚州民法典》的上述规定将责任限定在未成年人的故意行为。与此相对应，亚利桑那州修正的制定法第12—661条的规定包括了“任何未成年人恶意的或故意的行为（造成的损害）”，并使父母或监护人承担赔偿责任，“无论父母或监护人是否能够预见这种行为”。需要说明的是，各个制定法一般都暗示地排除了对未成年人过失行为的适用，而仅适用于未成年人的故意、恶意或肆意的行为。但与此相反的是，夏

① See Jeffrey L. Skaare, The development and current status of parental liability for the torts of minors, North Dakota Law Review, 2000; Rhonda V. Magee Andrews, The justice of parental accountability: Hypothetical disinterested citizens and real victims 〈CDQ〉 voices in the debate over expanded parental liability, Temple Law Review, Fall, 2002.

威夷州制定法扩大了制定法的适用范围。夏威夷州修正的制定法第577—3条规定："未婚未成年人的父母共同地或单独地对其子女侵权行为造成的损失承担赔偿责任……"对此种与普通法明显不同的规定的合理性，夏威夷联邦地方法院将其解释为："这类制定法为侵权行为的受害人提供了救济，如果没有这种救济，受害人一般得不到任何赔偿，因为（侵权的）未成年人往往没有任何财产和责任保险。如果不将过错归咎于父母，受害人将承受全部的损失，而孩子的父母是可以通过购买责任保险将损失分散给一般公众的。"①

制定法的规定是对普通法规则的革命：从敌视父母责任的普通法发展到欢迎、鼓励父母责任的制定法。也正因为制定法对普通法规则巨大的冲击，在实践中受到了合宪性的质疑，被认为不当地剥夺父母的财产，但总体来说，制定法已经经受住了合宪性的考验，然而也作出了许多重要的妥协。例如，各州一般都规定，适用制定法的赔偿有限额的限制，限额从1 000美元到数万美元不等；另一些州规定严格责任仅适用于财产损害的赔偿，对人身伤害的赔偿不适用，造成了"父母更可能对孩子打碎高中教室的玻璃负责，而不是对孩子敲碎高中老师的头盖骨负责"的不合理现象。另外，严格责任一般只适用于孩子故意的或者极其鲁莽的行为造成的损害。②

通过上述制定法的发展，英美法未成年人侵权行为致人损害承担的规则发生了根本性改变，从父母承担责任作为有限的例外到父母承担责任成为一个原则，从严格按照过错责任原则认定父母责任到不考虑父母过错认定其对未成年子女侵权行为责任的承担。同时发生的还有对未成年侵权人自己承担责任认定的严格限制。英美法在未成年人侵权责任承担规则上展现了一个全新的发展趋势：从未成年人自己承

① Valerie D. Barton, Reconciling the burden: Parental liability for the tortious acts of minor, Emory Law Journal, Spring, 2002.

② See Rhonda V. Magee Andrews, The justice of parental accountability: Hypothetical disinterested citizens and real victims 〈CDQ〉 voices in the debate over expanded parental liability, Temple Law Review, Fall, 2002.

担为主到未成年人父母承担责任为主。虽然现行制定法严格责任的适用仍有许多的限制，例如多数制定法不适用于未成年人的过失行为侵权和有赔偿限额的规定，但制定法所代表的理念与普通法是完全不同的，已经体现出从过分强调个人主义的过错责任到注重受害人救济的具体实现理念的转变。从普通法发展的趋势看，越来越多的理论和实践倾向于认定父母的无过错责任，未来英美法父母无过错责任的范围和程度都将进一步发展。①

## 第四节　未成年人侵权行为致人损害责任承担规则的比较

### 一、大陆法系侵权行为致人损害责任承担比较

从以上大陆法系主要国家和地区关于未成年人侵权行为致人损害责任承担规则的分析可以看出，各国立法均在不同程度上肯定未成年人直接单独承担民事责任的可能性；同时，各国共同地、明确地将未成年人父母等负有监督义务的主体作为承担责任的主要对象，但在具体的规则上，各国也存在重要不同。

**（一）是否承认未成年人的单独责任不同**

1. 各立法例均承认未成年人致人损害行为可以构成侵权责任但有无绝对免责年龄不同

未成年人作为侵权行为的实施主体，法律是否承认其可以单独构成侵权责任并进而单独承担侵权责任反映了法律理念的明显不同。在各国和地区立法中，普遍承认未成年人致人损害行为可以构成侵权责任，但在是否有绝对免责年龄的规定上存在不同。其中，法国法、意大利法、日本法、我国台湾地区法均不区分未成年人年龄，以能否形

① See Jeffrey L. Skaare, The development and current status of parental liability for the torts of minors, North Dakota Law Review, 2000; Valerie D. Barton, Reconciling the burden: Parental liability for the tortious acts of minors, Emory Law Journal, Spring, 2002.

成过错为标准确定未成年人行为是否构成侵权责任，没有绝对免责年龄的规定，而德国法则规定了未满 7 周岁的未成年人绝对不负侵权责任。比较而言，德国的规定虽然基于追求更加准确和科学的目的，认为 7 周岁以下儿童不能形成过错能力而排除其对侵权责任的承担，从而在司法实践中，避免了对幼儿也去考察其意思能力和识别能力的麻烦，有助于法律适用的确定性，但其适应社会发展的能力较差，尤其是考虑到儿童的成熟不断提前，这种人为的强行以年龄划分确定是否承担民事责任的立法模式的科学性颇值质疑。同时这种强制的划分也降低了法律适用的弹性，在救济受害人理念扩展的现代社会，不当地排除了法官借识别能力的扩张解释而扩大未成年人承担责任范围的可能性。因此，德国法明确规定免责年龄的立法模式并不足取。而在不规定绝对免责年龄的立法中，法国法只是笼统地规定了一般人的过错责任并使之适用于未成年人，日本、意大利和我国台湾地区则是更具体地针对未成年人明确为对其行为的后果具有判断能力或识别能力时可单独构成侵权。两种不同立法模式比较，法国法稍嫌粗糙，缺乏针对性，未能准确地反映出未成年人不承担侵权责任缘于其没有相应的识别能力和判断能力，从而不能形成过错，因此意大利、日本、我国台湾地区模式为优。

2. 各立法例对未成年人单独承担侵权责任的不同态度及比较

在上述各立法例中，法国、德国、我国台湾地区不承认未成年人的单独责任，未成年人要么不承担责任，要么与其法定代理人承担连带责任，日本、意大利承认未成年人的单独责任，在未成年人有相应的识别能力致人损害的情况下，由未成年人单独承担侵权责任。这样，在日本法和意大利法中，监护人责任就是一种补充责任，在未成年人欠缺识别能力而不能作为承担责任的主体时，由监护人补充承担侵权责任。

日本和意大利的立法最大限度地肯定了未成年人主体地位的独立性，也最大限度地实现着个人主义下的自己责任，然而这种立法却极大地忽视了未成年人责任承担制度的特殊性。首先，过分强调未成年人承担责任的独立性可能给未成年人施加过重的经济负担，不利于未成年人的成长。未成年人是心智尚未成熟的群体，即使，其对一定行为有相应的判断能力，但毕竟无法与成年人相比，课其以单独责任将可能导致其面对较多的赔偿请求，从而其财产会有较多的减少，不利于其发展和成长。其次，此种立法不利于受害人救济的实现。正如有日本学者批评的那样，由于未成年人大多没有财产或没有足够的财产用于赔偿，认定未成年人单独责任的后果是受害人得不到赔偿。再次，此种立法不利于督促监护人积极履行监护义务。由于如果未成年人有识别能力即由其承担单独责任，则对于有一定识别能力的未成年人，监护人即使有过失也不承担任何责任，如此必然不利于其监督义务的履行。针对此种不足，日本学理和判例均修正立法的规定，认为“即使未成年人有责任能力的场合，在能够认定监督义务者的义务违反与因该未成年人的侵权行为产生的结果之间的相当因果关系时”，认定监督者负赔偿责任。① 正是由于日本和意大利的立法存在上述明显的不足，所以，法、德和我国台湾地区的立法为优。

**（二）监护人责任的性质不同**

在上述各国和地区的立法中，对监护人责任的规定：德国、日本、我国台湾地区是典型的过错推定责任，即监护人不区分父母和其他监护人承担责任的前提是监督义务的违反，如能证明尽到了监督义务即不负赔偿责任。法国、意大利的立法将监护人的免责表述为“不能阻止引起责任的行为”，其性质不甚明确，但在司法实践中，法国和意大利均将父母的责任成为一种“准无过错责任”，而其他有监督义务的人则是一种过错推定责任。

将监护人责任规定为过错责任或过错推定责任，表明的是立法对监护人责任为自己责任的认识，即认为监护人之所以对未成年人侵权行为承担责任，是因为其自己未尽到对未成年人的监督义务，正因为其未尽到监督义务，导致未成年人侵害他人。结合上文对是否承认未成年人单独责任的分析，日本则是把此种自己责任推向极致，即监护人只对无识别能力的未成年人侵权行为承担责任，一旦未成年人具有

---

① 参见于敏：《日本侵权行为法》，92～93页，北京，法律出版社，1998。

识别能力，则侵权后果产生的原因就是未成年人有意识的行为，监护人与侵害后果的因果关系即可切断。事实上，将监护人责任性质界定为自己过错责任是大陆法系的传统理论，此种立法只不过是反映了这一理论而已。

而如果立法将监护人责任规定为无过错责任或"准无过错责任"，则监护人无论是否尽到监督义务均要承担赔偿责任。此种情况下再将监护人责任解释为自己责任显然不妥当，其更合理的解释是对他人——未成年人侵权责任的替代承担。因此，法国法和意大利法上父母责任为事实上的无过错责任，其性质应该被解释为替代责任。虽然此种解释与近代法"自己责任"的观念不符，也不能如自己责任的解释一样构建完善的理论体系，但却代表了父母责任性质未来的发展方向。理论往往是苍白的，虽然完善的理论自有其逻辑之美，但现实的需要往往会超越人们审美的需求。在监护人尽到监督义务的情况下，受害人往往就失去了获得救济的途径，这对无辜的受害人无疑是不公平的：一方无过错而无责任之自由的实现是以另一方无辜地承受损失为代价的，这种情形在未成年人心智不成熟时更容易造成他人伤害的情况下尤其明显。于是，在司法实践中，法国、意大利将父母的责任演变为准无过错责任，而德国、我国台湾地区在立法中即预设了衡平责任以为救济，唯有日本法遗漏了对此一问题的处理，受到了学者的广泛批评。

比较而言，法国、意大利的立法和实践结合，能够更好地适应现实生活的需要，更好地实现对受害人的救济，德国、我国台湾地区立法虽然有所考虑，但毕竟是在一般的民事责任之外外置的制度来部分解决，因为衡平责任并不能补偿受害人的所有损失，尤其是考虑到现代侵权法以对受害人的救济为中心，无过错责任广泛发展，1992 年的《荷兰民法典》已经将父母责任规定为无过错责任，法国和意大利的立法无疑更为合理，但适用的范围应扩展到一切监护人，责任也应该更明确为无过错责任。如此，则在现代侵权法，监护人责任性质应确定为替代责任为宜。

### （三）是否规定了衡平责任不同

德国法、意大利法和我国台湾地区有关规定在一般的过错民事责任之外，还规定了衡平责任。德国法和意大利法规定的是未成年人的衡平责任，我国台湾地区规定的是法定代理人和未成年人的衡平责任。上文已经提及，德国法等规定的衡平责任主要为弥补立法对未成年人致人损害责任承担规定为以过错主义为基础而导致的受害人可能得不到补偿等的不足，并不具有独立的制度价值。与上述立法不同，法国法、日本法等立法没有衡平责任的规定。然而不能因此简单地认为规定衡平责任的立法为优，因为就衡平责任是否确立而言，如果一般的民事责任承担能够很好地解决问题，衡平责任存在的价值就大大降低，所以，如果肯定监护人责任为无过错责任，受害人一般就可以获得合理的救济，衡平责任存在的意义就非常有限。基于此，法国法在肯定父母等监护人“准无过错责任”和所有未成年人均可以成为侵权责任承担主体的情况下，即使规定衡平责任，其意义也有限。而日本法在监护人责任只是推定过错的情况下，规定衡平责任的必要性就大为增加。然而仅就是否应规定衡平责任来说，作者认为，从现代法保护受害人理念出发，即使已经肯定监护人责任为无过错责任，亦不妨肯定衡平责任的存在，此时的衡平责任当然是未成年人承担的衡平责任。因为在新的理念之下，考虑到未成年人是损害的制造者，和未成年人可能有一定的、甚至是很多的财产，增加其为可能的责任承担主体也是合理的。从而在不宜肯定全面的未成年责任的情况下（理由下述）通过衡平责任将其纳入责任承担主体无疑也是合理的选择。

就上述关于规定衡平责任的立法例具体进行比较，德国、意大利将承担衡平责任的主体限定为依法本不承担责任的未成年人，就使得本为弥补法律对受害人保护不足而特设的制度却又打了折扣，因为未成年人财产毕竟有限。我国台湾地区“民法典”原仿德国法，规定衡平责任的承担主体亦仅为未成年人，但 1999 年修正，将责任承担主体扩大到法定代理人，其立法理由谓：“无行为能力人或限制行为能力人之经济状况，少有能力足以赔偿被害人之损害。若不及其法定代理人，实难达到本条立法之目的。为期更周延保障被害人之权利，爰修正第三项增列‘法定代理人’，使其经济状况亦为法院得斟酌并令负损害赔偿之对象。”我国台湾地区此修正务实地把法定代理人一同纳入承担衡平责任的范围，无疑更有利于受害人利益的保护，也更体现出未成年人侵权行为致人损害责任承担中父母等监护人越来越成为责任承担主要主体的侵权法发展趋势。

**（四）是否对其他监护人和父母规定统一的责任承担规则不同**

在大陆法系各立法例中，法国法和意大利法对父母施加了准无过错责任，而对其他监护人则保留了过错推定责任的规定，形成了将其他监护人和父母区别确定责任承担规则的立法，而德国法、日本法和我国台湾地区有关规定则是不区分父母和其他监护人，规定了统一的责任承担规则，尤其是德国法和日本法更是明确了即使根据合同承担监督义务的人也要与父母等监护人承担相同的责任，形成了不区分父母和其他监护人而确定统一的责任承担规则的立法模式。

作者认为，对上述两种立法模式，统一规定的模式有利于制度的简化和适用的方便，也便于受害人主张权利的保护，区别规定的模式相对而言显得烦琐，也增加了受害人主张权利保护的难度。当然，制度的合理与否不能简单地以繁简作为判断的标准，更主要的应在于其对利益的衡量是否恰当。法国法和意大利法将父母责任单独对待，发展为“准无过错责任”，与其他监护人的过错责任不同，其合理性在于父母和其他监护人与未成年人关系的亲疏不同，父母和未成年人之间具有最密切的血缘关系，是父母为社会带来新生命，而这些新的生命在一定角度上对他人是一种风险。相对而言，父母之外的法定监护人与未成年人的血缘关系较远，其也没有决定未成年人出生的权利，其虽然也因为和未成年人具有一定的血缘关系而依法有监督未成年人的权利和义务，但毕竟和父母于未成年人的关系具有很大不同。因此，较一般监护人更重的父母责任具有道德上的合理性。

然而，责任承担规定的确定并不完全是、甚至主要不是行为自由及对行为自由的限制问题，而是对受害人在合理的情况下给予适当的救济问题，实质上更应该是对他人行为责任的替代承担。在以过错为基础的监护人责任情况下，由于监护人承担未成年人致人损害赔偿责任的理由在于其监督的过失，那么无论父母还是其他监护人，只要其承担监护职责，对因其监督疏忽导致的未成年人侵权行为就应承担赔偿责任。在父母责任为“准无过错责任”或无过错责任的情况下，将此责任扩大到一切监护人，使父母之外的监护人亦承担相同的“准无过错责任”或无过错责任是否合理呢？作者认为，无过错责任的发展是对受害人救济不断重视、“损害救济”理念不断扩展的结果，其合理性在于在未成年人侵权行为造成他人损害的情况下，为受害人在一般不具有赔偿能力的未成年人之外找到有效的承担责任的主体。于是，对未成年人承担监护义务的人当然地成为立法首要的选择。虽然父母承担较其他监护人更重的责任具有合理性，但在父母之外的监护人承担监护职责的情况下，如果仍然适用过错责任就仍然不能有效地实现对受害人的救济。另外，如果区别父母和其他监护人适用不同的归责原则，也将导致受害人救济实现的不确定性，受害人可能获得的救济将因承担监护义务主体的不同而不同：如果承担监护义务的是父母，则受害人可以主张监护人无过错责任的赔偿，而如果承担监护义务的是其他监护人，则受害人只能主张监护人过错责任的赔偿。在强调受害人救济实现的今天，允许存在上述状况无疑是不合理的。正因为如此，在法国法的司法实践中，一般监护人责任亦成为“当然责任”，监护人“只有在证明其没有任何过错的情况下，才能免责”①，与父母的“准无过错责任”已经差别不大。因此，作者认为，即使在监护人责任为“准无过错责任”或无过错责任的情况下，亦可以将其统一适用于所有监护人，从而规定对父母和其他监护人统一的责任承担规则。

## 二、大陆法系与英美法系侵权行为致人损害责任承担比较

未成年人侵权行为致人损害责任承担问题是一个各国和地区共同

① 罗结珍译：《法国民法典》，1105页，北京，法律出版社，2005。

面对的问题，其合理处理在各国和地区具有共通性。因此，大陆法系和英美法系在处理上述问题时也表现出了很大的共同性。首先，两大法系均承认未成年人作为责任承担主体的可能性；其次，两大法系均从现实出发，强调父母和其他监护人作为责任承担主体的重要性；再次，作为传统的普通法和近代大陆法理念，均强调父母是对自己监督义务违反承担责任，性质上为自己责任。

尽管两大法系的未成年人侵权行为致人损害责任承担规则存在大量的共通性，但也体现出如下的一些重大不同。

**（一）对父母承担未成年人侵权行为责任的态度不同**

英美法，尤其是普通法强调未成年人是责任承担的首要主体，未成年人对自己的侵权行为负责是普通的规则。按照传统普通法，对父母承担责任保持非常消极的态度。即使在现代普通法，父母也只需要承担过错责任，并且父母过错由受害人证明。大陆法则相反，虽然承认未成年人一定情况下可以承担侵权责任，但其重心还是强调父母对责任的承担，这一点在不承认未成年人单独责任的法国、德国等立法表现尤为明显：在这些立法中，父母要么单独承担责任，要么与未成年人承担连带责任，从而父母成为责任承担的首要主体。另外，大陆法理论强调未成年人有责任能力始承担责任，尤其是德国法更是明确规定7周岁以下未成年人不承担侵权责任，而英美法强调未成年人承担责任的普遍性，不强调有无责任能力问题。

英美法强调未成年人个人对侵权责任的承担与其说是因为特别强调未成年人主体的独立性，不如说是对父母承担责任的消极甚至敌视。佛罗里达州最高法院在Gissen v. Goodwill案中明确指出，“孩子实施的导致他人伤害的行为……不能仅仅因为父母碰巧生下了这个孩子，就由父母承担责任”，而“（父母对孩子的行为）没有责任”的规则是普通法长期的信条。对此，美国学者认为，这种规则之所以能够在美国长期存在，“很大程度上是因为这个国家采用了独特的，如果不是荒谬的，以个人主义神圣而不是集体主义神圣作为文化信条，强烈的个人主义无法合理支持集体主义下的义务，即使这些义务是道德需要的反映”，从而“法律一直支持个人在面对处于危险的他人

（获得帮助）的期望时可以选择什么都不做，只有在法院能够在当事人之间建立特殊关系作为正当性基础时才产生行动的义务，这种特殊关系通常是经济方面的，对寻求获得经济利益的一方而不是没有利益的陌生人施加更多的义务”①。另有学者认为，更大的父母责任意味着更高的培养成本，将侵犯父母养育孩子的自由，并且考虑到养育孩子是有利于社会的，这种对父母自由的侵犯也不符合社会利益。② 因此，英美法对父母责任的消极有其深厚的文化渊源。然而，英美法对父母责任的消极将影响社会一般人的自由，尤其是对不养育孩子的人，其可能无辜受到损害，而得不到赔偿，从而这种传统观念有明显的偏颇，更多地反映的是近代法对行为人自由的重视，而忽视受害人的自由。面对社会的发展，面对保护受害人的需要，普通法也不得不不断扩大父母责任的范围，甚至通过制定法确定了一定范围内父母的无过错责任。相对而言，大陆法基本沿袭罗马法父母对子女侵权行为负责的传统，理念上并不排斥父母的责任，正因为此，作为近代法典之代表的法国法直接规定了父母的责任并使其作为首要的承担责任主体。在大陆法上，父母作为监护人，当然对被监护人之侵权行为承担一定责任。虽然两大法系之观念各有其合理之处，但从历史发展的角度看，从公正的角度看，英美法的规则无疑是太理想化，也有所偏颇，大陆法的规则无疑更加合理。

**（二）对无过错责任的态度不同**

英美法与大陆法的另外一个重要的区别是在现行规则上对无过错责任的态度不同。正如上文所说，英美法对父母责任的态度远较大陆法消极，但在普通法不足以应对现实生活需要的情况下，制定法迅速转向了无过错责任，美国大多数州均制定了父母承担无过错责任的制

---

① Valerie D. Barton，Reconciling the burden：Parental liability for the tortious acts of minors，Emory Law Journal，Spring，2002.

② See Rhonda V. Magee Andrews，The justice of parental accountability：Hypothetical disinterested citizens and real victims 〈CDQ〉 voices in the debate over expanded parental liability，Temple Law Review，Fall，2002.

定法。而反观大陆法系，却始终在过错责任和推定过错之间徘徊，除了新《荷兰民法典》规定对 14 岁以下儿童侵权行为父母承担无过错责任外，大多仍是采取过错推定原则或者通过扩大解释过错使得父母不能证明无过错而事实上承担无过错责任，如意大利要求“父母不仅必须证明适当的监督无法防止其孩子实施侵权行为，他们还必须向法院证明一直勤勉地教育孩子不要侵害他人……只有孩子以适当的注意实施行为，才被认为其是适当抚养”①。大陆法的这种做法无疑反映了其保守性，始终不愿突破监护人责任是“自己责任”的窠臼，千方百计地证明“过错”以寻求责任的道德正当性。

然而法律的规则是为现实生活服务的，在社会需要发生重大改变的情况下，任何既定的理论框架都不应该成为束缚法律发展的羁绊。在近代的个人主义意志自由的侵权法逐渐向社会本位侵权法发展，对人具体的关怀已成为新的法律理念的情况下，侵权法也应由“过错责任法”向“损害救济法”演变。为此，在理论上不应再拘泥于监护人责任为自己责任、一定要有过错的理论，而应勇敢地承认监护人责任为一种对他人侵权责任承担责任的替代责任更为合适。英美法为此提出了严格的替代责任的观点，大陆法也应发展类似理论。在此基础上，进一步承认监护人责任为无过错责任。

因此，英美法关于无过错责任的制定法在观念上代表着监护人责任归责原则的发展趋势，值得大陆法系未来立法学习和借鉴。

**（三）英美法的务实性与大陆法的严谨性**

英美法重视实际问题的解决，不重视理论的建构，更不重视理论体系的完整。这一点在侵权法监护人责任方面得到了充分体现。英美法关于未成年人责任承担是一个杂乱的规则集合，既有早期普通法原则上排斥父母责任的规则，又有《侵权法重述（第二次）》在一定范围内承认父母过错责任的规则，还有各制定法肯定父母无过错责任的规则。其中无过错责任的制定法又各不相同，有的只适用于财产损害

---

① ［德］克雷斯蒂安·冯·巴尔著，张新宝译：《欧洲比较侵权行为法（上）》，186～187 页，北京，法律出版社，2004。

的赔偿，不适用人身损害的赔偿，有的对人身损害赔偿规定限额，财产损害赔偿没有限额，而有的是财产损害和人身损害均有限额但后者限额较低。因此，根据英美法确定未成年人侵权行为致人损害责任的承担存在着复杂、甚至凌乱的规则，其最终责任承担的确定有赖于原告起诉的诉由。更有，面对20世纪美国几起重大校园枪击案的挑战，一些法院完全突破了普通法父母责任是监督义务违反之责任的传统理念，为使受害人获得救济而极度地扩大监督义务的解释，发展了类似于上述意大利法的“父母必须教育子女不伤害他人”，而一旦伤害他人即属于没有尽到适当教育义务的观念①，从而使得普通法上的父母责任也几近于严格责任。虽然这些在震撼性的枪击案冲击下作出的判决能否成为确定的普通法的发展方向尚不能完全确定，但无疑体现了英美法务实的特点。

比较而言，大陆法系追求规则的严谨性和理论的完美。法国侵权法的原则200年来总体上一直被维持，德国等国的有关规则也没有发生重大的改变，所有的发展只是在原有规则上通过解释而拓展空间。甚至当法国最高法院宣布认定未成年人侵权责任无须考虑其识别能力时，还受到了许多的批判，被认为是对理论的违反，质疑如果未成年人实施的行为是成年人实施也不认为是侵权的话，如何能确定未成年人的责任并进而使其父母承担责任?② 二百多年以来，意思能力、识别能力或判断能力和过错成为大陆法侵权法发展的魔咒，多少的理论和立法以及司法均在这个魔咒之下打转，不能实质性地突破一步。直到《荷兰民法典》宣布父母可以承担无过错责任，才有了走出魔咒的初始一步。

因此，作者认为，大陆法系应充分借鉴英美法在未成年人侵权行

---

① See Andrew C. Gratz, Comment: Increasing the price of parenthood: When should parents be held civilly liable for the torts of their children? Houston Law Review, 2002.

② 参见［德］克雷斯蒂安·冯·巴尔著，张新宝译：《欧洲比较侵权行为法（上）》，102页，北京，法律出版社，2004。

为致人损害责任承担规则上的务实性和合理性，妥当地处理与现有理论的关系，勇敢地走出旧有理论的束缚，在更宽广的视野下确定更为合理、有效的责任承担规则，并进而发展出新的理论框架。

## 第五节　未成年人侵权行为致人损害责任承担规则的价值基础

### 一、近代法未成年人侵权行为致人损害责任承担规则的价值基础

近代法崇尚的价值是自由，自由是现代性的核心，“人类只有自由才会幸福”①。作为这一观念的体现，近代法强调为个人自由创造最大限度的空间，并且，其自由强调的是行为人的自由，保障积极行动的行为人追求利益和自我价值实现最大的空间。作为这一价值的体现，侵权法确定了以过错责任为核心的责任制度，无过错的行为人无须承担侵权责任。近代法的这一价值可以在未成年人侵权行为致人损害责任承担规则的下述两个方面得到充分的说明：

1. 不具有识别能力或判断能力的未成年人原则上不承担其侵权行为的后果。近代民法的个人主义是理性主义的个人主义，民法中的个人是具有足够理解力和识别力的“理性人”，未成年人由于智力的不成熟显然不具备理性人的条件。与此相对应，侵权法的过错责任强调的是明知或未尽到注意而侵害他人的责任，对欠缺识别能力或判断能力的未成年人，由于其无法理解行为的后果，也就不可能故意或疏忽侵害他人，从而不具备形成过错的能力，当然不应承担侵权责任。

2. 监护人的责任为自己责任、过错责任。近代法强调人格的平等，抛弃了罗马法的家父在家族中唯一具有人格的观念和制度，从而

① ［英］韦恩·莫里森著，李桂林等译：《法理学——从古希腊到后现代》，172页，武汉，武汉大学出版社，2003。

未成年人亦具有完全独立的人格，具有与成年人一样的权利能力。作为未成年人的监护人，只是为保护未成年人人身和财产利益而设，并不代替或包含未成年人的人格。同样地，监护人人格的完整性也不因承担监督义务而产生任何改变。既然人格各自独立，每个人只应当对自己的过错承担责任，原则上不应当为他人的过错承担责任。虽然现实上未成年人侵权行为致人损害往往不能自行承担责任需要有一个替代的责任主体，但由于未成年人监护人有控制未成年人行为的义务，所以，未成年人侵权行为致人损害往往是由于监护人监督义务的违反导致的，于是，监护人具有过错，自应承担过错责任。① 从而近代法回避了监护人承担责任的实质，从逻辑上似乎确认了监护人责任为自己责任、过错责任。在立法上，如果说法国法的体现不够典型的话，德国法、日本法等其后的立法典型地体现了这一点：监护人证明无过错即无责任。然而实质上，上述逻辑推演存在着漏洞：侵害行为是未成年人实施，监护人监督过失并不直接导致侵权行为，并且未成年人已经不再是如罗马法上所说的“类似于动物”而是独立体，监护人责任实质上是一个主体为另外一个主体的侵害行为负责，其承担责任原因的实质是监护人的身份，是“民法风险分配的结果”，而非监护人“有过错或推定过错”②。只不过近代法囿于个人主义自由的观念，最大限度地回避了对此一实质的涉及，构建了完全个人主义的未成年人侵权行为致人损害承担规则。在这种规则之下，未成年人的自由与自己责任，监护人的自由与自己责任都得到了合理的保障和体现。日本的立法还将这种自由的观念贯彻到极致：即一旦未成年人有独立的识别能力，则侵权损害的发生是由其独立的过错行为的结果，其应单独承担侵权责任。此种情况下，即使监护人有监督的过失，但此过失已经不是侵权行为发生的有法律意义的原因。

---

① 参见欧阳恩钱：《论父母责任的构造——对父母责任制度的反思与重构》，载《甘肃政法学院学报》，2004 (4)。

② 孙鹏：《试析〈民法通则〉133 条的理论基础》，载《云南大学学报（法学版）》，1997 (2)。

从而，近代法未成年人责任承担规则的价值基础是个人主义的自由主义。

然而，仅仅停留在自由主义的逻辑推演无疑是不够的，因为无辜的受害人实在不能完全忽视，尤其是在未成年人有足够财产的情形下。对此，在《德国民法典》之前的《普鲁士一般邦法》就已经有所注意，认为必须解决“富人的孩子欺负穷人，打碎穷人的玻璃而穷人无助”的问题，并规定未成年人的衡平责任以为回应。《德国民法典》继承了这种规定，使无辜而无助的受害人可以从富有的侵权未成年人那里获得赔偿，而我国台湾地区“民法”则是更务实地把监护人也加入到承担衡平责任的范围，以使受害人有尽可能多的机会得到赔偿。另外，近代法的规则忽视了父母对子女侵权行为责任承担的社会学上的价值。父母责任承担的依据是父母子女关系，其义务是法定的，父母没有选择的自由，这恰恰是与自由主义完全不符的，因此在此意义上可以认为父母责任承担是一种代际价值的交换①，即以养育子女并承担可能侵权的价值，交换未来子女对父母的赡养义务的履行。在另一方面，从社会发展的角度看，社会的存在和发展需要不断有新的生命进入社会，而新生命成熟的承担就依赖于父母。为避免父母责任过重，就要求对责任有所限制，过错归责就是一种合理的途径。因此，合理分配未成年人、父母、社会与受害人风险也是近代法责任承担的价值基础之一。

## 二、价值基础的变化与责任承担规则的发展趋势

随着民法由近代向现代的发展，社会法学思想的影响得到扩展。在社会法学思想下，人与人不再是陌生而自由和无情的竞争者，而是相互关联相互依存的整体。② 在意志自由之外，社会利益、人的尊严

---

① 参见佟丽华：《对与未成年人有关的法学研究的反思》，载《政法论坛》，2001（6）。

② 参见［美］罗斯科·庞德著，沈宗灵、董世忠译，杨昌裕、楼邦彦校：《通过法律的社会控制、法律的任务》，106页，北京，商务印书馆，1984。

等价值得到凸显，在侵权法上发生了损害救济理念的发展，对受害人进行必要的救济以维护其正常生活和基本尊严的观念深刻地影响着侵权法。这种变化当然也影响到了未成年人侵权行为致人损害责任承担领域。如果说近代侵权法以个人主义的意志自由为核心价值，关注分配正义，给每一个人以平等的发展机会，现代侵权法则同时强调矫正主义，强调修补伤害的道德义务；如果说近代侵权法责任承担规则关注经济的效率，使之优先于矫正主义，现代侵权法则使矫正主义优于经济效率目标。新的价值基础要求法律的制定者充分意识到侵权法规则对价值的实现，意识到在经济效率之外现代社会的多重目标，努力使法律人性化，法律规则应鼓励人与人之间的同情，以加强普遍人类尊严和促进全人类发展，“而不是加强已经过时的自治理念和促进无情的个人主义”①。

新的理念以矫正主义为核心确定侵权法规则，必然要求强化对受害人的救济。对未成年人侵权，强化对受害人救济的主要途径是扩大父母等监护人承担责任的范围，于是就要求父母责任不能再停留在过错责任或者以过错责任为核心，而应当发展到无过错责任或者准无过错责任。在实践中，大陆法系法国、意大利通过判决已发展了准无过错责任，荷兰通过立法确立了无过错责任，英美法通过制定法，部分地过渡到了无过错责任。作者认为，应坚持并发展这一趋势，最终建立有若干免责事由的无过错的父母责任。对于将父母责任推进到无过错责任，反对的理由主要有不当侵犯父母的自由、无过错责任没有道德合理性、不仅不会加强甚至会降低父母的责任心等。对于意志自由受限的诘难，上文已指出其已不再是法律不可动摇的核心价值。另外，从矫正主义角度看，父母较轻的责任减少了潜在的和实际的受害者的自由，而强化的父母责任，则加强了这些人的自由。而从公平角度看，父母自愿生育孩子是其自由的行使，但其自由产生的未成年人

① Rhonda V. Magee Andrews, The justice of parental accountability: Hypothetical disinterested citizens and real victims 〈CDQ〉 voices in the debate over expanded parental liability, Temple Law Review, Fall, 2002.

对社会一般人增加了受到伤害的风险。旧的法律规则事实上将大部分的此种风险由其他人承担，具有不公平性，父母承担责任则是权利义务相一致的应有结果。① 而无过错责任情况下父母无法通过谨慎的监督避免责任承担，但并非会降低其监督的积极性：考虑到任何未成年人侵权造成损害均需其承担责任，为减少责任承担的可能性，其应该还是会尽最大努力履行监督义务的。因此，上述对父母严格责任的批评都是不成立的。至于如说父母责任应是自己责任，无过错承担责任与理论不符，则是自己画地为牢的表现：其一，没有任何的理由一定说父母责任是自己责任，近代法理论的这种认识是对法律规则分析的结果，现在原因将不存在，不能以结果来否定原因的变化（其实英美侵权法的发展已经明确地使用了替代责任的称谓）。其二，现代法律的发展已经超越了意志自由的过错责任，即使是自己责任，也完全可能承担无过错责任。当然，在新的发展趋势之下，父母责任的承担就是要对未成年人侵权行为致人损害进行替代的救济，被定性为替代责任比较妥当。这也正好回到了上文所说的父母责任应有的实质情况，是对父母责任实质的回归。

强化对受害人救济的另一个途径是合理地加强未成年人个人责任。社会生活状况各异，未成年人侵权行为致人损害主要由监护人承担责任的一个重要原因是未成年人往往没有财产，但现代社会也存在未成年人有大量财产的情形，如小影星、小歌星等，在此种情况下，由其个人承担赔偿责任是必要的，也是合理的。在此种情况下，可考虑建立父母与未成年人承担连带责任的制度，父母承担责任的，可要求未成年人分担，未成年人承担责任的，父母适当分担，具体的分担由法官根据过错情况和财产状况综合考虑。如此既合理地解决了受害人的补偿问题，又妥当地划分了父母和未成年人各自应承担的责任。对于强化未成年人个人责任可能的诘难是：未成年人可能没有识别能

---

① See Rhonda V. Magee Andrews，The justice of parental accountability：Hypothetical disinterested citizens and real victims 〈CDQ〉 voices in the debate over expanded parental liability，Temple Law Review，Fall，2002.

力，从而没有责任能力，过重的未成年人责任不利于未成年人成长，应充分保护未成年人财产。作者认为，对于识别能力问题，欠缺识别能力不承担责任的逻辑前提是个人主义的过错理论，在新的损害救济理念下，识别能力的欠缺并不必然导致不承担责任。考虑到未成年人是损害的实际制造者，在不影响其正常生长条件的情况下使其承担责任也是符合正义的。事实上，正如上文已经提到的，德国、意大利、我国台湾地区等立法已经规定了一定情况下即使没有识别能力的未成年人也要承担民事责任，只不过是在衡平责任的名义下，从形式上不是代表着法律上否定评价、甚至法律上惩罚的民事责任。但在现代法侵权责任越来越强调补偿性、淡化惩罚性的背景下，直接将这些未成年人的衡平责任移入普通的民事责任是合理的，也是需要的。当然为考虑对未成年人倾斜保护，在具体规则上可考虑其仅是在父母承担无过错责任时作为连带的责任主体参与分担和在父母无能力承担赔偿责任时作为衡平责任承担主体对补充责任的承担。这里的一个问题是，是否要求未成年人的行为如果是成年人的行为构成侵权行为作为承担责任的前提？对此，理论一般是肯定的。作者认为，前提应限定在未成年人除了意思能力之外其他因素符合一般侵权行为的构成，如果是成年人实施也不构成侵权的，如正当防卫行为、自助行为等，当然不应认定未成年人的侵权责任，也不发生父母的无过错责任。另外，对于保护未成年人财产问题，当然不能笼统提之。任何一个社会主体造成他人损害，从广义上均有义务进行赔偿，未成年人财产的保护不应成为一个绝对的问题，其应该在合理考虑未成年人利益、受害人利益和社会利益的基础上进行。因此，强化未成年人责任也是合理的发展趋势。

强化受害人救济的另外一个重要途径是扩大可能的承担责任主体的范围。此种方式是要在传统的未成年人、监护人之外寻求其他可能的主体共同承担民事责任。此种方式将会涉及一系列的理论难题，应该谨慎发展、慎重适用。在美国的校园枪击案中，受害人众多，而加害人及其父母赔偿能力有限，受害人将请求赔偿主体扩大了枪支销售商、制造商、有关政府机构、学校等。[①] 美国法院对这些请求有些支持，有些不支持，作出了有益的探索，但总体而言，此种途径的救济方式的实现还非常不明朗，尚待理论和实践的共同发展。

## 第六节　未成年人侵权行为致人损害责任承担中未成年人过错的认定及意义

### 一、未成年人年龄与未成年人过错能力

未成年人是法律体系中的特殊主体，在民法中，未成年人是理性人之外的一类主体。由于未成年人智力发育的不成熟，不符合民法对民事主体理性人的假设，在有关的法律关系中各国和地区立法一般都给予特别保护。未成年人智力欠缺的一个重要方面是其不能辨认或不能充分理解自己行为的后果，缺乏形成法律意义过错的能力。然而，未成年人不是对特定主体智力欠缺状况静态的描述，而是一个涵盖了从自然人出生到成年很长一段的人生历程。在这期间，随着年龄的增长，未成年人对行为的理解力逐渐增长。在一定的事件上，即使未成年人也可能具有足够的理解事件后果的能力。在这种情况下，除非要特别保护未成年人，否则使其承担相应的侵权责任是合理的，而各国法律也均以识别能力或判断能力作为是否使其承担责任的基本原则。但是由于个体的差异，相同年龄的未成年人智力上会有很大差异，所以，如何判断未成年人的过错，是一个法律要认真面对的问题。

**（一）是否设定免责年龄，认为低于此年龄不可能产生过错？**

在立法例上，德国等国采取明确界定免责年龄的做法，法国等国采取不明确规定免责年龄的立法模式，但在立法中或实践上要求幼儿必须对行为有识别能力才认定其过错。前一种立法的好处是增加法律

① See Rhonda V. Magee Andrews, The justice of parental accountability: Hypothetical disinterested citizens and real victims 〈CDQ〉 voices in the debate over expanded parental liability, Temple Law Review, Fall, 2002.

的确定性，对一定年龄之下的未成年人侵权法院无须考虑其是否有过错而直接认定其不能构成过错。后一种立法的好处是更利于实现个案的妥当性，法官可以根据个案确定未成年人是否能够形成过错。作者认为，虽然两种立法例各有其优点，但考虑到未成年人智力发育差别的社会现实和实现个案公正的目标，宜采用不明确限定年龄的立法。首先，人为限定免责年龄在科学性上存在明显不妥，因为这种限定完全忽视了未成年人智力发育的差异性，其结果是导致已经有过错能力的未成年人未认定构成责任，和没有过错能力的未成年人可能承担责任两种情况同时存在。其次，此种立法也存在立法技术上的困难，即难以确定合理的年龄界限以使其上述不合理性降到最低。在立法例上，德国规定的绝对免责年龄是 7 周岁，希腊是 10 周岁，奥地利和荷兰是 14 周岁，而丹麦是 4 周岁。[①] 这些规定从 4 周岁到 14 周岁，几乎是整个的未成年人年龄阶段，可见在立法技术上无法合理选择适当的免责年龄。既然如此，还不如不加以规定为好。再次，此种立法不能适应社会发展的需要。随着社会的不断发展，一方面，未成年人智力成熟期普遍提前，另一方面未成年人侵权案件大量发生，限定绝对免责年龄的立法显然无法适应这种发展的需要。尤其是考虑到随着社会发展而产生的侵权法理念变化已经更多地从受害人救济的角度更多地认定侵权责任的构成，此种立法的不合理性将更加明显。最后，不限定免责年龄立法的主要弊端是需要个案审查未成年人的过错能力，增加司法的负担，但考虑到年龄特别小之幼儿参与的社会活动有限，这种审查增加的社会成本并不是很大。而且，侵权法的发展有可能发展到不考察未成年人形成过错的能力，而直接从客观方面认定其具有过错而确定承担侵权责任的阶段，在此方面法国司法实践已经迈出了实质性步伐，如此不规定免责年龄立法的弊端将最大限度地降低。综合以上分析，作者认为应采用不明确规定绝对免责年龄的立法，统一规定未成年人侵权时有识别能力的，构成侵权责任。

---

① 参见［德］克雷斯蒂安·冯·巴尔著，张新宝译：《欧洲比较侵权行为法（上）》，90～91 页，北京，法律出版社，2004。

### （二）未成年人过错的判断

1. 主观过错标准还是客观过错标准？

未成年人智力发展千差万别，在具体认定是否构成过错时，是采用个体考察的主观过错标准，还是采用参考一个客观标准作为确定是否有过错的客观过错标准呢？从立法例上看，在罗马法时期即已发展了“善良家父”作为判断当事人行为是否有过错的客观标准，近代个人主义民法虽然要求从主观方面考察过错构成，但近代的法的个人并不是一个个具体的人，而是一个抽象的理性人，除了法律对个别情况有特别规定，对一般行为是否有过错的判断事实上是抽象理性人的客观标准①，具体一般仍然是“善良家父”的标准。而且近代法以来客观过错理论得到发展，过错的客观化已经是法律发展的潮流。② 适用客观过错的好处是过错判断的客观化，便于司法实践的适用，也有利于节约社会成本。③ 另外，适用主观过错将导致受到相同伤害的受害人，由于加害未成年人过错能力的不同而面临可能完全不同的法律救济，不利于对受害人平等保护。而在未成年人过错判断中，未成年人之间智力程度的差异更是多种多样，如果适用主观过错标准个案审查未成年人的意思能力，必然会导致司法实践的巨大困难，因此在未成年人过错判断中，适用客观过错理论更有必要性。

2. 善良管理人标准还是与年龄相适应的注意标准？

以客观过错标准判断未成年人行为是否构成过错，必须合理确定参照的客观标准。对此，各国立法一般没有明确加以规定，往往只是一般地要求“具有相应的识别能力”。也就是说，立法肯定未成年人的智力是不断成熟的过程，在此过程中，未成年人的辨别能力逐渐提

① 参见沃伦·A·西维著，林海译：《过错：主观抑或客观?》，载《哈佛法律评论·侵权法学精粹》，北京，法律出版社，2005。

② 参见张民安：《过错侵权责任制度研究》，228～229页，北京，中国政法大学出版社，2002。

③ 参见王利明：《侵权行为法归责原则研究》，259页，北京，中国政法大学出版社，2004。

高，形成过错的能力也不断提高。此种规定虽然没有明确，但实质上是采与年龄相适应的注意标准。因为只有与一定的年龄应有的客观标准相比较，实践中才能有确定特定未成年人是否违反了应有的注意义务，而如果用“善良家父”标准，则未成年人智力成熟前的一切行为基本上都是不符合善良家父可期待的行事标准的，都是有过错的。近代法以来，各国普遍考虑未成年人是否具备辨别其行为后果的能力作为确定其过错构成与否的标准，其目的既是贯彻自由意志理论的结果，也是保护未成年人思想的体现。在具体立法例上，德国、意大利、日本、我国台湾地区与大陆法系民法均坚持这种标准。此种立法的好处是未成年人可以经常借由欠缺识别能力而不承担民事责任，对保护未成年人非常有利。然而，法国通过 20 世纪 80 年代中期后的一系列判例，走上了与此完全不同的方向。这些判例明确不考虑未成年人实际辨别能力的差异，不考虑未成年人能否辨别其行为的后果，而径直认定其有过错，其实质是适用善良家父所要求的严格注意标准来判断未成年人是否有过错，加害人的年龄、个性、智力和职业上的能力都没有关系，只要未成年人的行为与理性人相比有疏忽，即为有过错。① 对此，冯·巴尔认为是用“侵权性”否定了“过错”，实质上是把责任基于客观的不当行为，而与过错无关，并批评是“剥夺要求儿童有辨别能力的这一保护性条件，是给他们在开始自己的生活之前就加上了沉重的义务”，“似乎没有人记得父亲也曾经是儿童了”②。作者认为，法国判例的做法实质是将未成年人的侵权责任完全客观化，只要未成年人客观上实施了侵害他人的不当行为，就认定其构成侵权行为，所谓的与善良家父相比较的过错只不过是一件并不美丽的外衣：因为一般情况下，没有未成年人可以达到善良家父所应达到的注意程度！不知道法国最高法院何以走上了强化未成年人责任的道

① 参见［德］克雷斯蒂安·冯·巴尔著，张新宝译：《欧洲比较侵权行为法（上）》，97～101 页，北京，法律出版社，2004。

② ［德］克雷斯蒂安·冯·巴尔著，张新宝译：《欧洲比较侵权行为法（上）》，102 页，北京，法律出版社，2004。

路。一个可能的原因是在强化受害人保护的侵权法大背景下增加受害人可获得救济的途径，并且，有关案件均表明，未成年人侵权责任多由其父母等监护人承担，一般未成年人并不承担，如此规定事实上并不会过分加重未成年人的负担。

也许法国法的发展代表着侵权法在未成年人侵权行为责任承担方面的未来发展。但是，除非法国法排除承担责任的父母对未成年人的追偿权，否则法国法的发展对未成年人是十分不利的。作为法律的一个最高原则，对处于成长期的未成年人进行保护是人类社会具有强烈正当性的固有规则。这种规则的一个重要体现就是使未成年人只在其对自己行为具有辨别能力的情况下承担责任。无论对受害人保护的思想如何发展，对未成年人的保护也是不能被忽视的。因此，即使在认定监护人责任的过程中排除监护人过错乃至于未成年人过错，但未成年人自己承担侵权责任的前提一定还应该是未成年人对加害行为有过错。而对未成年人过错的认定，应坚持辨别能力标准，参考相应年龄应有的注意水平，如此在未成年人责任认定领域继续贯彻意志自由之价值，并在监护人责任可能无过错化的情况下，体现对未成年人特别保护的传统立法价值。在具体的标准上，可考虑采用年龄组标准，将未成年人划分为几个年龄组，例如接近成年的16～18岁组，10～14岁组，6～10岁组，2～5岁组，2岁以下组等，分别确定不同的注意义务标准，以具体确定特定未成年人行为是否构成过错。

## 二、未成年人过错对认定侵权责任构成的意义

### （一）未成年人过错在一般情况下的意义

如果对未成年人侵权责任构成坚持过错责任归责，则过错成为未成年人致人损害行为责任构成的核心要素之一。上文已经分析，除法国之外，绝大多数国家立法均坚持未成年人有过错始构成侵权责任，因此在一般情况下过错的判断就是认定侵权责任有无的决定性因素。而在法国法，一般意义上的未成年人过错对责任构成意义不大，法院只关心未成年人是否尽到了理性人应有的注意。需要提及的是，我国《民法通则》关于未成年人致人损害责任承担的立法也没有涉及未成

年人过错问题，只是规定“无民事行为能力人、限制民事行为能力人造成他人损害的，由监护人承担民事责任”。如此，《民法通则》的规定对未成年人过错的态度就颇有疑问。从文义看，法条不要求过错，只要造成他人损害就发生监护人或未成年人的民事责任，甚至连与理性人相比较的过错都不需要。但考虑到本条在法律体系中的位置，似乎理解为过错责任更为合理。然而此过错是何种程度的过错又难以明确。从我国的司法实践看，未成年人造成他人损害的，法院不考察其意思能力，是否能识别自己行为的后果，均判决监护人承担赔偿责任。当然此责任的前提也是未成年人行为客观上不法。如此一来，我国立法又与法国法暗合。在法国法，监护人实际上承担无过错责任，而在我国法，监护人也不能完全免除责任。但法国法规定的是父母与子女的连带责任，我国法则是规定子女有财产时未成年人承担责任，子女无财产时监护人承担责任。我国立法偏爱监护人，明显不合理，法国法之连带责任更为合理。

在逻辑上，近代法强调父母责任为自己责任，现代法之下应为替代责任。若如此，法国使未成年人过错认定范围大为扩大，未成年人只要不能尽到善良家父注意即有过错似乎更符合逻辑：不然未成年人不构成责任，何来父母替代责任？如此，则未成年人过错认定对构建现代侵权法父母责任的逻辑合理性亦具有积极意义。

**（二）未成年人共同侵权时过错的意义**

在发生共同侵权的情况下，未成年人的过错有更重要的作用。在实践中，经常发生数个未成年人对他人人身或财产实施侵害的情形，而数个未成年人的年龄往往也不相同，在此情况下，虽然对外的责任往往以连带责任的方式来承担，但内部责任的划分往往非常困难，也是实务中最难处理的问题。对一般共同侵权，在共同人侵权承担连带责任后，内部责任往往按照对侵权发生过错的大小来确定各个侵权人应承担的份额。而在共同侵权人是未成年人的情形，困难在于不同年龄未成年人过错的确定及过错程度的比较。作者认为，在此情况下应参照上文所述的一定年龄组注意义务标准，根据各个未成年人在共同侵权中的具体行为来确定每个未成年人是否有过错以及过错的程度，再根据过错程度的判断来确定未成年人是否应负责任或应承担责任的份额。在此情况下，未成年人过错成为是否承担共同侵权责任以及责任分担确定的决定性因素。

**（三）在监护人和未成年人之间未成年人过错的意义**

在父母等监护人承担替代责任后，存在法律是否允许其向未成年子女追偿的问题。是否允许父母行使此追偿的权利涉及对未成年人保护的强弱，影响着其成长中的负担，是一个重大的立法政策问题。对此，王泽鉴先生认为德国法肯定的是有过错的未成年人在与法定代理人的内部关系上承担全部侵权责任，我国台湾地区亦应明确作出规定。[①] 但事实上，对此问题，大多数国家立法均没有作出明确规定。然而无论如何，一旦允许上述的追偿或分担，就面临着如何决定追偿权行使的条件和范围的问题。

作者认为，在此情况下，应充分强调未成年人过错的意义。具体来说：(1) 如果未成年人没有过错，则不得进行追偿。未成年人过错是保护未成年人的制度，正是基于特别保护未成年人的目的，作者坚持赞同在无过错责任扩展的今天，对未成年人侵权责任的认定采用过错责任原则，无过错即无责任。但作为未成年人监护人，则可能承担无过错责任或推定过错责任。但即便监护人因法律的规定承担了有关责任，在未成年人无过错时也不允许其追偿。(2) 如果未成年人有过错，监护人没有过错，此时应允许监护人依照法律规定向未成年人追偿。(3) 如果未成年人有过错，监护人也有过错，则应考虑各自过错所起的作用确定可以追偿的比例。此种情况是指未成年人有辨识能力而为侵害行为，监护人若尽到监督义务可以避免侵害行为的发生时，根据未成年人过错的程度和监护人过错的程度确定各自应承担的赔偿份额后，就未成年人应承担份额的部分可以追偿。

**（四）未成年人过错在混合过错中的意义**

此种情况是指未成年人作为受害人但对损害的产生有过错的情

① 参见王泽鉴：《未成年人及法定代理人之侵权责任》，载王泽鉴：《民法学说与判例研究（3）》，北京，中国政法大学出版社，1998。

形，如未成年人不当使用存在质量瑕疵的产品等。在此种情况下，加害人往往主张未成年人行为是损害发生的重要原因，要求因此减少赔偿责任。正确处理此类问题的关键是确定未成年人的不当行为能否形成过错，如果未成年人没有足够的识别能力，则不应允许主张过错相抵。相反，如果未成年人有过错，则一般国家立法允许适用过错相抵制度，减轻加害人的责任。作者亦认为应该允许根据具体确定的未成年人过错适用过错相抵。

## 第七节　我国未成年人侵权行为致人损害责任承担规则及其在未来的合理选择

### 一、我国现行法的未成年人侵权行为致人损害责任承担规则

《民法通则》第133条规定："无民事行为能力人、限制民事行为能力人造成他人损害的，由监护人承担民事责任。监护人尽了监护责任的，可以适当减轻他的民事责任。有财产的无民事行为能力人、限制民事行为能力人造成他人损害的，从本人财产中支付赔偿费用。不足部分，由监护人适当赔偿，但单位担任监护人的除外。"最高人民法院《关于贯彻执行〈中华人民共和国民法通则〉若干问题的意见（试行）》第161条第1款规定："侵权行为发生时行为人不满十八周岁，在诉讼时已满十八周岁，并有经济能力的，应当承担民事责任；行为人没有经济能力的，应当由原监护人承担民事责任。"

根据上述法律规定，对未成年人侵权行为致人损害的，无论未成年人对行为的识别能力或者意思能力如何，统一由监护人承担侵权的民事责任。监护人的此种责任不能完全免除，只能因为尽到了监护职责而被考虑减轻。此种责任的性质不很清楚：如果是推定过错责任，就应该允许证明尽到监护义务而免责，何以是"可以减轻"民事责任？如果是无过错责任，怎么会又存在尽到监护职责的减轻民事责任

问题？对此问题，理论界多认为是无过错责任[①]，部分学者认为是推定的过错责任[②]，另有部分学者认为是公平责任。[③]

但是，如果未成年人有财产，则直接由未成年人以其财产承担支付赔偿费用，不足部分由监护人适当赔偿。在此处，法律的规定是不清楚的：从未成年人财产支付赔偿费用是未成年人因承担赔偿责任支付赔偿费用，还是监护人承担赔偿责任而赔偿费用从未成年人财产中支付？理论上一般认为是前者，即有财产的未成年人，以其财产为限承担赔偿责任。[④] 此时，监护人不再承担任何民事责任。只有在未成年人财产不足以支付赔偿费用时，才发生监护人对不足部分适当赔偿的责任。这在理论上是奇怪的，何以未成年人有了财产第 133 条第 1 款的监护人责任就销声匿迹了呢？虽然在未成年人财产不足支付赔偿费用的情况下，监护人似乎还有责任，但已经是对不足部分"适当赔偿"的责任，不是对不足部分进行赔偿的责任。此规定再次似乎暗示，未成年人有了财产，监护人就不再是承担未成年人侵权行为致人损害民事责任的主体了，最多是似乎基于衡平的适当补偿的责任。尤其是考虑到一般认为第 1 款规定的是监护人的过错责任，难道未成年人有了财产，监护人的过错就不需要加以惩戒而可以任由其疏于监护职责了？

最高人民法院的司法解释继续把这一问题的混乱进行下去：即使未成年人加害他人时没有财产，只要在被诉赔偿时满 18 周岁并有经济能力，则由已经成年的未成年人承担民事责任。本来没有财产的未

---

① 参见马俊驹、余延满：《民法原论》，1155 页，北京，法律出版社，1998。

② 参见杨立新：《侵权法论》，434 页，北京，人民法院出版社，2005。

③ 参见王利明：《侵权行为法归责原则研究》，173～175 页，北京，中国政法大学出版社，2004；韩松主编：《民法学》，657 页，北京，中国政法大学出版社，2004。

④ 参见魏振瀛主编：《民法》，719 页，北京，北京大学出版社、高等教育出版社，2000；杨立新：《侵权法论》，435 页，北京，人民法院出版社，2005；马俊驹、余延满：《民法原论》，1156 页，北京，法律出版社，1998。

成年人加害他人的民事责任由监护人承担，被认为是一种过错责任，但是一旦被诉发生在未成年人成年以后，并且未成年人有财产，则监护人的过错责任又再次变得不重要，销声匿迹了！

产生上述奇特的现象要么是立法技术的极其粗陋，要么是理论解释上存在致命的错误。对此，作者在下文将予以详述。

无论理论上如何不妥，但我国现行法对未成年人侵权行为致人损害承担的规则在技术上还是清楚的，包括以下情形：(1) 监护人单独责任。在加害的未成年人无财产且被诉时仍然没有财产时发生。一般认为是无过错责任。(2) 未成年人个人单独责任。在未成年人有财产且其财产足以支付赔偿费用时发生。(3) 未成年人和监护人共同责任。在未成年人有财产但其财产不足以支付赔偿费用时发生，其中监护人的责任是补充责任，而非连带责任。

## 二、民法典草案规定的未成年人侵权行为致人损害责任承担规则

1. 法学所草案关于未成年人侵权行为致人损害责任承担规则的规定

法学所草案关于未成年人侵权行为致人损害责任承担规则的规定分别在侵权法“一般规定”部分和“关于对他人侵权之责任”部分。其于“一般规定”部分第 1544 条规定：“无民事行为能力人对自己造成的损害不承担民事责任。限制民事行为能力人对其能够辨别的行为造成的损害承担民事责任……”于“关于对他人侵权之责任”部分，法学所草案用多个条文继续对未成年人侵权行为致人损害责任承担规则作出规定。第 1589 条规定：“(1) 无民事行为能力人造成他人损害或者限制行为能力人在自己的辨别能力之外，造成他人损害的，由监护人承担民事责任。监护人尽到了监护职责的，可以适当减轻其民事责任。(2) 在当时情形即使具有完全民事行为能力的人也不对损害承担民事责任的，监护人不承担民事责任。”第 1590 条规定：“……在托儿所、幼儿园、学校生活或学习的无民事行为能力人或限制民事行为能力人给他人造成人身伤害的，托儿所、幼儿园、学校不能证明自

己没有过错的，应当承担民事责任；能够证明自己没有过错的，由监护人承担民事责任。”第1592条规定：“（1）监护人依本法应承担监护人责任的，如被监护人有财产，则应当从被监护人财产中支付赔偿费用，其不足部分由监护人赔偿。（2）从被监护人的财产中支付赔偿费用，不得对被监护人的生活和教育产生严重不利影响。”

2. 人民大学草案规定的未成年人侵权行为致人损害责任承担规则

在人民大学草案“侵权行为编”中，沿袭《民法通则》的立法模式，在“总则”部分没有关于未成年人侵权行为致人损害责任承担规则的一般规定，只是在“替代责任”部分于“监护人责任”的标题下具体规定了未成年人造成他人损害的责任承担。该草案第1898条规定：“无行为能力人或者限制行为能力人造成他人损害的，应当由负有监护责任的人承担民事责任，但即便行为人有完全行为能力仍不能避免损害发生的除外。”第1899条规定：“无行为能力人或者限制行为能力人致人损害，负有监护责任的人没有财产，而行为人有财产的，应当依公平原则由行为人对受害人进行适当补偿。”第1901条规定：“未成年人在学校、幼儿园或者其他教育机构学习……致他人人身损害的，学校、幼儿园或者其他教育机构应当承担赔偿责任……学校、幼儿园或者其他教育机构为公益性质的，其能够证明自己尽到充分的教育、管理、保护义务的，不承担……责任。”第1906条规定：“单位担任监护人的，不承担民事责任，但可以根据受害人的经济状况，予以适当补偿。”第1908条规定：“监护人将监护职责部分或者全部委托给他人，被监护人造成他人损害的，由监护人承担民事责任。被委托人确有过错的，承担连带责任。”

3. 人大审议草案关于未成年人侵权行为致人损害的责任承担规则

人大审议草案“侵权行为编”只是在“有关侵权责任主体的特殊规定”之下用一个法条规定了未成年人侵权行为致人损害的责任承担问题。该草案第61条规定：“（1）无民事行为能力人、限制民事行为能力人造成他人损害的，由监护人承担侵权责任。（2）有财产的无民事行为能力人、限制民事行为能力人造成他人损害的，从本人财产中支付赔偿费用。不足部分，由监护人赔偿。”

## 三、对我国现行法及民法典草案未成年人侵权行为致人损害责任承担规则的评析

### （一）对现行法未成年人侵权行为致人损害责任承担规则的评析

作为20世纪80年代颁布的《民法通则》中的一项制度，我国的未成年人侵权行为致人损害责任承担规则有其进步意义。此进步意义首先体现为改变了传统大陆法系立法以当事人意志自由为基础、以过错为核心来规范未成年人侵权行为致人损害责任承担的立法模式，直接规定了监护人的无过错责任：首先，只要未成年人造成了他人的损失，监护人即承担损害赔偿责任，即使监护人尽了监护义务的，也只是可以适当减轻这一责任。如此无疑非常有利于受害人救济的实现，也符合侵权法加强父母等监护人责任的发展趋势。其次，有关立法对未成年人侵权责任的构成也不再考虑未成年人识别能力等过错主义理念下的要求，反映了对传统大陆法系民法的发展，相较大陆法系各国和地区立法不能突破过错主义的束缚是一个较大的突破。再次，《民法通则》的规定体现了以财产作为责任承担主体确定的核心，反映了重视受害人救济现实实现的观念。

然而，《民法通则》的立法对财产的重视走向了极端，忽视了民法应有的道德伦理价值。在民法、甚至整个的法律体系中，对未成年人进行特殊保护都是一个不能忽视的重要的伦理价值，因此，民法特别设定各种未成年人责任减轻或免除的规则，在侵权法上就是各国民法对未成年人一般只在有辨别能力时才使其承担民事责任的规则。过错主义之所以被长期坚持，与其对未成年人的特殊保护作用密切相关：未成年人不能辨别行为的后果就无须承担民事责任。现代法国法等不再要求未成年人的识别能力是以父母承担（准）无过错责任为基础的，不是取消了对未成年人的保护，而是在不影响或很少影响未成年人保护的基础上更加注重受害人的保护。《民法通则》虽然突破了近代法过错主义的束缚，也规定了父母的无过错责任，但《民法通

则》将未成年人侵权行为责任的承担简化为一个纯粹的财产责任承担问题，规定未成年人有财产的，未成年人以其财产承担民事责任，监护人不再承担民事责任。如此，《民法通则》实质上规定的是监护人的补充责任，是“本质上纯粹因为未成年人拥有财产而产生责任，这仅仅是用未成年人的财产替代监护义务人承担责任”①，未成年人侵权行为致人损害责任承担向无过错责任的转化在一定意义上成了对有财产的未成年人的一种严厉惩罚：无论其能否辨别自己的行为，其必须以自己的财产承担赔偿责任！而未成年人的监护人，在此种情况下无论如何不尽监护义务也无须承担任何责任！这无疑是一种非常不当的立法，在受害人保护、未成年人保护和未成年人责任以及监护人责任的利益衡量方面出现了严重的错误。“这种立法既不符合法理，也不违背社会伦理要求，与未成年人权益的保护更是相悖，不合理性一目了然”②。

另外，由于《民法通则》完全以财产为中心进行立法，使得未成年人侵权行为致人损害责任承担完全围绕未成年人的财产状况确定，导致了责任承担主体确定的偶然性和变动性：未成年人财产可以完全支付赔偿由未成年人承担全部责任，未成年人财产可以部分支付赔偿由未成年人和监护人共同承担责任，未成年人无财产由监护人承担全部赔偿责任。这种状况导致了理论上极大的混乱，即有关赔偿责任到底由什么主体承担完全没有理论上的一贯性，如果这样，就会“造成有财产的被监护人与无财产的被监护人在造成他人损害以后……由不同的人承担责任”，而“被监护人自己有财产就可以免除监护人疏于监护的法律责任”的荒谬后果③，从而也使得有关责任承担的理论体

① 胡峻、欧阳恩钱：《未成年人责任能力比较研究》，载《衡阳师范学院学报》，2005（2）。

② 胡峻、欧阳恩钱：《未成年人责任能力比较研究》，载《衡阳师范学院学报》，2005（2）。

③ 参见佟丽华：《对与未成年人有关的法学研究的反思》，载《政法论坛》，2001（6）。

系根本无从合理建立。

因此，《民法通则》的规定虽然偶然地在一些方面符合了侵权法的发展趋势，但由于并不是在正确的理念指导下进行的立法，使得在法律制度的价值上发生了重大的偏差，也导致了有关理论的混乱。

**（二）对民法典草案未成年人侵权行为致人损害责任承担规则的评析**

1. 对人大审议草案的评析

上述各民法典草案的规定，人大审议草案的规定只是对《民法通则》规定的简单改良，表现为取消了监护人尽到监护职责可以减轻责任的规定、将未成年人财产不足时监护人的责任从“适当赔偿”改为“赔偿”、去掉了单位担任监护人不予赔偿的例外规定。人大审议稿的规定相对于《民法通则》将监护人责任更加明确为无过错责任无疑具有积极的意义，但其在责任的具体承担上仍然过于注重以财产为中心确定承担赔偿责任的主体，未能对未成年人侵权行为致人损害责任承担应有的伦理价值给予应有的重视，在未成年人有财产时使其承担侵权责任。如此，明显违背保护未成年人的原则，也使得即使监护存在过错的监护人在未成年人有财产时即不承担侵权责任，在利益衡量上明显不当。因此，人大审议草案的立法明显不足取。

2. 对人民大学草案的评析

比较而言，人民大学草案对《民法通则》的规定作出了显著的改进，表现在该草案通过第1898条和第1899条的规定，既更加明确了《民法通则》对监护人无过错责任的规定（删除了《民法通则》监护人尽了监护职责可以减轻责任的规定），又彻底改变了《民法通则》完全以财产为中心确定具体的责任承担主体、缺乏基本的民法伦理价值的弊端。在人民大学草案之下，监护人的无过错责任被实实在在地落实到监护人身上，不再受未成年人是否有财产的影响，而未成年人只在监护人没有财产时基于公平原则承担责任。如此，民法对未成年人特殊保护的价值得以凸显，受害人的救济也得以较好地实现。

然而，人民大学草案对未成年人的保护也许有些过度：在该草案下，未成年人无论识别能力如何、财产状况如何，原则上不承担任何民事责任。如此的保护固然有利于未成年人财产利益的维持，然而如此规定即使在对未成年人的成长是否真的有利方面也存在疑问。未成年人的智力处于一个不断成熟的过程之中，在此过程中，其识别能力不断提高，更主要的是，在此过程之中，未成年人在与社会不断交流、碰撞中对社会生活的理解和认识逐渐成熟，逐渐认识到其对社会和他人的义务、责任，从而人格不断发展完善。而对自己过错行为承担相应的责任无疑非常有利于未成年人意识到其行为对他人的影响和其应该对行为所负的责任，如此对于培育未成年人的责任意识和成长为一个有责任心的合格的社会主体具有非常重要的意义。相反，如果无论未成年人进行任何行为，包括恶意伤害他人的行为，均不对其发生民事责任的承担，则无疑会助长未成年人对他人、对社会丝毫不负责任、肆意为所欲为恶习的发展和形成。① 另外，在未成年人财产独立越来越受到强调和保护的情况下，完全不使未成年人承担侵权责任在利益衡量上也对监护人不合理，甚至由于直接的加害人不承担责任，受害人得到的财产赔偿对其救济的实现也会受到消极影响。相比较而言，以德国法为代表的传统大陆法使未成年人在对其加害行为有识别能力的情况下与法定代理人承担连带责任的立法则很好地解决了未成年人特殊保护与未成年人承担合理民事责任的问题，应该予以继承。因此，作者认为人民大学草案对未成年人的保护超出了合理的限度，不足取，应该继承未成年人对其有辨别能力的加害行为负责的大陆法系民法传统。

在上述未成年人侵权行为致人损害一般的责任承担规则之外，人民大学草案还规定了学校等教育机构的责任承担、单位为监护人时的责任承担和委托监护时的责任承担。这几种责任承担是未成年人侵权行为致人损害责任承担的特殊情况，也是实践中经常发生而又有解决难度的问题。对教育机构的责任承担，草案规定公立教育机构为推定的过错责任，其他教育机构为一般监护人责任、即无过错责任。对

---

① 参见佟丽华：《未成年人法学》，48 页，北京，中国民主法制出版社，2001。

此，作者认为，我国现行法司法解释已经明确教育机构责任为过错责任，草案将过错责任改进为推定过错有其合理性，因为要求受害人或监护人证明教育机构的过错在实践中存在困难，而教育机构为教育、管理的进行者，有知识和能力了解教育、管理的进行情况，使其负担证明义务存在现实的合理性。但是，使非公立教育机构承担如监护人一样的无过错责任则存在合理性的疑问。虽然草案在立法理由部分以"父母实际上无法对在校未成年人进行监护"、"非公立教育机构可以通过保险或提高学费来回避承担责任的风险"和"营利性教育机构和监护人往往有委托监护的协议"等作为其规定合理性的辩解[①]，但作者仍然认为草案的上述规定不合理。理由首先在于使教育机构承担无过错的监护人赔偿责任忽视了确立此种监护人责任的价值合理性——是监护人与被监护人在身份上的特殊关系才使得此种责任得以合理确立，而教育机构与未成年人之间当然不具有这种身份关系。其次，非公立教育机构并非仅为投资人牟利的工具，其也实现着为社会公众提供子女多种受教育途径的功能，过高的学费将剥夺更多家庭的子女选择非公立教育的权利，对社会公共利益造成不利影响。再次，如果保险制度可以覆盖教育机构中的未成年人致人损害，则无论公立或非公立教育机构应均可以承担无过错责任，将没有必要再区分教育机构的性质而确定不同的责任承担规则，而现实情况是保险制度短期内还难以实现上述覆盖。

对单位作为监护人的责任承担，草案规定了单位原则上不承担赔偿责任，例外承担适当补偿责任的责任承担规则。对此作者表示赞同，认为比较合理，因为此处单位作为监护人是一般单位根据基于社会道德风尚作出的规定承担监护责任，而非承担相应国家保护未成年人职责的机构承担监护责任。对委托监护的责任承担，草案基本接受了司法解释的规定，规定原则上监护人仍然承担赔偿责任，被委托人在确有过错的情况下承担连带责任。如此规定符合监护的性质，也有

① 参见王利明：《中国民法典学者建议稿及立法理由（侵权行为编）》，172～173页，北京，法律出版社，2005。

利于受害人的保护，作者表示赞同。当然，如果监护人和受托人之间有关于责任承担的约定，法定承担责任主体的规定并不妨碍约定的效力，在监护人依法承担赔偿责任后，监护人和受托人之间可以按照约定确定赔偿的最终承担。

3. 对法学所草案的评析

法学所草案的进步之处体现在其第1544条的规定，“无民事行为能力人对自己造成的损害不承担民事责任，限制民事行为能力人对其能够辨别的行为造成的损害承担民事责任”。此规定是对传统大陆法系未成年人对其有识别能力致人损害承担侵权责任规定的回归。结合上文的分析，使未成年人对其能够识别的加害他人行为承担侵权责任不仅不违背特殊保护未成年人的原则，反而有利于未成年人责任意识的形成。未成年人责任意识的培养和形成，对未成年人成长为对自己、对社会负责，实现自己的价值并将自己价值实现与对社会发展作出贡献有机结合意义重大。[①] 另外，使未成年人承担有识别能力加害他人的责任也是对未成年人利益、监护人利益和受害人利益进行合理衡量方面有着非常积极意义的规则。因此，作者对法学所草案上述规定所代表的进步意义充分肯定。但遗憾的是，前文已经分析，德国法区分绝对无责任能力和相对无责任能力、使前者绝对不负侵权责任的立法存在不合理性，应采我国台湾地区立法模式，统一规定未成年人在有识别能力的情况下对加害行为承担侵权责任。另外，根据第1589条的规定，草案维持了《民法通则》对监护人责任无过错责任的规定，并明确了监护人责任承担的前提是未成年人行为除了辨别能力欠缺外，其他方面均满足侵权行为构成要件的前提。这些规定也是值得肯定的。还有，草案规定了学校等教育机构的过错推定责任，基于上文的分析，这种规定无疑是合理的。

除上述值得肯定的规定之外，法学所草案在未成年人侵权行为致人损害责任承担的具体规定方面总体不可取。首先，根据草案第

---

① 参见宋晔：《责任生成的道德内涵及其实现机制》，载《南京师范大学学报（社会科学版）》，2003（4）。

1589 条第 1 款，监护人在未成年人有辨别能力的情况下不承担责任，未成年人承担单独责任。对此，上文已经分析，在受害人救济日益得到重视的情况下，此种规定明显不合理，由于未成年人一般没有财产，如此规定将使受害人在许多情况下处于完全得不到救济的境地，相对于我国台湾地区“民法”的此种情况下法定代理人和未成年人承担连带责任的规定模式明显不足取。① 其次，草案第 1592 条的规定几乎是完全维持了《民法通则》的规定，规定监护人责任为补充责任，即使无辨别能力的未成年人只要有财产即以其财产承担民事责任，监护人只是赔偿不足部分。此种规定当然也存在如《民法通则》规定的过分以财产为中心确定责任承担，忽视责任承担应有的伦理价值的问题，不利于对未成年人特殊保护原则的实现。并且，这种在未成年人一旦有财产监护人无论监护职责履行有何种过错就事实上不承担任何责任的立法明显不当地过分保护监护人，不利于督促监护人履行监护职责，在事实上将使有财产的未成年人承受监护人不履行监护职责的后果，使未成年人成为承担责任的首要主体，与各国和地区法律越来越突出监护人在责任承担中首要地位的立法趋势明显不符。因此，草案第 1592 条的规定亦明显不妥。

## 四、未来我国未成年人侵权行为致人损害责任承担规则的合理选择

结合上文对各国和地区立法的比较和对《民法通则》立法及主要民法典草案规定的分析，作者认为，我国未成年人侵权行为致人损害责任承担规则的确定应在考虑以下因素下合理确定：（1）体现侵权法发展的趋势。未来的未成年人侵权行为致人损害责任承担规则应充分体现侵权法从对个人自由的最低限制向“损害救济”发展的趋势。为此，应加重监护人的责任，结合两大法系的发展趋势，可考虑规定监护人责任为无过错责任。同时，应肯定监护人为责任承担的首要主

---

① 参见胡峻、欧阳恩钱：《未成年人责任能力比较研究》，载《衡阳师范学院学报》，2005（2）。

体，即使在未成年人对加害行为有识别能力的情况下，亦不排除监护人责任而使其与未成年人承担连带责任。(2) 未成年人的特殊保护及其合理限度。未成年人的特殊保护要求对实施加害行为的未成年人不能一概使其承担侵权责任，并且在基于保护受害人将监护人责任确定为无过错责任的情况下，未成年人承担的仍然只能是过错责任。未成年人保护的合理限度要求必须维持未成年人对其有识别能力致人损害行为承担过错责任，不能笼统地一概免除未成年人对侵权责任的承担。(3) 考虑特殊监护人的减轻的责任承担，主要是对因合同承担监护义务的人，应维持为过错责任。

在上述各项因素考量的基础上，作者提出对未来未成年人侵权行为致人损害责任承担规则的建议如下：

(1) 监护人的无过错责任。监护人无论是否尽了监护义务，均需要对未成年人造成他人的损害承担赔偿责任。此责任为替代责任。其中，责任承担的前提是未成年人行为构成侵权责任，是否构成侵权的认定以未尽到一般人的注意为条件，不考虑未成年人较低的识别能力。为配合此一规定，可以借鉴英美法的规定，建立完善的责任保险制度，以使监护人可以有分散风险的途径。①

(2) 未成年人的过错责任。如果未成年人具有识别其行为后果的能力，可以构成过错，则可以构成未成年人的过错责任。在未成年人此责任成立的情况下，与监护人连带地对受害人负赔偿责任。

(3) 未成年人的衡平责任。在未成年人依法不应承担侵权责任、而依法应承担侵权责任的监护人没有财产可以进行赔偿的情况下，未成年人有财产的，由未成年人承担衡平责任，对受害人的损失进行适当赔偿。当然，此责任承担的前提也是未成年人行为构成上述意义上的侵权责任。

(4) 法定监护人之外的人担任监护人，或者依照合同进行监护的

---

① K. 茨威格特和 H. 克茨曾经指出，侵权责任可以通过保险体系进行分担是无过错责任发展的重要原因。参见［德］K. 茨威格特、H. 克茨著，潘汉典等译：《比较法总论》，228 页，北京，法律出版社，2003。

人，承担推定的过错责任，其可以通过提供证明尽了监护义务或者即使尽了监护义务也不能避免损害的发生而免责。在上述监护人责任成立的情况下，其与法定监护人连带地对受害人负赔偿义务。依照合同进行监护对损害赔偿的承担有约定的，该约定在法定监护人和合同监护人之间发生对内效力，双方在对受害人承担连带的赔偿责任后，按照约定确定责任的最终承担。

# 第三章　未成年人订立合同致人损害责任承担比较研究

## 第一节　未成年人缔约能力比较研究

### 一、大陆法系关于未成年人缔约能力典型立法例分析

#### （一）法国法关于未成年人缔约能力法律规定分析

根据《法国民法典》第 1124 条之规定，“未解除亲权的未成年人”，“在法律规定的限制范围内无缔结契约之能力”，如此，就一般地排除了未成年人的缔约能力，除非他进行的与其年龄相适应的亲属

法上的行为（如订婚，缔结婚姻合同等）①，或者其被解除亲权，或者其实施《法国民法典》第389—1条规定下的习惯上允许未成年人自行实施的行为，即日常生活所需的，细小的，无须加以特别保护的行为。② 这样，未成年人订立的合同原则上就是无效的。但根据法国法有关规定和司法实践，这种无效不是当然无效。首先，根据第1125条，“有能力缔结契约并且受所订立契约的约束的人，不得以与之缔结契约的人无能力为契约无效抗辩”，也就是说，与未成年人缔约的成年人原则上受所订立契约的约束。其次，如果不属于监护人或法定管理人须经许可方能实施行为的例外情况，根据法国最高法院第一民事法庭1970年11月4日判决所确定的原则，除非未成年人订立的合同给他造成了经济上的损害，否则合同不能归于无效③，并且根据第1306条，如果损害是因为偶然的不可预见事件引起时，未成年人亦不得主张取消契约。再次，依据第1311条的规定，未成年人订立的契约可因其成年后的确认而确定有效。

从以上可以看出，法国法虽然抽象地原则上排除未成年人的缔约能力，但未成年人订立的合同并不当然无效，不仅作为合同相对人的成年人原则上须受其约束，未成年人在合同不对其造成经济上损失的情况下也受其约束。这样，通过一系列法律规定，法国法事实上赋予了未成年人比较广泛的缔约可能性：对一般的合同，只要未成年人不主张取消，即能发生相应的效力④，而且，即使未成年人主张取消，也必须是以符合《法国民法典》第1305条契约“显失公平，致使其受到损害”为前提。因此，在法国法之下“未成年人不是没有订立合同的能力，而是他不能通过订立合同伤害自己”，未成年人有缔约能

① 参见［德］康拉德·茨威格特、海因·克茨著，孙宪忠译：《行为能力比较研究》，载《外国法译评》，1998（3）。

② 参见尹田：《法国现代合同法》，142页，北京，法律出版社，1995。

③ 参见尹田：《法国现代合同法》，144～145页，北京，法律出版社，1995。

④ 参见李先波：《缔约能力制度比较研究》，载《中国法学》，2001（1）。

力是“法律的原则而不是例外”①。

根据以上分析可以看出，法国法关于未成年人缔约能力规定的特点是：（1）不区分未成年人年龄，统一地承认未成年人（事实上）具有缔结契约的能力。（2）原则上允许未成年人以对其不利为理由取消合同，但以该合同对未成年人造成了经济上的损害为限制条件，从而将决定能否取消合同的权力很大程度上交给了法官，因为法官是有权最后确定一个合同是否对未成年人有利的人。（3）由于上述的两个特点。法国法能够较好地适应未成年人参与社会的需要，并能够经由法院裁判较好地合理处理未成年人与相对人利益的平衡。但由于是否造成未成年人损害需要个案判断，从而导致未成年人订立合同的效力存在不确定性。

### （二）德国法关于未成年人缔约能力法律规定分析

根据《德国民法典》第 104 条、第 105 条的规定，“未满七周岁”的未成年人无行为能力，“其意思表示无效”，完全不能发生订立合同的效力，其只可以因法定代理人的代理而成为合同当事人。② 已满 7 周岁的未成年人为限制行为能力人，原则上其订立的合同为效力未定合同，需要由法定代理人同意，法定代理人不同意的，合同确定无效。但限制行为能力人在以下情况下订立的合同有效：（1）为之仅带来法律上利益的合同（第 107 条）；（2）事先得到法定代理人许可而订立的合同；（3）以金钱履行债务的合同，而其金钱系法定代理人为此目的或者为未成年人的自由处分而给予，或者系第三人经法定代理人的同意而给予（“零用钱条款”）（第 110 条），且已全面履行。③ 对于限制行为能力人订立的效力未定合同，合同是否生效的决定权在其

---

① Melvin John Dugas，The contractual capacity of minors：A survey of the prior law and the new articles，Tulane Law Review，March，1988.

② 参见［德］卡尔·拉伦茨著，王晓晔等译：《德国民法通论》，142 页，北京，法律出版社，2003。

③ 参见［德］卡尔·拉伦茨著，王晓晔等译：《德国民法通论》，143、149 页，北京，法律出版社，2003。

法定代理人，但在法定代理人拒绝追认前，合同相对人原则上受合同约束。然而，根据第 109 条，合同相对人只要对未成年人的年龄不知情，其就可在未成年人法定代理人同意前随时单方面撤回合同。合同相对人如果知情，则原则上无撤回权，只能向法定代理人催告，以便尽快结束合同效力的不确定状态。

从上述德国法的有关规定可以看出，德国法下未成年人的缔约能力是受到严格限定的，未成年人只能在非常有限的范围内有效订立合同，大量的合同必须通过法定代理人订立或者经过法定代理人同意始能有效，反映出德国法对未成年人缔约持更加保守的态度。

具体来说，根据上述德国法的有关规定，德国法下未成年人缔约能力具有以下特点：(1) 区分无行为能力的未成年人和限制行为能力的未成年人，前者绝对地不能从事缔约活动。(2) 限制行为能力人订立合同效力的决定权在法定代理人，其法定代理人可以自由地决定是否使其订立的合同发生效力，无论一项合同在交易上是否对未成年人有利，除非未成年人订立合同“只是获得法律上的利益”。这里，“法律上的利益”代替了法国法的“经济上的损失”，前者是法律上的衡量，后者是根据经济利益的实际衡量。对此，梅迪库斯解释说：“第 107 条以法律上的利益为考察标准，是为了强调不对法律行为作经济上的评价，以维护法律的稳定性。”① 而对何为使未成年人“只是获得法律上的利益”的合同，一般来说“除赠与合同之外，其他的债权法上的合同并不是《德国民法典》第 107 条所说的对未成年人有利的合同”，但物权契约可以是这种合同，未成年人可以通过物权契约有效取得标的物所有权，即使此时债权契约是无效的。② (3) 对限制行为能力人订立的效力未定合同，对作为合同相对方的成年人没有约束力，除非订立合同一方的未成年知情，合同相对人原则上可以任意撤

① ［德］迪特尔·梅迪库斯著，邵建东译：《德国民法总论》，423 页，北京，法律出版社，2000。

② 参见［德］康拉德·茨威格特、海因·克茨著，孙宪忠译：《行为能力比较研究》，载《外国法译评》，1998 (3)。

回合同。(4) 根据上述特点,《德国民法典》更多地体现出对自由意志的尊重和对未成年人的强制保护,但却忽视了当代社会加强未成年人独立地位的要求和合理的经济利益上的衡量,也未能对“充分照顾未成年人利益,并且给予其足够保护的善意第三人的利益”应有的保障。① 尤其是德国法完全否定 7 岁以下未成年人订立合同可能性的做法更被有学者称为“违反(德国)宪法规定的禁止过度”,应该失效。②

**(三)日本法关于未成年人缔约能力法律规定分析**

《日本民法典》第 4 条规定:“(1) 未成年人实施法律行为,应经其法定代理人同意。但是,可以单纯取得权利或免除义务的行为,不在此限。(2) 违反前款规定的行为,可以撤销。”第 5 条规定:“对于法定代理人确定目的、许可处分的财产,在该目的范围内,未成年人可以随意处分之。对于法定代理人不确定目的、许可处分的财产,亦同。”第 20 条规定“无能力人为了使人相信其为能力人而使用诈术时,不得撤销其行为。”另外,第 19 条规定了无能力人的相对人可以向未成年人的法定代理人催告,催告期满未作答视为追认。

从上述日本法的规定看,日本法仿德国法明确规定未成年人原则上无缔约能力,但对“单纯取得权利或免除义务的行为”,承认未成年人缔约的效力。日本法用“单纯取得权利或免除义务”代替了德国法的“只是获得法律上的利益”。但日本法与德国法在此问题上的一个重大不同是日本法下所有的未成年人均可以实施上述行为,而德国法则只限于限制行为能力人,无行为能力人的行为绝对无效。另外,在未成年人订立的效力未定合同中,日本法只是赋予了相对人的催告权,其没有撤销的权利,在未成年人的法定代理人决定是否追认前,其必须受合同约束,没有单方撤销合同的权利,无论其对未成年人的

① 参见[德]康拉德·茨威格特、海因·克茨著,孙宪忠译:《行为能力比较研究》,载《外国法译评》,1998 (3)。

② 参见[德]卡尔·拉伦茨著,王晓晔等译:《德国民法通论》,142 页,北京,法律出版社,2003。

未成年是否知情，而德国法则是赋予了不知情的相对人自由撤销合同的权利。但日本法明确了相对人因受未成年人欺诈相信未成年人有行为能力而与其订立合同的，该合同不得被撤销，成为未成年人原则上可以自由撤销合同的例外。

日本法规定的特点是：(1) 将未成年人缔约例外有效的范围表述为“单纯取得权利或免除义务的行为”，从而更加明确化，比较便于实践中操作。(2) 统一承认所有未成年人订立上述契约例外有效，从而也赋予了年龄较小的未成年人订立合同的可能。(3) 作为成年人的合同相对人受到较大束缚，完全没有单独撤销合同的权利，只能被动地等待未成年人法定代理人的决定。但在未成年人就其能力为欺诈的情况下，相对人可以受合同有效的保护，但既然合同有效，其自然不可能撤销合同。(4) 日本法将催告期满未成年人法定代理人未作回应的行为视为追认。

**（四）我国台湾地区“民法”关于未成年人缔约能力规定分析**

我国台湾地区“民法典”第 75 条规定，“无行为能力人之意思表示，无效……”第 77 条规定：“限制行为能力人为意思表示及受意思表示，应得法定代理人之允许。但纯获法律上之利益，或依其年龄及身份，日常生活所必需者，不在此限。”第 80 条规定：“前条契约相对人，得定一个月以上期限，催告法定代理人，确答是否承认。于前项期限内，法定代理人不为确答者，视为拒绝承认。”第 82 条规定：“限制行为能力人所订立之契约，未经承认前，相对人得撤回之。但订立契约时，知其未得有允许者，不在此限。”第 83 条规定：“限制行为能力人用诈术使人相信其为有行为能力人或已得法定代理人之允许者，其法律行为为有效。”第 84 条规定：“法定代理人允许限制行为能力人处分之财产，限制行为能力人，就该财产有处分之能力。”

从上述我国台湾地区的规定看，我国台湾地区“民法典”的规定基本与德国民法的规定一致：(1) 区分无行为能力和限制行为能力，并规定无行为能力人所为一切意思表示均为无效，“其是否因该法律行为而纯获法律上利益，在所不问”[①]。而限制行为能力人所为行为属“纯获法律上之利益，或依其年龄及身份，日常生活所必需者”，为有效。(2) 相对人同时有催告权和撤回权，在相对人不知未成年人无能力的情况下，其不受契约约束，可以自由撤回契约。(3) 同日本法相同，规定了未成年人“用诈术使人相信其为有行为能力人或已得法定代理人之允许者”，其所订立契约有效，不能撤销。(4) 肯定限制行为能力人事先获得法定代理人授权处分财产处分的效力。

## 二、英美法系的未成年人缔约能力

英美法系并没有大陆法系国家抽象的行为能力的概念，但英美法系有关于未成年人缔结合同效力的完备规则。依照英美法一般规则，成年才具有完全缔约能力，未成年人缔结的合同一般是可撤销的，或者在未成年人年龄非常小的情况下，是无效的。[②]“未成年人对此有选择权”，而“选择和未成年人订立合同的成年人并不享有相同的选择权，只能自行承担风险，任何的成年相对人不能以未成年人的无能力为理由废弃合同”[③]。“但是关于供给未成年人日常生活所需的物品或劳务等契约则为有效。至于何谓日常生活所必需者，应依未成年人之经济能力、身份、地位、职业等各种情况为标准来判断。”例如，同样是购买高档消费品的契约，在富有的未成年人会被认定为有效，而贫穷的未成年人则会允许其撤销。然而即使是“必需品契约”，如果尚未得到履行，则未成年人亦可加以撤销。必需品契约在现代英美法已不限于生活必需之货品及服务，而扩及于学徒契约、教育契约等

---

① 王泽鉴：《民法总则》，322页，北京，中国政法大学出版社，2001。

② 参见 Claude D. Rohwer，Gordon D. Schaber：《Contracts》，198页，北京，法律出版社，1999。

③ Lydia D. Johnson，What effect will Yarborough v. Alvarado have on Texas law enforcement interrogation of suspect minors?，Thurgood Marshall Law Review，Spring，2005；徐罡、宋岳、覃宇：《美国合同判例法》，6页，北京，法律出版社，1999。

有利于未成年人的契约。另外，对必需品契约，未成年人虽受其约束，但其只有责任支付合理价格而非价款。① 对于上述契约之外的非必要契约，普通法一般规定其为效力未定之契约，未成年人可以单方面撤销该契约，不管是否公平②，即使未成年人谎称自己成年，用欺诈性之错误引导成年人与其订立契约，其撤销权亦不受影响。③ 对效力未定合同，未成年人可以在成年之前或成年之后否定合同的效力，但对合同的承认只能在成年之后，因为成年之前确认合同效力的行为本身是可撤销的。④ 而根据英国 1874 年《免除未成年人责任条例》，“未成年人为金钱之借出或借入，供应货品予他人或接受供应货品（日常必需品除外）所订之契约，及未成年人计算之欠账或账目，是绝对无效的”，只是对义务已经履行的部分，或者未成年人已享受契约中部分代价时等，例外承认契约的效力。⑤ 另外，“英美法有关未成年人合同能力的法律规则，并没有在不同年龄的未成年人之间加以区别。理论上说，这些规则既适用于婴儿，也适用于年满 17 岁但尚未满 18 岁的年轻人”。但在实践中很少有涉及年龄很小未成年人的案例，而在事实上，年龄太小的未成年人可能会因为对即使是对一般为成年人有效的合同因为缺乏必要的理解力而被认为不能订立合同。⑥

从以上英美法的有关规则可以看到，英美法系关于未成年人缔约能力的规则有以下特点：(1) 不区分未成年人年龄，原则上认为未成

---

① 参见杨桢：《英美契约法论》，164～267 页，北京，北京大学出版社，1997；[德] 康拉德·茨威格特、海因·克茨著，孙宪忠译：《行为能力比较研究》，载《外国法译评》，1998 (3)。

② 参见王军：《美国合同法》，72 页，北京，中国政法大学出版社，1996。

③ 参见 Claude D. Rohwer, Gordon D. Schaber：《Contracts》，198 页，北京，法律出版社，1999。

④ 参见王军：《美国合同法》，73 页，北京，中国政法大学出版社，1996。

⑤ 参见杨桢：《英美契约法论》，269～271 页，北京，北京大学出版社，1997。

⑥ 参见何宝玉：《英国合同法》，282～283 页，北京，中国政法大学出版社，1999。

年人没有完全缔约能力，在事实上承认未成年人可以在一定范围内缔结合同，主要是指缔结生活必需品合同。(2) 不重视用统一的缔约能力制度去规范合同的效力，而是在保护未成年人原则下，务实、公平地决定合同的效力。如即使根据 1874 年英国“免除未成年人责任条例”绝对无效的合同，但也对义务已经履行的部分承认其效力。(3) 未成年人订立的合同一般是效力未定合同，可由未成年人单方加以撤销，但成年的合同相对人却须受其约束，即使成年人因未成年人欺诈称已成年而订立合同亦如此。(4) 强调对未成年人的保护，所有未成年人受约束的情况均是未成年人已享受利益的情形，对未成年人未享受利益的，即使是生活必需品合同也可以撤销。(5) 强调合同效力确定中的经济因素，表现为对是否已经履行的重视，判断是否生活必需品以未成年人经济能力作为判断的重要标准之一，以及对生活必需品契约未成年人只需支付合理价款而不是约定价款等。

## 三、我国民法规范关于未成年人缔约能力规定分析及合理确定

### （一）我国民法规范关于未成年人缔约能力规定的分析

根据《民法通则》第 12 条的规定，10 周岁以下未成年人无行为能力，不能进行任何民事活动，10 周岁以上的未成年人为限制民事行为能力，可以进行与其年龄、智力相适应的民事活动，其他民事活动由他的法定代理人代理，或者征得他的法定代理人同意。根据最高人民法院《关于贯彻执行〈中华人民共和国民法通则〉若干问题的意见（试行）》第 3 条的规定，限制民事行为能力人进行的民事活动“是否与其年龄、智力状况相适应，可以从行为与本人生活相关联的程度、本人的智力能否理解其行为，并预见相应的行为后果，以及行为标的数额等方面认定”，而“无民事行为能力、限制民事行为能力人接受奖励、赠与、报酬，他人不得以行为人无民事行为能力、限制民事行为能力为由”，主张行为无效。《合同法》第 47 条规定：“限制民事行为能力人订立的合同，经法定代理人追认后，该合同有效，但纯获利益的合同或者与其年龄、智力、精神健康状况相适应而订立的

合同，不必经法定代理人追认。相对人可以催告法定代理人在一个月内予以追认。法定代理人未作表示的，视为拒绝追认。合同被追认之前，善意相对人有撤销的权利……”《合同法》在立法草案讨论中曾经把无行为能力人与限制行为能力人并列，统一适用上述第 47 条的规则，但最终的立法却删除了无行为能力人，虽然未作明确的解释，从推理上应是排除了第 47 条对无行为能力人的适用。这样，无行为能力人订立的合同，仍然适用《民法通则》的规定，除《民法通则》意见已经排除无效的例外情形外，绝对无效。

从我国上述规定可以看出，我国立法完全是德国模式：将未成年人区分为无行为能力和限制行为能力，前者订立合同无效，后者订立合同效力待定且决定权在未成年人法定代理人，同时合同相对人享有催告权和撤销权等均是典型的德国模式。但我国立法相较德国法明显粗疏，典型体现在关于未成年人单独订立合同有效的情形，德国法作出了比较系统的规定，如法定代理人事先授予处分权而订立合同有效、零用钱支配有效等，而我国只是借助于司法解释作了不太严谨的规定，且未采纳“纯获法律上利益”这一严格的术语，也未规定必要的“零用钱条款”以及相应的合同履行与未履行的区别等，充分反映了我国《民法通则》当时立法“宜粗不宜细”的指导思想。但如此一来的问题是有关制度必须加以完善以更加科学化和更加具有可操作性。

**（二）民法典草案关于未成年人缔约能力规定评析**

在我国目前主要的民法典草案中，人大审议草案基本维持了《民法通则》的规定，只是把限制民事行为能力的年龄起点降低为 7 周岁，明确了限制民事行为能力人“单纯取得权利或者免除义务”行为的效力，以及明确了限制民事行为能力人依法不能独立实施行为为效力待定行为、法定代理人有追认权、善意相对人有撤销权等。[①] 草案的规定只是体现在《合同法》第 47 条等立法中的已经取得立法进步

① 参见全国人大常委会 2002 年 12 月 17 日公布的《中华人民共和国民法(草案)》“总则”编第 14 条、第 67 条，“合同法”编第 47 条。

的总结，相对于《民法通则》固然有一定进步，但进步非常有限。

人民大学草案除将限制民事行为能力的年龄起点降低为7周岁外，还对限制民事行为能力人行为的效力作出了比较详细的规定，包括单方行为无效、合同行为效力待定而法定代理人和相对人分别有追认权和撤销权、法定代理人事前允许的行为有效和限制行为能力人使用诈术使对方相信其有缔约能力的合同有效等。① 人民大学草案相对《民法通则》的进步主要体现在其对限制民事行为能力人行为的效力作出了比较完善的规定，但其仍然拘泥于《民法通则》的规定，几乎完全否定无行为能力人行为的效力，难以适应年龄较低的未成年人广泛参与社会生活及人格独立的需要，不能不说是一个严重的缺陷。

法学所草案维持了《民法通则》以10周岁划分无民事行为能力和限制民事行为能力年龄标准的规定，也规定了限制民事行为能力人行为一般效力待定、法定代理人和善意相对人分别有追认权和撤销权，但其集中规定了适用于所有未成年人的可以独立实施行为的范围，包括"使未成年人纯获法律上利益的行为"、"法定代理人事先确定处分目的的行为"、"合法的营业行为"、"依法订立劳动合同并获得报酬的行为"和"依法可以独立实施的日常生活中的定型化消费行为"等。② 法学所草案的突出进步首先是统一规定了适用于所有未成年人的可以独立实施的行为范围，不再区分无行为能力人和限制行为能力人，非常适应现实生活的需要。其次，草案规定的未成年人可以独立实施行为的范围吸收了各立法例的合理规定，比较全面完善。然而，法学所草案仍然保持无行为能力和限制行为能力的划分，仍然仅承认限制行为能力人的行为为效力待定，此两点仍然是在一定程度上忽视未成年人人格的独立甚至不利于未成年人的利益，是该草案留下的遗憾。

---

① 参见王利明：《中国民法典学者建议稿及立法理由（总则编）》，北京，法律出版社，2005。

② 参见梁慧星：《中国民法典草案建议稿》，北京，法律出版社，2003。

### （三）作者对未成年人缔约能力合理确定的观点

我国《民法通则》及有关立法存在上述明显不足，而在目前进行的民法典立法中，有关草案虽然已经均在不同程度上实现了相对于《民法通则》的进步，但也各自存在程度不同的缺憾。在此，作者在借鉴各国立法的基础上提出合理确定我国的未成年人缔约能力制度的以下认识：

1. 应建立统一的未成年人缔约能力制度，废弃无行为能力与限制行为能力的区分

将未成年人行为能力区分为无行为能力和限制行为能力是德国法的特色，其实质意义是对年龄较小的未成年人否定其订立任何合同的能力，以保护其利益，也有利于实现法律的确定性。但这种完全剥夺行为能力的立法是否在现实上有利于未成年人是不无疑问的：因为即使未成年人仅仅是获得利益，也没有任何的法律效力；如果未成年人订立了对其有利的合同，也完全没有法律效力；即使未成年人已经有一定理解能力，有意去追求一定利益的实现，这种努力也将被完全否定。这种立法用一个形象的比喻就是“如果要保护什么，就把它放在那里，不要动他，不让他动，如此就不会发生毁损”。但无疑这种保护太消极，如果让它“动”起来而加以合理的规范，将是更有利的保护。法国法、日本法和英美法对年龄较小的未成年人也承认其一定范围内的缔约能力应该正是考虑到了这一点。

另外，无行为能力与限制行为能力之界限也难以划定，德国法上是7周岁，我国台湾地区规定的也是7周岁，《民法通则》规定为10周岁，但其科学性和合理性又在哪里呢？恐怕任何一个年龄标准都有相当大的主观随意性。规定无行为能力的一个重要法律后果是其法定代理人代理其所有的民事行为，这种法律效果的实质是用父母的人格代替未成年人的人格，强行用父母的意志自由代替未成年人的意志自由，这种对未成年人的过分保护事实上已构成一种压制：在其到达限制行为能力之前，其完全没有任何意志自由，其人格的独立性几乎完全不存在！这无论如何也是一种对未成年人独立性的漠视，与今天重视未成年人人格独立的趋势完全不符。相比较而言，法国法和英美法

允许未成年人参加广泛的社会关系，而赋之以单方面的保护，其可以任意撤销合同，只要合同对其不利或者只要其愿意，无疑更加凸显了对未成年人人格的尊重，又有利于保护未成年人的利益。事实上，由于未成年人具有独立意思之后便广泛地参与社会日常生活，其订立的与生活密切相关的合同效力一般是应该得到维持的[①]，如果严格适用《民法通则》无效的规定，则既不利于包括未成年人在内的合同双方的利益，也不利于交易秩序的稳定。

2. 未成年人缔约能力具体制度设计

在统一建立未成年人缔约能力制度的具体设计上，作者认为首先应借鉴法国法模式，统一认可未成年人可以进行与其生活紧密相关的一些交易。在具体的范围和表述上，各国立法主要的不同是：法国是“习惯上允许未成年人自行实施的行为”，德国是“法律上纯受利益的合同”和“零用钱条款”规范之下的行为，英美法是“生活必需品契约”。在解释和实践上，法国的上述规定被解释为“日常生活所需的、细小的、无须加以特别保护的行为”，而德国也主要是细小物品的购买。比较而言，英美法的表述更有可取性：既明确地指出了未成年人可以缔约的范围——生活必需品，又揭示了允许的理由——与生活紧密相关。事实上，由于任何一个社会都不可能改变有一定认识能力的未成年人自行进行与其生活密切相关的客观需要，所以无论是基于习惯还是法律的明确规定，这些行为的效力都是在事实地发生的。如果法律强行违背现实需要否定其效力，其实际效果不是这些行为无效，而是有关法律成为具文，正如我国的现状一样。所以，应当承认未成年人缔结生活必需品契约的能力。[②] 当然，此处必需品应是与一定年龄未成年人生活现状相适应的物品，具体可依照未成年人经济能力、身份、地位、职业等各种标准个案具体判断。

其次，应承认未成年人订立“法律上纯受利益合同”的效力。规定未成年人缔约能力的主要目的是保护未成年人，不使其因智力发育

---

① 参见龙著华：《自然人缔约能力制度研究》，载《现代法学》，2004（4）。

② 参见龙著华：《自然人缔约能力制度研究》，载《现代法学》，2004（4）。

的不成熟而受到不利益。如果某项民事行为只为其带来法律上的利益而不会带来不利益，法律自然应允许有关行为发生效力，法国法和英美法尽管没有德国法之明确规定，实践中也肯定这类合同的效力。对此，我国《民法通则》未作规定，但最高人民法院的司法解释已明确肯定了此类行为的效力，并超越我国法采用的德国模式，将其适用于包括无行为能力的一切未成年人。需要说明的是，在德国法，也有学者主张将赋予限制行为能力的规定类推适用于无行为能力人，虽然拉伦茨对这种主张表示怀疑，认为未成年人可能取得对其成长不适合之财产，从而可能不利于未成年人教育和成长①，但作者认为这种怀疑没有必要：因为父母是未成年人财产的管理者，如果其认为取得某项财产可能影响未成年人的教育和成长，完全可以限制或者禁止未成年人对该财产的利用，甚至可以选择将该财产出售转化为未成年人的货币财产。

再次，应肯定事先经未成年人法定代理人同意合同的效力。法律规定未成年人能力欠缺时由其法定代理人代理进行民事行为，其意图乃在于利用法定代理人成熟之意思能力为未成年人考虑，以获致对未成年人公平、合理之结果。如果法定代理人事先衡量各因素，同意本来行为能力欠缺之未成年人自行订立一定之合同，应是法定代理人已作判断未成年人单独订约亦可致公平合理之结果。此时承认未成年人订约之效力及有利于尊重当事人意思自由，又有利于未成年人参与具体民事生活的实现。对此种情况，德国法、日本法、我国台湾地区有关规定明确加以肯定，法国法和英美法虽未有明确之规定，但从合理角度分析，亦应予以承认，我国法从德国法，对此亦应明文加以肯定。

3. 未成年人缔约能力之外缔结合同效力的合理确定

上述各立法例对未成年人缔约能力之外缔结合同的效力有不同规定：法国法是对未成年人在合同对其造成经济上损失时无效，没有经

① 参见［德］卡尔·拉伦茨著，王晓晔等译：《德国民法通论》，142～143页，北京，法律出版社，2003。

济上损失时有效，对作为合同相对人的成年人有效；德国法下是合同效力待定，未成年人法定代理人可追认或拒绝追认，作为合同相对人的成年人在善意不知对方为未成年人时也可主张撤销；英美法是对未成年人效力待定，未成年人（包括其监护人）可以撤销，对作为合同相对人的成年人则是有效，其不得主张合同无效或撤销合同。几类立法例中，法国规定的突出特点是法官的权力巨大，其最终决定未成年人缔结合同是否有效，而判断的标准是合同在经济上是否对未成年人公平、合理。如果合同对未成年人是公平合理的，法官就有权否认未成年人对合同撤销的权利。相对而言，无论是德国法官还是推崇法官自由裁量权的英美法官，都没有阻止未成年人或其法定代理人撤销合同的权利。德国法和英美法共同拥有的一个特点是未成年人或其法定代理人可自由撤销合同，无论该合同在经济上是否对未成年人有利。而法国法和英美法共同的重要特点是作为合同相对人的成年人必须受合同约束，不能提出合同无效或撤销合同，而德国法却明确赋予了善意的成年的合同相对人撤销合同的权利和向法定代理人催告的权利。

作者认为，法国法的规定似乎过多地考虑了经济利益。虽然人们一般通过合同的订立谋求在经济上划算的交易，但订立合同往往还有许多其他目的。未成年人可能以便宜的价格买了对他不太有用或父母认为不适合他使用的物品，如此强使合同有效显然不利于未成年人利益的保护和对未成年人的教育。虽然可以辩解说低价购入的物品可以再以合理的价格卖出以解决上述问题并能赚取利润，但法律似乎没有必要这么麻烦，况且我们也不能太相信市场经济。更为重要的是，这种制度太多地依赖了法官的公正和中立，其在现实中实现的可能性令人不无疑问：如果法官真的那么可靠，我们甚至可以不要规则，将未成年人缔约效力问题完全委之以法官的良心！另外，法国法与英美法完全不允许承诺的合同相对人撤销合同的规定无疑非常有利于未成年人利益的保护，也可以以成年人已经就合同内容进行过妥善之利益衡量自应受合同的约束来解释其合理性。但此种规定似乎过分忽视了相对人的利益，相对人期待的是一个可以在合理期间履行的合同，而不是长期处于效力不定状态中煎熬的合同，此种规则对其太过不利，也不利于交易关系的尽快确定。比较而言，德国法的规定较好地平衡了各方利益关系；相对人可以选择承受不确定，也可以选择催告法定代理人，使其尽快考虑未成年人订立的合同是否对未成年人妥当以作出接受或拒绝的决定，而法定代理人也可以自行考察有关合同作出接受与否的决定，如此对各方利益均有必要之照顾。只是德国法允许成年相对人在法定代理人追认前撤销合同，虽然从形式上是对法定代理人权利的平衡，有其合理性，但似乎未能适当体现偏重保护未成年人利益原则，其后果是如果未成年人订立了有利于自己的合同，成年相对人发觉对自己不利而尽快撤销，反倒不利于未成年人利益的保护，而成年人订立的合同应该是经过审慎决定应受拘束的，因此合理的规则似乎是取消成年相对人的此项权利。

综合以上分析，作者认为，对未成年人缔约能力之外缔结的合同应确定如下规则：(1) 未成年人或法定代理人可自由撤销合同，无须受合同在经济上对未成年人是否有利的约束。(2) 成年的善意合同相对人在知道缔约对方为未成年人的，可以向未成年人的法定代理人催告，法定代理人在合理的期限内必须作出追认或拒绝的表示，不作表示的视为拒绝，但成年的合同相对人无单方撤销合同的权利。

## 第二节 未成年人订立合同致人损害责任承担比较研究

### 一、未成年人订立合同可能的致人损害及责任类型

#### (一) 未成年人订立合同可能的致人损害

无论在法律上未成年人有无缔约能力，也无论其缔约能力如何，在社会现实中，未成年人总是广泛地参与其中并且与他人发生大量的合同关系。正如有学者指出的那样，“未成年人不是不能订立合同，而是事实上拿着‘合同的剑和无效的盾牌’订立合同”，“并且事实上

确实天天订立合同"①。这些未成年人参与的合同磋商有的在合同尚未订立时相对方发现未成年的情况而终止，有的已经订立但又被撤销，有的根本无效，也有的法律认可合同订立的效力。在这许多的与订立合同相关情形中，均存在可能导致合同相对人受到损害的情形。

1. 合同未订立的情形

未成年人参与合同订立的磋商，可能因多种原因导致合同未订立。第一种情形是经过一定的磋商，成年的合同相对人发现合同一方是未成年人而放弃与其继续磋商，但未成年人对自己的年龄和缔约能力未作欺诈性描述。此种情况下，成年合同相对人可能受到的损失包括缔约磋商之费用，履行准备之损失以及丧失与他人缔约机会之损失等。第二种情形是未成年人谎称已经成年或者得到法定代理人的事先许可进行缔约，合同相对人受欺诈而与之进行缔约磋商，但在合同订立之前发现受欺诈之情形而停止磋商，不再订立合同。第三种情形是未成年人无订立合同之目的而进行订立合同之恶意磋商，致使磋商之相对方受到损失。后两种情况下合同相对人可能受到的损失与第一种情况相同。

2. 已订立合同但合同被撤销或无效的情形

这类情形是指未成年人已经订立了合同，但因为欠缺缔约能力并且欠缺法定代理人的同意而由未成年人或其法定代理人撤销合同或者合同直接无效的情形。具体有以下几种情况：(1) 合同仅仅订立，双方均未进行任何履行行为。在这种情况下，合同相对方所受到的损失可能是缔约费用，为履行合同所作准备的损失以及与他人订约机会丧失的损失等。(2) 合同订立后，成年相对方已经进行了全部或部分的履行，而未成年人未全部履行义务或未相应履行义务。此种情况下，合同相对人除受到上述损失外，已经履行的部分或超出未履行部分的履行也构成损失。另外，未成年人的履行如果构成加害给付，也可能造成合同相对人的损失。

---

① Melvin John Dugas, The contractual capacity of minors: A survey of the prior law and the new articles, Tulane Law Review, March, 1988.

3. 未成年人订立有效合同可能的致人损害

此类情形是指未成年人订立的合同是有效的，但因为合同的履行等方面的原因导致合同相对人受到损害的情况。具体有以下情形：（1）未成年人订立生活必需品合同（包括劳务、与生活密切相关的服务等合同）的情形。此类合同各国一般认可未成年人有缔约能力，但如果未成年人未能依约履行支付价款或提供劳务等义务，可能因违约造成相对人的损失。其损失的范围参照违约赔偿范围应包括因违约造成的实际损失和期得利润的损失，当然也可能因未成年人的加害给付导致相对人损失。（2）未成年人经法定代理人事先许可或事后追认而订立合同。此类合同确定有效，相对人可能受到的损失也是履行中违约所产生的各种损失。（3）未成年人经法定代理人而订立合同。各国法赋予法定代理人代理未成年人进行各种民事活动的权利，法定代理人以未成年人名义订立的合同原则上未成年人必须承受其法律后果。在这种情况下，合同相对人所可能受到的损失也是履行中违约所可能产生的各种损失。

**（二）未成年人可能的责任承担的类型**

根据以上未成年人订立合同可能的致人损害分析，未成年人可能承担责任可以归纳为以下几个类型：

1. 未成年人的返还责任

此种责任发生在未成年人订立合同被撤销或者无效，但合同相对方已经进行了全部或者部分履行的情形。在此种情况下，合同相对方的履行没有法律依据或者失去法律依据，根据合同无效相互返还的原理，未成年人应该将所接受的履行返还给相对人。

2. 未成年人的缔约过失责任

缔约过失责任制度是对合同一方信赖利益保护之制度，未成年人缔约能力制度是对未成年人进行特殊保护之制度。两者的关系是一个值得研究的问题。在合同相对人因信赖未成年人具有缔约能力、或者未成年人恶意进行磋商、或者在未成年人有缔约能力的范围内缔约时未成年人存在缔约过失的情况下，存在合同相对人的损失可能依法需要未成年人依照缔约过失责任进行赔偿的问题。在此情况下，未成年人就可能承担缔约过失责任。

3. 未成年人的违约责任

未成年人在法律限定的范围内具有缔结契约的能力，未成年人还可能因为法定代理人的代理而在广泛的范围内成为合同当事人。在这些未成年人成为合同当事人的情况下，就会存在未成年人有关的合同义务未得到履行、或者未被适当履行而发生违约责任的情形。在此种情况下，可以发生未成年人的违约责任。

4. 未成年人订立合同中侵权致人损害

如果未成年人在订立合同过程中故意或过失造成相对人人身或财产损失，符合侵权行为构成要件的，在可能构成上述各类责任的同时，构成侵权责任，产生侵权责任与有关责任的竞合。此种情况下，按照对责任竞合的一般理论和立法，允许受害人选择请求赔偿的请求权基础，受害人选择主张侵权责任的，未成年人依据侵权责任的有关规定承担其责任。

## 二、未成年人返还责任承担比较研究

### （一）未成年人返还责任典型立法例分析

1. 大陆法系主要立法例的态度

根据合同法的一般原理，合同无效或被撤销后，合同双方就因合同所接受的给付互相有进行返还、恢复原状的责任，返回到合同成立前的状态。并且，此种返还和恢复原状，“当事人的偿付义务仅以一方由他方受利益为根据，而不问其过错之有无”①。在未成年人订立合同取得对方给付的情况下，合同无效或被撤销时未成年人也应该承担返还责任。但问题是，由于未成年人的特殊性，对其适用此无过错的一般返还责任承担规则是否合理，对未成年人是否公平？换句话说，要否对未成年人规定特别的返还责任承担规则，以使其在承担返还责任时亦能体现对未成年人的特殊保护？由于根据合同法理论和各

① 王卫国：《论合同无效制度》，载《法学研究》，1995（3）。

国关于合同无效或被撤销时返还责任的一般规定，合同各方承担完全的恢复原状义务。如果对未成年人返还责任适用一般规则，未成年人就需要承担此种义务，在我国就是《合同法》第 58 条下的返还义务。[①] 具体说就是“如果原物存在，应以原物返还，否则应作价偿还；如果原物有损坏，应予修复后返还，或付给相当的补偿；如果对方给付的是金钱，除了返还本金外，还应按银行利率支付利息；如果对方给付的是劳务、无形财产或者其他不能返还的利益，则应折算为一定的金钱，予以偿还”[②]。此一般的返还责任并不考虑接受给付一方对所受给付价值减损是否具有过错，而将所受给付价值减损的风险全部由接受给付的一方承担，对接受给付的一方赋予了较重的法律负担。在此情况下，如果不对未成年人的返还责任承担作出特别规定，由于未成年人心智不成熟，无法正确保存和处理所取得利益，未成年人按照上述原则承担返还责任将非常不利于未成年人的保护，对未成年人也颇不公平。

正因为如此，虽然大陆法系许多立法例对未成年人返还责任承担未作出明确的特别规定，对未成年人也只能适用返还责任承担的一般规则，但也有一些国家明确作出了特殊规定。在对未成年人返还责任有特别规定的立法例中，《法国民法典》第 1312 条的规定具有典型性。该条规定，未成年人对其订立合同所受的给付不负返还义务，除非合同相对方证明所进行的给付已使未成年人受益。也就是说，未成年人取消合同后，并无义务返还合同履行所接受的给付，除非未成年人“所接受的利益依然存在”[③]。这样，如果未成年人将某物出售，双方均进行了履行，则在未成年人取消合同时可以要求对方返还交付的物，对方只能要求未成年人返还没有花完的价金。法国学者认为，这种规定恰恰体现了行为能力制度的基本特征，如果采取相反的规

---

① 参见龙著华：《自然人缔约能力制度研究》，载《现代法学》，2004 (4)。

② 魏振瀛主编：《民法》，163 页，北京，北京大学出版社、高等教育出版社，2000。

③ 尹田：《法国现代合同法》，145 页，北京，法律出版社，1995。

则，未成年人需以其他财产“恢复原状”，则其结果是未成年人遭受了损失，法律对未成年人的保护就是虚假的。[①] 与法国法相似的有日本法和意大利法。《日本民法典》第121条规定：“撤销的行为，视为自始无效。但是，无能力人只于因该行为而现受利益的限度内，负偿还义务。”《意大利民法典》第1443条规定：“当契约因缔约人一方无能力被撤销时，无能力人仅在其取得利益的范围内向他方当事人承担返还义务。”

上述立法的共同特点是规定无能力的返还责任的承担只以“现受利益”为限，从而避免了未成年人在所受利益不存在时不得不以所受利益之外的其他财产承担返还责任的可能。

与上述立法不同，德国法和我国台湾地区有关规定中没有关于未成年人返还责任承担的特别规定。依照王泽鉴先生的分析，未成年人虽然因法律之保护缔约等法律行为可以无效，不负“法律行为上责任”，但其仍然可能因不同情形而承担“占有物返还责任”或“不当得利返还责任”[②]。在法律未作特别规定的情况下，就需要适用有关返还责任的一般规则，发生上文所说的对未成年人不利后果。

2. 英美法系对未成年人返还责任的态度

英美法解决未成年人利益返还问题的传统规则是：未成年人只需返还其仍然保留的利益，如已经使用过的贬值的或损坏的物品，而对已经享受的服务或因合同给他方造成的其他损失，不负赔偿责任。但美国少数几个州采取相反的态度，要求未成年人尤其是达到一定年龄的未成年人，承担完全的回复原状义务，如果所受给付已经不存在或价值贬损时，应以其他财产进行赔偿。作为上述规则的例外，英美法在未成年人已经就另一方提供的物品或服务支付了现金时，另一方有权要求完全的恢复原状，具体体现为未成年人不能要求收回自己的支付，对方也不能要求返还。另外一个重要的例外是未成年人对自己年

---

① 参见尹田：《法国现代合同法》，146页，北京，法律出版社，1995。

② 王泽鉴：《民法总则》，317～318页，北京，中国政法大学出版社，2001。

龄的欺诈性表示时，未成年人撤销合同时另一方有要求赔偿的权利，因为此时同时构成侵权。但许多州反对此种做法，认为如此将导致间接地强制执行未成年人订立的合同，而少数州则适用不得自食其言的原理，要求未成年人不仅承担恢复原状的责任，而且应就合同本身的履行承担责任。①

英国的规定稍有不同。在英国，根据普通法规则，“如果一份合同对于未成年人是不能强制实施的，那么，未成年人就没有责任返还他根据该合同获得的利益，即使未成年人欺诈说他已经成年而订立合同”也是如此。② 这种普通法的规则对未成年人保护的态度是非常明确和坚决的，但对成年的合同相对方却过于苛刻，有失公平。1987年6月9日以后，在英格兰和威尔士签订的未成年人合同，适用新的规则。具体为：对成年人承担的返还财产责任适用普通法，对未成年人承担的返还财产责任适用1987年《未成年人合同条例》。普通法要求法院判令成年人无条件向未成年人返还财产，而根据该条例，“只有当法院认为对未成年人公平合理，才可判令其向成年人返还财产”。判例将此规则解释为：(1) 如果未成年人因成年人欺诈，胁迫或其他不当影响，或因缺乏经验而订立，法院不能判令其返还财产；(2) 如果不是上述原因签订，法院可以判令其返还财产，返还对象可以是原物也可以是原物交换所的其他财产；(3) 如果未成年人已将取得的财产耗尽，法院既不能判令其返还财产也不能判令其赔偿损失。③

**（二）各立法例规定的比较分析及作者的观点**

上述立法例中，大陆法系法国等国和英美法系采取的是对未成年人返还责任明确作出减轻规定的立法模式，德国和我国台湾地区则不

---

① 参见王军：《美国合同法》，75～80页，北京，中国政法大学出版社，1996。

② 参见何宝玉：《英国合同法》，301页，北京，中国政法大学出版社，1999。

③ 参见张淳：《英国法对未成年人合同的调整》，载《法学杂志》，2001(4)。

对未成年人的返还责任进行减轻。作者认为，对未成年人进行特别保护是各国立法的共同原则。正是基于此一思想，各国和地区立法均明确肯定未成年人原则上可以自由取消其订立的合同，不受其所订立合同的约束，其目的在于不使未成年人承受订立合同所可能带来的损失。然而，由于未成年人智力成熟的不足，其事实上不能合理保存其订立合同所取得的利益，更不可能合理支配所取得的利益，更常见的情况是未成年人把取得的利益、尤其是金钱利益很快消耗殆尽。而对取得占有的物，未成年人亦可能因照管不周而导致损毁。① 如果不考虑未成年人的此一特殊情况，使其如成年人一样承担返还责任就会导致实质上的未成年人因订立合同而需要承担赔偿责任的情形，从而不能实现法律允许未成年人取消合同以保护未成年人的立法目的，就会发生法国学者所说的“法律对未成年人的保护就是虚假的”结果。尽管在德国法下可以辩解说如果未成年人作为善意的得利人返还就只需返还现存利益，然而如此一是与合同无效或被撤销返还的一般规则不符，二是成年一方也应该被作为善意得利人进行返还，从而仍然可能发生导致未成年人损失的情形。因此，德国和我国台湾地区的立法模式明显存在不足，应采法国法等对未成年人返还责任承担进行限制的立法模式，以实现对未成年人的特殊保护。②

在规定未成年人减轻的返还责任诸立法例中，法国法的规定彻底贯彻对未成年人保护，将未成年人不仅视为一个无能力订立合同的人，也是一个完全不能合理处理取得利益的人，因此其对取得利益的支配不视为对其有利益，只有未被支配的利益才是受益。将此种观念完全贯彻到返还规则上，法国法下成年人一方需要完全返还从未成年人一方所取得利益，未成年人一方则只返还现存利益，完全不考虑可能出现的对一个已履行合同成年一方得不到任何返还，而未成年人事实上享受利益又可要求返还其作出履行的经济上不公平现象。比较而

① 参见曾见：《德国法中的未成年人保护》，载《德国研究》，2004（2）。

② 参见赵金龙：《合同无效而返还财产的限制》，载《中南民族学院学报（自然科学版）》，1998（增刊）。

言，英美法虽然原则上也是仅要求未成年人返还现存利益，但例外考虑公平，对未成年人也已经作出金钱履行的合同往往允许完全的恢复原状。尤其应注意的是，少数州要求年龄较大的未成年人完全恢复原状，如此就把未成年人的意思能力考虑了进来，不再简单地假定未成年人完全不能合理处理所得利益。

对此，作者认为，未成年人订立合同原则上无效或可以被撤销主要是考虑未成年人智力不成熟，没有必要的理解力进入以追求积极利益为目的的合同。在合同无效或被撤销的情况下，双方所进行的“履行”就失去了法律依据，发生所有物返还或者不当得利返还的效力。返还的目的是使合同双方回到合同未订立的状态。然而，由于发生了实际的履行，就可能产生标的物损毁或者所受履行利益因各种原因不再存在的情况。这种情况如果发生在成年的合同当事人一方，由于其有充分的保存所受利益和合理支配所受利益的能力，由其承担赔偿责任并无不妥。然而，如果这种情况发生在未成年人一方，由于未成年人智力的不成熟，如果未成年人对这种情况的造成没有损害他人利益的故意或者过失，则这种损失的造成就没有道德上的可谴责性，应该被认为是合同法保护未成年人的一个制度代价。此时，如果使未成年人承担完全的恢复原状义务，实质上就是让无辜的未成年人单方承担这种损失，这无疑是不妥当的。考察未成年人保护、未成年人利益和成年人利益诸方面，作者认为还是由成年人一方承担这种风险比较妥当：至少他没有识别到对方为未成年人而与之订立了合同并进行了履行。至于如果未成年人恶意订立合同，明知合同无效而故意或者过失损毁合同相对人的财产，则完全可以通过侵权责任或者缔约过失责任来解决，没有必要在返还责任中考虑这种特殊情况导致对未成年人保护可能过分的问题。因此，在未成年人返还责任承担中，只考虑一般情况的未成年人出于履行合同接受履行并对所受利益加以支配造成利益丧失或者标的物损毁的问题。在此分析的基础上，作者认为，尽管英美法的做法出于公平等的理由，但不足为大陆法系国家借鉴，大陆法系完全可以利用法律的体系化功能，通过缔约过失责任或者侵权责任解决特殊情况下的公平问题，而一般情况下对成年相对人经济上的不公平则为保护未成年人必要的制度代价。因此，作者认为，应采法国法、日本法、意大利法立法模式，使未成年人对接受的对方履行只在现存利益的范围内承担返还责任。

## 三、未成年人缔约过失责任的承担

### （一）法律和理论对未成年人承担缔约过失责任态度的分析

缔约过失责任是对因违反缔约过程中的义务所产生的损害承担赔偿的义务：包括疏于照顾合同相对人的身体和财产以及未履行提供适当信息义务致使订立“不当合同”和不当地使缔约失败造成对方损失等情形。对缔约过失责任，从耶林提出有关理论到今天，已经有许多国家和地区以立法的形式肯定了其独立地位，如意大利、希腊和我国台湾地区等，德国也通过债法的修改完成了从判例到立法的演进。即使是在立法上没有规定缔约过失责任的国家，也多通过判例在一定程度上肯定这种责任的存在，如法国民法、日本民法、荷兰民法等。尽管缔约过失责任从理论到立法和司法实践已经获得广泛之接受，然而其对我们仍然是一个陌生的责任形式，尤其是其责任的性质一直是一个无法达成最大限度一致的问题，长期存在的“侵权行为说”和“契约行为说”的争议即为证明。① 此种对缔约过失责任性质的争议在很大程度上影响着立法和理论对未成年人是否承担缔约过失责任的态度。如果坚持“侵权行为说”，则会倾向于未成年人具有侵权法上的识别能力即应承担缔约过失责任，如果主张“契约行为说”，则会倾向于未成年人具有缔约能力始承担缔约过失责任。但无论赞同何种观点，从理论上分析，未成年人均可成为缔约过失责任的承担主体，只不过可以成为缔约过失责任承担主体的未成年人范围不同。

在立法上，由于各国立法至多是规定了缔约过失责任，对未成年人承担缔约过失的特殊问题尚未涉及，所以在立法上未见到明确规定

---

① 参见王利明：《违约责任论》，北京，中国政法大学出版社，1996。

未成年人是否承担或者如何承担缔约过失责任的规定。从立法例来看，德国法、我国台湾地区“民法”等少数立法明确了未成年人承担违约责任的特别规定。《德国民法典》第276条规定：“除另有其他规定外，债务人应对故意或者过失行为负责。在交易中未尽必要注意的，为过失行为。于此适用第827条，第828条的规定。”《德国民法典》第827条和第828条是关于未成年人等欠缺行为能力者承担侵权责任的规定，第276条“适用第827条、第828条”之意在于说明未成年人违约过错能力的认定以侵权法的有关规定为依据。我国台湾地区“民法典”第221条规定：“债务人为无行为能力人或限制行为能力人者，其责任依第187条之规定定之。”关于此条虽有众多之解释，但均承认未成年人违约责任之承担，以第187条规定的过错能力为依据。① 虽然上述法条是关于未成年人违约责任承担的规定，然而作者认为可以类推适用到缔约过错能力。其原因在于，违约责任是一种未能满足一方基于合同追求的积极利益的实现而承担的损害赔偿责任，其对当事人理解力的要求高于对侵害他人人身或财产等固有利益对当事人理解力的要求。现行各国法均在不同程度上肯定未成年人可以缔结合同、成为可能的承担违约责任的主体，即肯定未成年人可以承受一定范围内的满足他人对积极利益追求的法律负担，那么举重明轻，作为仅仅是保护他人固有利益的缔约过失制度下的法律负担未成年人当然应该承担。

梅迪库斯认为，从理论上看，对无行为能力人，即使在法律肯定其可以不受订立合同约束的同时，“如果相对人无过错，则至少应赋予其要求赔偿信赖损害的权利。然而，法律并没有规定无行为能力人要承担这种赔偿义务。这也就是说，在通常情况下，每一个人都应当自行承担碰见无行为能力人并因此遭受信赖损害的风险”，但“法律未特别规定某种赔偿义务，并不意味着无行为能力人也不需要承担因更为一般的责任事由而产生的赔偿义务。此类更为一般的责任事由，

① 参见黄立：《民法债编总论》，434～435页，北京，中国政法大学出版社，2002。

如侵权行为或缔约过错即是"[①]。在这里，梅迪库斯明确主张在《德国民法典》的规定之下，未成年人应承担缔约过失责任。梅迪库斯的观点代表了主张缔约过错责任具有侵权责任性质的学者的观点。在德国司法部长 1980 年就德国民法中缔约过失责任的完善请梅迪库斯提出建议的时候，梅迪库斯提出的就是依侵权法原理对受害人进行保护的建议。[②] 与此相同，法国司法实践也认为"关于订立合同前期因可能的过错而应当承担的责任具有侵权责任性质"[③]，而法国学者更是明确指出缔约过失责任"实际上是《(法国) 民法典》第 1382 条所涉及的侵权责任，因为此种责任以过错、损害以及这两者之间的因果关系的存在作为前提"[④]。与此相对，我国台湾地区学者黄立认为，构成缔约过失，"应适用民法对行为能力的一般原则，责任人须有行为能力或依法律可独立为法律行为的限制行为能力人"[⑤]。其意指构成缔约过失责任，行为人须有相应的缔约能力而非识别行为后果的侵权法上的过错能力。黄立先生的观点代表了主张缔约过错责任具有为类似于违约责任的性质，认为缔约上过失所形成的法律关系，适用于合同法的规定。在德国理论界，民法典颁布之后的一段时间，侵权行为说为通说，但其后，契约行为说代替侵权行为说成为判例所采纳的通说，判例中称其为准备的契约关系也好，类似契约关系也好，都是将之建立在契约法之上。[⑥] 但即使采契约行为说，由于此"契约行为"并非一般缔结契约之彼契约行为，从而也不必然导出未成年人不能在广泛的领域内承担缔约过失责任的结论。需要特别提及的是，德国在债法的修改中，对缔约过失责任的性质仍然有意采取了回避的态度。

① [德] 迪特尔·梅迪库斯著，邵建东译：《德国民法总论》，417 页，北京，法律出版社，2000。

②⑥ 参见王洪亮：《缔约上过失制度研究》，10～12 页，中国政法大学民商法学博士学位论文，2001。

③ 罗结珍译：《法国民法典》，1073 页，北京，法律出版社，2005。

④ 转引自张民安：《过错侵权责任制度研究》，187～188 页，北京，中国政法大学出版社，2002。

⑤ 黄立：《民法债编总论》，44 页，北京，中国政法大学出版社，2002。

德国新债法第241条第2款规定为“依据其内容，债之关系可以使得合同任何一方负有对另外一方照顾其权利、法益及其利益的义务”①。而此款“有意识地放弃了对该问题的规定，即产生保护义务的债之关系无论如何应可以基于法律抑或基于一个有效的法律行为而产生”②。德国立法的最新态度表明，立法者认为缔约过失责任的性质在理论上仍然是一个有待进一步研究的问题。相应地，承担缔约过失责任的未成年人范围也仍然需要理论的进一步研究和确定。

**（二）作者对未成年人承担缔约过失责任的观点**

作者认为，缔约过失责任乃是在侵权法和违约责任之间发展起来的一种责任形式，虽然通说认为其是与侵权责任和违约责任相独立的一种责任形式，但相对于违约责任是对约定义务违反而产生的责任，缔约过失责任则是对法定义务违反而产生的责任，在责任性质上更接近于侵权责任而非违约责任。基于未成年人承担侵权责任的相同理由，未成年人应在对造成相对人人身或财产损害有识别能力的范围内承担缔约过失责任。理由如下：

1. 缔约过失责任制度保护的是固有利益，与违约责任同时保护积极利益性质不同

缔约过失责任发生在缔约一方未能对缔约他方人身和财产利益未能尽到诚信的照顾，或者恶意加以侵害的情形。其与一般侵权责任的不同是其发生在特定的已经进入缔约过程的当事人之间，而非普通的没有任何特定关系的当事人之间。作者认为，对缔约过错责任性质的认识，应该透过这种形式上的不同而去发现其实质所在。在一定意义上，任何的侵权行为均发生在特定当事人之间，总是特定加害人对特定受害人的侵害。缔约过失责任之特定当事人之间与此特定当事人的唯一区别是缔约过错责任的当事人最初进入联络是为了订立合同，而对故意借磋商侵害对方利益的缔约过错来讲，连这一点区别也不能成立。但即使有这种最初目的的不同，也仅仅是形式上与侵权行为的不

① 朱岩：《德国新债法》，82页，北京，法律出版社，2003。

② 朱岩：《德国新债法》，85页，北京，法律出版社，2003。

同，不能掩盖实质上仍然是对固有利益侵害的事实：因为无论是缔约过失造成人身伤害，还是导致对方的财产损害，均与缔约本身完全无关，与合同的履行也没有任何关系。相对而言，违约责任保护合同一方所追求的积极利益和与合同履行相关的财产利益，一般不涉及人身利益。而侵权责任制度却是保护当事人固有的财产利益和人身利益的制度。

因此，从保护利益的性质看，缔约过失责任更接近于侵权责任，而与违约责任明显不同。

2. 缔约过失责任是基于法律规定而产生的责任，与违约责任因为对约定的违反而产生完全不同

缔约过失责任虽然是在为缔约而进行接触的当事人之间产生，由未尽到缔约中应有的诚信义务的一方承担，但其产生却与当事人的意志完全无关，而是直接依据法律的规定而产生。虽然理论上有所谓进入缔约磋商的双方有默示的尽诚信保护对方人身和财产利益契约的说法，以此将缔约过失责任解释为某种基于约定义务违反而产生的责任，但此种解释无疑过于牵强。且不说事实上几乎完全不存在进入缔约磋商的当事人有默示的保护对方人身和财产的契约的存在，即使假设有这样契约的存在，也无法概括所有的缔约过失的情形：对故意借缔约加害他人的情况来说，如果再牵强地认为其也有保护对方人身和财产的默示意思将显得有些滑稽！因此，用所谓默示的保护对方人身和财产利益的契约来解释缔约过失责任的基础在理论上并不合理。

事实上，从缔约过失责任产生的历史看，是因为对耶林所说的缔约过程中一方“暴露于法律的保护之外”利益保护的需要，各国才通过判例或立法对这种利益进行保护。这种保护的产生与当事人的意志毫无关系，只是法律发现了一类需要保护的利益，便通过一定的法律途径进行保护，其保护的产生直接基于法律规定的特点非常明显，而与当事人的意志完全无关。相对而言，违约责任的产生基于当事人对约定的违反，与缔约过失责任的产生基础明显不同。

因此，缔约过失责任违反的是对以绝对权为核心的权利和利益尊重的义务。无论如何，缔约过失责任更接近侵权责任的法定责任，其

产生实质上与当事人意识无关，是一个更接近侵权责任的责任形式，并且“在大部分情况下”，该制度解决的问题可以“通过侵权责任的规范”解决。①

3. 未成年人不承担缔约过失责任将使受害人失去救济途径，不符合民法加强受害人保护的发展趋势

由于缔约过失责任保护的是在原来的违约责任和侵权责任之间“暴露于法律的保护之外”的利益，所以，如果未成年人对其缔约中因故意或过失造成他人人身或财产损失的行为不承担缔约过失责任，受害人所受的损失将完全得不到救济，从而非常不利于对受害人的保护。前文已述，现代民法对受害人的保护不断加强，具体表现为侵权法保护范围的不断扩大、无过错责任原则作为侵权法归责原则适用范围的不断扩大和违约责任向无过错责任的发展等。在此种趋势下，在缔约过失领域对受害人保护留下未成年人缔约过错造成对方损失如此大的一个缺口，无疑是非常不合理的。而考虑到未成年人可能具有不同程度的识别能力，在实践中可能发生未成年人恶意借缔约损害他人利益的情况。此种情况下受害人往往不能通过侵权法的规定获得救济，如果其也不能在缔约过失责任之下获得救济，则一方是恶意损害他人利益的未成年人，一方是无辜的受害人，不使受害人获得救济无疑是不公平的，即使特殊保护未成年人的利益也不应允许此种过分的保护。因此，如果否定未成年人的缔约过失责任承担，不符合民法加强受害人保护的发展趋势，对受害人也不公平。

4. 未成年人承担缔约过失责任对其是公平的，也不会造成未成年人过重的负担

对未成年人保护的主要理由在于未成年人智力不成熟，不能作出理性之决定，并且在合理的限度内为未成年人的成长创造一个宽松的有利环境。基于此，各国和地区立法在未成年人侵害他人人身或财产等固有利益的情况下，规定未成年人仅对其可以识别的损害承担赔偿责任，而对未成年人进入合同成为彼此追求积极利益的当事人之一，

① 参见朱岩：《德国新债法》，123页，北京，法律出版社，2003。

则采取更消极的态度，只使其在非常有限的范围内承担合同责任。

然而作者认为，使未成年人承担缔约过失责任与上述立法保护未成年人的传统完全符合，对未成年人是公平的。由于缔约过失责任在性质上是更接近于侵权责任的一种责任，是对侵害他人固有的绝对权利所承担的责任，未成年人缔约过失责任的承担就可以参照侵权法确定。缔约过失责任是一种典型的过错责任，只有在行为人有过错的情况下始构成，对未成年人就是要求其对有关损害后果的造成有识别能力。而在未成年人对损害后果有识别能力的情况下，其可以清楚地意识到其行为可能造成他人损失，其因智力不成熟而需要保护的理由已经不再存在，使其承担责任是公平的。相反，如果在此情况下仍然排除其责任的承担，对受害人则明显是不公平的。

同时，考虑到未成年人处于被监护状态，其造成他人损害行为的进行往往与监护人未尽到监护职责有关，从而未成年人缔约过失责任的承担可以通过监护人的替代承担或者分担加以转移或减轻，对未成年人并不会造成过重的负担。另外，即使监护人没有过失，立法也可以考虑像现代侵权法的做法一样，通过父母无过错责任的承担来替代承担未成年人的缔约过失责任，从而使未成年人实际不承担有关责任或者承担的责任大为减轻。

基于以上理由，作者认为未成年人原则上应承担缔约过失责任。

但是，如果相对人仅仅是由于误信未成年人已经成年而与之进行订立合同之磋商甚至订立合同，并因为在订立合同前发现对方未成年而终止磋商或者订立合同后未成年人或其法定代理人以未成年人缔约能力不足为由取消合同，从而导致相对人受到信赖利益的损失，未成年人在此情况下不承担缔约过失责任，因为“对无行为能力人和限制行为能力人的保护优于交易安全”，“对行为能力的信赖，既不使法律行为因此成为有效，亦不使无行为能力人（限制行为能力人）负信赖利益的赔偿责任”①。

① 王泽鉴：《民法总则》，317～318页，北京，中国政法大学出版社，2001。

### （三）未成年人缔约过失责任承担的具体设想

在确定未成年人对缔约过错承担责任的基础上，必须明确的问题是未成年人缔约过错责任如何承担：是未成年人承担个人责任还是与监护人承担连带责任？如果是与监护人承担连带责任，那么，未成年人与监护人承担的是过错责任还是无过错责任？

对第一个问题，作者认为，确定未成年人缔约过失责任的承担是个人责任还是与监护人的连带责任，应主要以缔约过失责任的性质为依据。在各国和地区民法上，未成年人的父母等监护人一般对未成年人的侵权行为承担各种形式的责任，但对未成年人的违约责任则不承担责任。究其原因，作者认为，近代法一般规定父母对未成年人的侵权行为在不同程度上承担责任的一个重要考虑是未成年人侵权行为并非为积极追求一定利益的发生，而是未成年人作为社会主体的存在客观上对他人危险的现实发生，而对这种危险的发生受害人无论如何尽其注意也无法避免，并且受害人损害的产生完全是其意志之外的原因，受害人在其中并未有任何积极利益的追求。考虑到未成年人父母是将这种危险加于他人的人，其他监护人也与未成年人往往存在血缘的关系，且所有的监护人对未成年人的行为有监督、管护的职责，因此法律使监护人作为责任承担的主体加入到未成年人侵权行为的责任承担。对此前文已经有详细之说明。而对未成年人合同的缔结而可能产生的违约责任，一是由于未成年人已经被法律衡量为可以充分理解自己的行为及其法律后果，具有完全独立的能力，自然应该自己承担行为的后果，而合同相对方选择未成年人订立合同也应该被视为已经对合同另一方的责任承担能力等进行了必要的了解因此应自行承担可能的损失得不到弥补的后果。二是因为双方均为追求积极利益，如使父母等监护人承担违约责任可能风险会不合理地太大，监护人的负担太重，而违约造成的损失主要是财产利益的损失，对受害人造成的影响远不如侵害人身利益强烈，从而也就没有要求监护人介入作为责任承担主体强烈的道德必要性。对缔约过失责任而言，虽然在一定程度上是受害人选择了未成年人作为缔约的相对方，但由于缔约过失造成的损害本质上仍然是类于侵权法的对人身和财产等固有利益的损害，对父母等监护人而言，本质上还是由于未成年人子女对他人固有的危险性导致的损害，且这些固有利益不涉及额外的对积极利益的追求，是当事人存在和生存的基础，具有很强的伦理价值，所以，应该如侵权责任的承担一样，尽合理的最大可能保障受害人救济的实现。基于此，应该明确父母等监护人与未成年人一起作为缔约过失责任承担主体的地位，由父母等监护人和未成年人承担连带的赔偿责任。

对第二个问题，作者认为，尽管基于缔约过失责任与侵权责任的相似性等原因，肯定监护人与未成年人的连带责任，但考虑到缔约过失责任不同于侵权责任的特点，从公平角度出发，未成年人责任、监护人责任以及未成年人与监护人连带责任的成立均采一般的过错责任归责原则为宜。理由如下：

（1）侵权责任的发生一般与受害人的行为完全无关，受害人几乎完全无法防范，而缔约过失责任毕竟发生在受害人选择未成年人与其进入缔约磋商的情况下，受害人一是可以采取必要的调查避免与未成年人进行缔约磋商，二是在与未成年人磋商时应采取更谨慎的注意，避免或减少损害的发生。鉴于存在于受害人方面的这些情况，就不应使监护人承担无过错责任，以避免将所有缔约过程的风险不合理地全部分配给监护人承担。

（2）过错责任毕竟是最符合理性主义的规则原则，最容易具有道德说服力，也最能发挥督促当事人、预防侵害再次发生的法律功能，在没有特别的理由采用无过错责任的情况下，就应维持过错责任。而缔约过失责任，由于上述的特殊性，并没有侵权法发展中所展示出的出于无辜受害人保护的强化而采用无过错责任的强烈的道德正当性。

（3）在未成年人恶意特别严重，不是简单地宣称自己成年或者相对方误认其已成年，而是采取伪造文件等严重的方式欺骗相对人使相对人相信其成年而与其进行缔约谈判的情形，相对人的无辜性特别明显。针对这种情况，首先，各国和地区法律一般规定此种情况下合同有效，相对方在这种情况下已经获得比较充分之救济，无须再借助缔约过失责任加以救济。其次，未成年人具有识别能力之恶意可以导致侵权责任的构成，相对人可以借由主张侵权赔偿获得适当之救济。因此，使监护人只承担过错责任不会导致极端情况下受害人保护的不充分。

(4) 对未成年人来说，出于保护未成年人立法政策的要求，当然只能要求未成年人承担一般的过错责任。

综合以上分析，缔约过失责任由未成年人和监护人承担连带的过错责任，未成年人以有识别能力为限承担责任，监护人因监护的过失承担责任。

## 四、与未成年人订立合同有关的侵权责任的承担

### (一) 与未成年人订立合同有关的侵权责任的发生

无论未成年人的缔约能力如何，未成年人仍然现实地广泛地参与各种合同的订立甚至履行。在此过程中，就可能发生未成年人侵害他人人身或者财产利益，构成侵权责任的情形。与未成年人订立合同有关的侵权责任主要有以下几种情形：

1. 未成年人依法订立有效合同，在合同履行中因履行瑕疵或其他原因侵害了合同相对方人身或财产利益。未成年人在符合上文所述的具有缔约能力的各种情况下，可以有效订立合同，成为合同当事人，接受和进行履行行为。在接受履行的情况下，如果是租赁、保管、运输或借用等需要由未成年人占有对方财产的合同，就可能因未成年人因过错造成相对人财产损毁的情况。在进行履行的情况下，也可能发生未成年人进行加害给付或违反附随义务等造成对方人身或财产损失的情况。在这些情况下，未成年人的行为在构成违约的同时，均可能因符合侵权行为的构成要件而发生侵权责任。

2. 未成年人欠缺缔约能力订立合同，合同因缔约能力的欠缺被取消，但合同被取消前双方或者相对方已经进行了一定的履行，就可能发生未成年人加害给付造成对方损害，或者对因租赁、保管、运输等合同占有的对方财物过错导致损毁的情况。另外，在接受相对人以转移所有权为目的的标的物交付但合同因欠缺缔约能力被取消后，也可能发生未成年人过错造成标的物损毁的情况。在这些情况下，由于合同已经被取消，不可能再成立违约责任，但未成年人可能因其行为

符合侵权责任的构成要件而发生侵权责任。

3. 未成年人订立的合同因为欠缺缔约能力被取消，但未成年人已经接受了相对人为转移所有权为目的的合同标的物的履行。同时，由于未成年人的行为或其他原因，在合同被取消时标的物已经价值贬损或者不再存在。在此种情况下，由于根据上文未成年人返还责任的分析，未成年人只承担现存利益的返还，从而相对人受到的损失无法通过未成年人的返还得到弥补。针对这种情况，未成年人作为标的物的支配人，可能因为过错等原因造成标的物的损毁，也存在是否构成侵权责任、是否允许相对人依侵权责任获得救济的问题。

**（二）与未成年人订立合同有关的侵权责任的承担**

上述第一种情况是违约责任与侵权责任竞合的问题。大陆法系以德国为代表的立法例均允许这种责任竞合，法国法传统上不允许责任竞合，但有大量的判决允许竞合，“在当今法国，不允许竞合的规则并无实在意义，而允许竞合的例外规则才真正具有意义”①，因此可以说大陆法系国家事实上均允许违约责任与侵权责任的竞合。而在英美法，也允许违约责任与侵权责任的竞合。② 在理论上，王泽鉴先生明确指出，“无行为能力人（或限制行为能力人）因其法律行为无效，虽不负法律行为上责任，但依其情形得发生……侵权责任，其成立以于行为时有识别能力为必要”③。在允许责任竞合的前提下，剩下的是是否允许向未成年人主张责任竞合的问题。作者认为，从各国法律保护未成年人的传统做法看，对未成年人违约责任的承担要求更高的识别能力，而在较低的识别能力下即允许向未成年人主张侵权责任。因此，在未成年人已经被允许有效订立合同、可以承担违约责任的情况下，举重明轻，应该承认未成年人在合同履行中过错导致相对人损

---

① 张民安：《过错侵权责任制度研究》，206 页，北京，中国政法大学出版社，2002。

② 参见［英］P.S. 阿狄亚著，赵旭东、何帅领、邓晓霞译：《合同法导论》，396～403 页，北京，法律出版社，2002。

③ 王泽鉴：《民法总则》，317 页，北京，中国政法大学出版社，2001。

失的侵权责任的成立，从而合同相对人可以按照责任竞合主张未成年人违约责任或侵权责任的承担。

对上述第二种情况，合同已经被取消，合同相对人不可能主张违约责任，而对因缔约能力欠缺的合同取消，上文已经分析不应允许受害一方主张缔约过失责任，因此合同相对人获得救济的唯一可能途径就是主张侵权责任，法律是否允许其向未成年人提起侵权损害赔偿对其救济的实现就至关重要。合同相对人的人身和财产等固有利益受到了损失，如果未成年人对损失的造成有过错，就完全符合侵权责任的构成要件，就应允许向未成年人主张侵权责任的损害赔偿。虽然在此种情况下法律基于对未成年人的保护不使其受合同约束，但此保护"豁免"的应只是未成年人对相对人积极利益满足的负担，不应扩展到未成年人可以不尽必要的注意保护相对人的固有利益。法律制度必须在未成年人保护和受害人保护之间寻求合理的利益平衡，不能过分地、不合理地向任何一方倾斜，因此，对有过错侵害合同相对人固有利益的未成年人就应该使其承担侵权责任。当然，此处未成年人过错的认定必须与其实际的识别能力相适应。

上述第三种情况比较复杂。各国法律出于保护未成年人的目的，一般规定未成年人因缔约能力欠缺取消合同的，就其接受的履行仅在现受利益的范围内负返还责任。这样，如果未成年人所接受的履行已经不存在或者价值贬损，未成年人无义务以其他财产赔偿。前文已经分析，此乃考虑到未成年人欠缺合理保存和支配所获得利益等情况而对未成年人给予的特别保护，在利益衡量上牺牲了受害人的利益。并且，由于未成年人是作为所有人支配取得的标的物，即使有过失甚至故意对标的物加以损毁，也难谓有损害他人之过错，所以很难谓未成年人侵权责任之构成。如果允许向未成年人主张侵权责任，"当事人在契约关系下得不到救济，转而在侵权行为上得到救济时，则法律对未成年人帮助之目的便告无疾而终"①，因此从价值衡量上不应允许。

在上述未成年人承担侵权责任的情况下，当然应该适用未成年人

① 杨桢：《英美契约法论》，267～268页，北京，北京大学出版社，1997。

侵权责任承担的一般规则，由负有监督、管理责任的监护人加入共同作为责任承担的主体。

综合以上分析，作者认为，与订立合同有关的未成年人侵权，无论未成年人是否具有缔约能力，原则上均应承认未成年人侵权责任的构成，具体由未成年人及其监护人按照侵权责任承担的一般规则承担侵权责任，但对未成年人因合同履行接受以转移所有权为目的的标的物并因故意或过失致该标的物损毁等情形，在合同因未成年人缔约能力欠缺取消后，出于对合同法保护未成年人价值的真正实现，不应允许向未成年人主张侵权责任。

## 五、未成年人违约责任的承担

根据上文分析，未成年人可以在下述三种情况下订立有效合同：(1）未成年人具有相应的缔约能力而订立合同；(2）未成年人事先经法定代理人同意或者事后经法定代理人追认订立合同；(3）未成年人经法定代理人代理订立合同。

对于第一种未成年人有缔约能力单独订立合同的情形，由于订立的多为生活必需品等与未成年人生活密切相关的合同，未成年人应作为一般合同当事人承担违约责任。作者认为此种情况下英美法和德国法的未成年人订立此类合同没有履行便不具有拘束力的规定对未成年人保护有过度之嫌。对此类合同，未成年人有充分的智力理解其后果，也为其日常生活之必需，如果过分保护未成年人，反倒可能使合同相对方不愿与未成年人订立此类合同，从而不利于未成年人广泛参与社会生活，实现自己的主体性。

对第二种合同，未成年人往往欠缺必要的理解能力，监护人的事前授权或事后同意并不能改变这一事实。但既然是有效合同，未成年人一方如果违约当然应承担违约责任，只是违约的认定存在特殊性：由于未成年人能力欠缺，未成年人行为能否构成合同的给付和受领颇有疑问，而相反，监护人履行的过错和瑕疵则直接由未成年人承受其后果。在给付方面，未成年人给付如果存在瑕疵，似应由监护人补正为宜，不宜直接认定违约责任。在受领方面，对未成年人的履行如果未经监护人同意应不发生履行的效力。

对第三种合同，虽经法定代理人代理，未成年人仍是合同主体，在履行中未成年人如有过错和瑕疵则直接由未成年人承受其后果，直接认定未成年人的违约责任。即使未成年人无过错，也仍然需要承受法定代理人代理履行中可能的过错。①

对上述三种情况，各国法一般的原则是未成年人作为主体承担违约责任，“作为一项一般原则，未成年人的父母不就未成年人订立的合同承担责任”②，即使法定代理人代理履行有过错，法定代理人亦不承担违约责任，从而与侵权法法定代理人主要承担责任完全不同。同时，对于未成年人违约责任承担，未成年人自己过错的认定以其识别能力为限：如果未成年人对造成对方损失的履行行为没有过错，也不存在依法承受法定代理人过错的情形，则未成年人不承担违约责任。另外，未成年人既然作为一般合同主体承担违约责任，赔偿的范围就是一般违约情况下的赔偿范围，包括实际损失和所失利润。在未成年人财产不足以赔偿时，法定代理人亦不承担任何责任。

## 第三节　我国未成年人订立合同致人损害责任承担立法及理论评析及其在未来的合理确定

### 一、我国现行法对未成年人订立合同致人损害责任承担的规定分析

我国现行法涉及未成年人订立合同后果的规定主要是《民法通则》和《合同法》的规定。根据《民法通则》第 58 条的规定，无民事行为能力人实施的行为和限制民事行为能力人依法不能独立实施的

① 参见［德］迪特尔·梅迪库斯著，杜景林、卢谌译：《德国债法总论》，260～261 页，北京，法律出版社，2004。

② 王军：《美国合同法》，78 页，北京，中国政法大学出版社，1996。

行为无效。对无效行为的法律后果，《民法通则》第61条规定："民事行为被确认为无效或者被撤销后，当事人因该行为取得的财产，应当返还给受损失的一方。有过错的一方应当赔偿对方因此所受的损失，双方都有过错的，应当各自承担相应的责任。"此条虽然没有明确适用于未成年人订立合同的行为，但按照法律适用的逻辑，此条适用于所有民事行为无效和被撤销的情况，当然也适用于未成年人订立合同的行为，从而按照《民法通则》的规定，不对未成年人订立合同作任何特殊的考虑和规范，适用与成年人相同的返还责任和缔约过失责任。至于与订立合同有关的侵权责任，《民法通则》并没有作出特殊规定，应该理解为只要符合侵权责任的构成要件，未成年人就要按照第133条的未成年人侵权责任承担的一般规定承担责任，无论其订立的合同有效还是无效。

《合同法》的立法代表着我国民事立法的巨大进步。但在涉及未成年人订立合同方面，《合同法》除了通过第47条将限制民事行为能力人订立的合同规定为效力待定合同外，并没有其他进一步的完善，《合同法》第58条"合同无效或者被撤销后，因该合同取得的财产，应当予以返还；不能返还或者没有必要返还的，应当折价补偿。有过错的一方应当赔偿对方因此所受到的损失，双方都有过错的，应当各自承担相应的责任"的规定只是《民法通则》第61条规定的简单改进。由于《合同法》仍然没有对未成年人订立合同无效或被撤销的后果作出任何特别规定，第58条的规定就当然适用于未成年人订立的合同，未成年人在合同无效或撤销后承担完全的返还责任和缔约过失责任。对侵权责任，《合同法》第122条明确了对违约责任和侵权责任竞合的允许，至于与订立合同有关的其他侵权责任，按照《民法通则》的规定和民法原理，受害人自然可以向未成年人主张。

我国目前民法典立法主要草案人大审议草案、人民大学草案、法学所草案基本上沿袭了合同法的规定，亦没有针对未成年人的特殊规定。因此，我国可见的未来立法将会继续保持目前对未成年人订立合同致人损害特殊保护忽视的态度。

## 二、我国对未成年人订立合同致人损害责任承担理论的评析

对未成年人订立合同致人损害责任承担问题，我国学者基本没有特别予以关注，没有进行单独的针对性研究，一般只是在效力未定行为的研究中涉及未成年人订立合同的效力，而对未成年人订立合同中有关合同无效或被撤销的后果方面，则完全没有专门研究，只是使一般的法律行为或合同无效和被撤销的后果直接适用于未成年人。

在这方面的研究中，未成年人欠缺缔约能力订立合同被法定代理人拒绝追认的，学者基本认为该民事行为或合同无效，在具体的表述上，有认为“第三人拒绝追认，即溯及于成立之时，成为无效的民事行为”①，有认为效力未定民事行为被拒绝追认，该民事行为自始无效②，有认为“法定代理人拒绝追认的，效力待定的民事法律行为成为无效民事法律行为”③。对合同无效后的法律后果，学者基本以上述法律规定为依据，对适用于所有无效和被撤销民事行为的法律后果进行分析，虽然表述繁简不同，但内容基本一致，包括“返还财产”、“折价赔偿”、“赔偿损失”三个方面。④“返还财产的范围，以全部返还为原则。对方所给付的财产，无论返还时是否存在，原则上返还义务人必须按原数或原价返还。如果原物存在应以原物返还，否则应作价返还；如果原物有损坏，应予修复后返还，或付给相当的补偿；如果对方给付的是金钱，则除了返还本金外，还应按银行利率支付利息；如果对方给付的是劳务、无形财产或者其他不能返还的利益，则

---

① 梁慧星：《民法总论》，225页，北京，法律出版社，2001。

② 参见魏振瀛主编：《民法》，168页，北京，北京大学出版社、高等教育出版社，2000。

③ 韩松主编：《民法学》，201页，北京，中国政法大学出版社，2004；张俊浩主编：《民法学原理》，251页，北京，中国政法大学出版社，1997。

④ 参见魏振瀛主编：《民法》，163页，北京，北京大学出版社、高等教育出版社，2000；韩松主编：《民法学》，203～204页，北京，中国政法大学出版社，2004；彭万林主编：《民法学》，126页，北京，中国政法大学出版社，2002。

应折算为一定的金钱，予以偿还。”“有过错的一方应当承担对方因此所受的损失……有过错的当事人所承担的责任是缔约上的过失责任。”①

从上可以看出，我国学者的研究未能注意到未成年人欠缺缔约能力订立合同的特殊性并对其进行特殊保护，只是简单地将一般的合同无效后果适用于未成年人订立合同的情形。然而，正如上述各国立法例分析所一再提到的，未成年人订立合同因欠缺缔约能力而无效或被撤销，体现着法律对未成年人特别保护的立法价值，在合同无效的后果上，就应注意这一立法价值的贯彻和实现，不能出现通过合同无效或撤销赋予未成年人的保护因为合同无效法律后果的适用而沦为具文的情况。因此，对未成年人具体的返还责任、缔约过失责任等的承担就要充分考虑到未成年人保护、相对人利益保护等的合理衡量。我国目前理论的不足就在于在确定未成年人订立合同效力的时候，基于法律对行为能力的规定，确立了对未成年人有利的合同无效和可撤销制度，但在确定合同无效和被撤销后的法律后果方面，却忽视了未成年人作为合同主体的特殊性，忽视了对未成年人保护的真正实现。其造成的后果是不适当地对未成年人订立合同适用了一般的无效和被撤销的法律后果，非常不利于对未成年人的合理保护。因此，未来我国立法应对此加以完善。而在立法不可能近期作出改进的情况下，我国民法理论应重视对未成年人作为参与订立合同主体特殊性的研究，以提出未成年人订立合同致人损害责任承担合理的理论建议。

## 三、我国未成年人订立合同致人损害责任承担规则未来完善的建议

由于我国目前没有对未成年人订立合同致人损害责任承担的特殊规则，而根据上文的分析这种特殊规则对贯彻和实现对未成年人在合理程度上的特殊保护是必需的，所以作者结合上文比较法的分析提出

① 马俊驹、余延满：《民法原论》，279页，北京，法律出版社，1998。

对我国未来有关规则的建议如下：

1. 考虑未成年人智力不成熟，不能合理保存和支配所取得的利益，此种情况下，如果强使未成年人返还其接受的利益，对未成年人反倒不公平，因此，明确未成年人返还责任的承担以现存利益为限，如果所受利益不存在时，不予返还，而作为相对方的成年人则有义务就其从未成年人处接受的利益全部返还。

2. 明确未成年人就其缔约过失承担赔偿责任。如果未成年人在参与缔约过程中对对方人身、财产利益又疏于照顾、甚至故意侵害之行为造成对方之损失，未成年人应在其识别能力的范围内承担缔约过失的赔偿责任。责任的具体承担可考虑规定未成年人过错归责的缔约过错责任和未成年人监护人过错归责的疏于监护责任的连带责任。

3. 未成年人原则上按照其承担侵权责任的一般规则承担订立合同中所构成的侵权责任，无论合同是否有效成立，是否发生违约责任与侵权责任的竞合。但对未成年人因合同履行接受以转移所有权为目的的标的物并因故意或过失致该标的物损毁等情形，在合同因未成年人缔约能力欠缺取消后，出于对合同法保护未成年人价值的真正实现，不应允许向未成年人主张侵权责任。

4. 在未成年人自己有效订立合同或者经法定代理人同意、追认或者直接经法定代理人代理订立有效合同的情况下，未成年人作为合同的当事人，自行承担有关的违约责任。在违约责任构成以过错为归责原则的情况下，未成年人仅承担与自己识别能力相适应的违约责任，同时承担其法定代理人过错造成的违约责任。在违约责任无过错归责的情况下，未成年人承担无过错的违约责任。

# 第四章　无因管理中未成年人致人损害责任承担研究

## 第一节　无因管理中的未成年人致人损害

### 一、无因管理制度的价值与未成年人无因管理

无因管理制度源远流长，古代罗马法中的准契约制度，指的主要就是无因管理制度，是指“在主人或被经管人不知的情况下经管他人事务”①。近代法以来，虽然强调个人的自主和独立，强调对他人事务的不得干涉，但无因管理制度还是在各

① ［德］彼德罗·彭梵得著，黄风泽：《罗马法教科书》，396页，北京，中国政法大学出版社，1992。

国民法中保留下来。除了法国法继续将其作为准契约之一种加以规定外，德国、意大利、瑞士、日本等国均是将其作为契约之外独立的制度加以规定的。英美法没有“无因管理”的概念，“一般的规则是，‘自愿者’或‘多管闲事的干预者’不能在返还制度下得到补偿，即使他们可以证明受到损失或者他们的供应有价值。精力充沛的 P 帮助 R 修了围墙，如果希望通过法律制度获得返还只能是浪费时间。但 P 在下述情况下可能得到补偿：当他错以为是自己的围墙进行修理，或者在紧急情况下，如围墙阻挡 R 的动物逃跑，或者因为 R 的错误行为，如 R 威胁 P 进行免费劳动”①。除此之外，英美法还承认“必要时的代理”和其他的一些例外情况下劳务提供人的返还请求权，从而在一定程度上承认了无因管理制度。②

无因管理制度在于鼓励帮助他人的良好社会风气。从制度价值上看，无因管理属于这样一种行为：“原来对于他人事务，并无加以干涉之权利或义务。然吾人相倚互助，以防止他人之损害或增进他人之利益，自社会连带之理想，为应奖励之事。管理事务之制度，即基于此理想而建立，于保护本人利益之中，寓有适合社会利益之事。”③也即无因管理之价值，一在保护本人之利益，二在促进社会之利益。近代法虽然强调个人对自己事务的独立支配，排斥他人干涉，但例外允许在他人对自己利益照顾不周时对其提供好意的帮助，对好意帮助他人并提供适当管理之人，不仅使其行为阻却侵权行为之构成，而且认其有委任合同之效力，管理人得要求被管理人返还垫付之管理费用，并可以要求被管理人赔偿因进行管理事务所受之损失，以及承受管理行为之一切法律效果。如此之结果使管理人之利益得以合理之维护，从而保护其好意帮他人之积极性，也实现利益上的公平。

---

① Saul Levmore, Explaining Restitution, Virginia Law Review, February, 1985.

② 参见沈达明编著：《准合同法与返还法》，267～271 页，北京，对外经济贸易大学出版社，1999。

③ 史尚宽：《民法总论》，57～58 页，北京，中国政法大学出版社，2000。

无因管理行为上述效力之发生，非以本人之意思为转移，一般亦非管理人积极之追求，乃在于法律基于公平之直接规定，但其构成要求管理人主观上有为本人事务管理之意思，而非仅为一客观事件，故一般认为无因管理性质上为事实行为，而非法律行为，亦非事件。无因管理既为事实行为，则管理之行为能力自然无须要求。对此，虽然意大利民法明确要求管理人“有缔约能力”，德国以前通说亦认为管理人应有类似法律行为之能力，但已经业遭废弃，目前通说认为无因管理之成立不以管理人有行为能力为必要。① 我国学界通说均认为无因管理无须管理人有行为能力。② 既然无须管理人的行为能力，则行为能力欠缺之未成年人，亦可因管理他人事务，如帮助别人修缮房屋，收回将被雨水淋坏之物品等而成为无因管理人。然而无因管理并非“纯受利益的行为”，而是以类于受托人身份对他人事务进行管理。管理事务可能是帮助他人收回普通物品等简单的管理行为，也可能是修缮房屋，出售时鲜物品等复杂的管理行为。在管理中，由于管理人的过错等方面的原因，可能造成本人财产及利益的各种损失。对于管理人造成本人的损失，各国法均规定了管理人相应的赔偿责任。而如果未成年人作为管理人，由于其智力不成熟等各方面的原因，其造成他人损失的可能性更大。那么未成年人对这些损失应否负责以及如何负责是一个需要认真面对的问题。

## 二、未成年人无因管理致人损害

### （一）无因管理中管理人致人损害的类型

根据无因管理的一般理论，管理人负有适当管理、继续管理、通知和为本人计算义务，如果管理人对这些义务有所违反，均可能导致

---

① 参见王泽鉴：《未成年与代理、无因管理及不当得利》，载王泽鉴：《民法学说与判例研究（5）》，北京，中国政法大学出版社，1998。

② 参见魏振瀛主编：《民法》，579页，北京，北京大学出版社、高等教育出版社，2000；马俊驹、余延满：《民法原论》，777页，北京，法律出版社，1998；韩松主编：《民法学》，624页，北京，中国政法大学出版社，2004。

本人损害的发生。

1. 违反适当管理义务致人损害

无因管理是帮助他人管理事务而阻却违法性，其重要目的是使本人利益避免可能遇到的损失。因此管理人必须以适当的方式，尽到必要的注意义务进行管理，否则无因管理不仅可能无助于本人，反倒可能造成本人的损失，于此情况下，管理人应承担相应的赔偿责任。

认定管理人是否违反适当管理义务，需要以确定管理人应承担的注意义务为前提。对于管理人应承担的注意义务标准，《法国民法典》第 1374 条明确规定为“管理人应当对事务管理给予善良家父之悉心照应”，《瑞士债法典》第 420 条第 1 款规定“无因管理人对其过失承担责任”，《德国民法典》第 677 条要求“应考虑本人真正的或者可推知的意愿，以符合本人利益的方法管理事务”，《日本民法典》第 697 条要求为“应依事务的性质，以最适于本人利益的方法进行管理”或“依本人意思进行管理”。因此，管理人未尽到善良管理应有之注意或者注意未能达到法律之特定要求，便违反了法律规定对管理人之要求，如果造成本人损失，便需承担相应的赔偿责任。

2. 违反继续管理义务致人损害

法律不强制为他人利益进行管理，但一旦开始进行管理，未待管理事务完成或者本人开始自行管理而停止管理，反倒可能为本人带来更大的损失，此种情况下管理人有义务继续管理行为。对此，一些国家设有明文规定：《法国民法典》第 1372 条规定，“自愿管理他人事务时，不论事务的所有人是否知道此种管理事由，进行管理的人均属缔结继续进行其已经开始之管理的默示义务，直至事务的所有人能够自行管理为止。管理人对与同一事务有关的所有附属义务，亦应负管理之责”。第 1373 条规定，“即使事务的所有人于该事务完成之前死亡，管理人仍负有继续管理之义务，直至该事务所有人的继承人能够负担管理为止”。《日本民法典》第 700 条规定，“管理人，于本人、本人的继承人或法定代理人得以进行管理前，应继续管理”。《意大利民法典》第 2028 条也有类似的规定。法律赋予管理人此项义务应在于保护本人利益，因为管理行为的停止一是可能比不开始管理造成更大的损失，二是既然管理人已经表达出避免本人损失之意愿，即使在停止不会造成更大损失的情况下亦可强使其继续好意行为，以维护本人利益。前者如果桔子成熟帮助采摘，但采摘后本人仍不能管理，此时应继续管理行为进行出售，否则采摘后反倒更容易腐烂。后者如帮助出租房屋，到期后不再出租不会扩大损失，但仍应继续进行出租以使本人获益。在这些情况下如果管理人不继续进行管理，应承担相应赔偿责任。

3. 违反通知义务致人损害

无因管理以管理人之管理符合本人已知或可推知之意思而认其为本人利益而允许阻却其违法性，然而此管理符合本人利益毕竟为推定的，与本人真实意思往往并不完全一致甚至相互矛盾。另外，对于事务被管理之本人也应有权知悉事务被管理之情形，以便及时作出决定和指示。因此各国立法普遍规定了管理人的通知义务，《德国民法典》第 681 条、《日本民法典》第 699 条对此有明确规定。事实上，由于本人可以对自己事务有支配之决定权，其完全可以不按照自己利益最大化处理或者根据自己特别的想法处理。如旧的房子不想修理而任其倒塌等，如管理人进行维修等行为反倒违背本人意思造成本人损失，如果未及时通知更可能使这种损失扩大，因此对管理人违背通知义务造成的本人损失，管理人亦应负赔偿责任。

4. 违反为本人计算义务致人损害

各国一般规定，无因管理准用委任之规定，是法律强制其发生类于委任之效力。因此，管理人管理事务应依委任人之地位，为本人利益计算。具体包括三项义务：(1) 报告义务：管理人应将管理事务进行状况，报告本人，管理关系终止时，应详细报告其始末；(2) 金钱物品及孳息交付义务：因管理事务所收取之金钱、物品及孳息，应交付本人，管理人以自己名义，为本人所取得之权利，应转移于本人；(3) 支付利息与损害赔偿：委任人为自己之利益，使用应交付于委任人之金钱或使用应为委任人利益而使用之金钱者，应自使用之日起，支付利息，如有损害，并应赔偿。[①] 根据计算义务，管理人如果不返还或转移相应的财务或权利，或者违背报告义务以及为自己利益使用被管理人财物的，均可能造成本人的损失，应负相应的债务不履行责任。

**（二）未成年人无因管理致人损害的特殊性**

由于未成年人基于无因管理事实行为的性质可以全面参与无因管理，就应当承担管理人应尽的义务，所以，上文所述管理人致人损害的类型对未成年人也全部可能发生。但是，由于智力不成熟，未成年人无因管理致人损害具有与一般管理人致人损害明显不同的特点，具有应为立法特别考虑的特殊性。

1. 因未成年人意思能力欠缺，其管理行为导致本人受到损害的风险更大

无因管理从制度之设置价值而言乃在于对未及照顾自己利益之本人予以帮助，以维护其利益并避免损失之发生。因为涉及管理他人事务，且可能涉及的事务种类众多，繁简悬殊，各国为维护本人的利益立法一般要求管理人要尽到善良管理人或类似水平的注意程度，故从本质上并不适合未成年人参与其中，成为管理人。然而，除维护本人利益之价值外，无因管理制度尚负载弘扬帮助他人之良好道德观念之价值[②]，从而也应在一定程度上保护仅出于善良之目的管理他人事务之行为。未成年人之管理，虽然可能因管理能力欠缺等原因更可能不能实现维护本人利益之目的，然考虑到其管理行为在许多情况下，如帮人送回走失的动物等可以有利于本人，更考虑到对社会良好风尚之推崇，故应允许未成年人参与无因管理，成为管理人。然而，由于未成年人智力未完全成熟，其对事务的理解往往存在欠缺，就决定了其

① 参见黄立：《民法债编总论》，176～177页，北京，中国政法大学出版社，2002；王泽鉴：《债法原理（第一册）》，345～346页，北京，中国政法大学出版社，2001。

② 参见马俊驹、余延满：《民法原论》，777页，北京，法律出版社，1998。

无法尽到最理想的善良管理人注意，只能以其自己的注意程度管理事务。其结果可能是，许多事务的管理不是以最有利于本人的方式进行，甚至还会造成本人的损失。而由于未成年人难以像成年人一样约束自己的行为，其行为也更可能存在过错，从而更容易造成本人的损失。进而，无因管理之管理，非仅为有管理行为为已足，尚需履行相应的通知义务，继续管理义务和为本人计算之义务。对此等义务，由于未成年人意思能力之欠缺，均更可能违反而致本人损失。再有，未成年人乃一非常宽泛之概念，涵盖之年龄从幼儿到成年之前，不同年龄之未成年人识别能力相差悬殊，而法律并不排除年龄幼小之儿童进行无因管理行为。如此可能许多识别能力很低，甚至尚无识别能力之未成年人参与管理他人事务，对他人利益无疑风险更大，更可能因不当之管理等造成损失。因此，未成年人参加到无因管理关系使得本人利益受到损害的风险大增。

2. 因立法对未成年人特殊保护而导致的在利益衡量上的特殊性

未成年人作为人类社会未来之核心力量，为保护其正常成长之环境，社会对其予以特别之保护，从《联合国儿童权利公约》到各国国内特别立法，均为显著之体现。而作为社会基本法之民法，亦对未成年人关爱有加，不仅特设行为能力制度、监护制度对其予以全面保护，更在具体的债权、物权、亲属和继承等法律制度中对其予以特别之优遇。在无因管理制度内，在管理人为完全行为能力人的情况下，法律利益衡量之因素主要为不得干涉他人事务与帮助他人之良好风俗之弘扬，并考虑社会公平，以管理人尽到适当管理等义务作为干涉他人事务违法之阻却，并进而认定成立类于委任之关系，处理有关的利益归属及补偿和赔偿问题。其中，适当管理之要求实为对本人利益之强调，要求管理行为客观上有利于本人或主观上符合本人之意愿。然未成年人成为无因管理人，其管理能力先天欠缺，根本无法按照一般无因管理的权利义务模式确立其无因管理的权利义务，为避免未成年人承担过多的责任，就必须在有关的权利义务确定中更多地考虑对未成年人的特殊保护。于是在利益的衡量上，本人的利益退居其次，进而居于优位的是保障未成年人参与无因管理的“权力”并不使其因参与无因管理而受到不当的损失，从而保护未成年人进行无因管理的热情，更鼓励其良好道德观念的形成。基于此新的利益衡量，法律建立的无因管理制度一般规则在未成年人为无因管理人时应大部失其效力，只有符合维护未成年人利益的部分得以留存，并辅之以若干有关未成年人无因管理的特别规则。

3. 未成年人更容易违背本人明知或可推知的意思，构成不适法无因管理而不利于本人利益

由于未成年人不太可能像成年人一样，通过各种情况考虑本人可能的意思，而更可能依照其自己的意思进行有关事务的管理，所以未成年人的管理更可能不符合本人已知或可以推知的意思而构成不适法无因管理。在不适法无因管理的情形，因为不符合本人对事务管理之期望，所以是不利于本人之管理。对此种无因管理，各国和地区法律一般对管理人适用更加严格的承担责任形式，如一般规定管理人对造成本人之损失承担无过错责任等。然而，由于未成年人一般并不具有成年人一样的发现或推知本人意思之能力，如果对未成年人适用此不适法无因管理的一般规则，将在事实上承担超出其能力合理范围之外的责任，其承担的责任事实上比成年人更为严苛。这无疑是与保护未成年人的法律原则相悖的。因此，有必要对未成年人的无因管理采用特殊的规则，以实现对未成年人保护和本人利益保护的合理平衡。

## 第二节　未成年人无因管理致人损害责任承担的确定

基于以上的各种特殊性，决定了未成年人无因管理责任承担规则的特殊性。未成年人无因管理中致人损害的责任，必须在充分考虑以上特殊性的基础上确定承担的规则。

### 一、未成年人无因管理致人损害责任承担的立法例

对未成年人无因管理致人损害的责任承担，一些国家立法有明确规定。《德国民法典》第682条规定，“事务管理人无行为能力或者限

制行为能力的，仅根据因侵权行为的损害赔偿以及关于返还不当得利的规定负其责任”。《瑞士债法典》第 421 条规定，“管理人没有缔结合同的能力的，仅在其所取得的或者其恶意介入的利益范围内承担责任；因此产生的其他侵权责任不受影响”。另外，虽然日本法和我国台湾地区有关规定没有针对未成年人的特别规定，但在解释上学者均认为应参照《德国民法典》第 682 条确定未成年人的责任。[①]

根据这上述立法规定，对未成年人无因管理致人损害将适用与成年人不同的责任承担规则。瑞士法将此规则规定为“仅在其所取得的或者其恶意介入的利益范围内承担责任”，其意在只使未成年人承担所受利益对本人的返还责任和在恶意介入他人事务而造成他人损失的范围内承担赔偿责任。[②] 德国法将未成年人承担责任的规则更是明确为仅根据“关于返还不当得利的规定负其责任”，因此对善意的或者欠缺识别能力的未成年人，其只按照不当得利在现受利益的范围内承担返还责任。至于对具备识别能力的未成年人，如果在无因管理中故意或过失侵害本人利益，自然应该按照侵权责任的规定承担侵权责任。这也是瑞士法和德国法共同的规则。

## 二、未成年人对无因管理事务所生损害赔偿责任的承担

### （一）未成年人对适法无因管理所生损害赔偿责任的承担

无因管理作为债发生的原因之一，管理人之主要义务即为适当管理的义务。如果其管理不当造成损失，各国法一般规定其应承担债务不履行责任。但由于一般认为无因管理行为为事实行为，除《意大利民法典》要求管理人有缔约能力外，各国法均不要求管理人有行为能

---

① 参见王泽鉴：《未成年与代理、无因管理及不当得利》，载王泽鉴：《民法学说与判例研究（5）》，北京，中国政法大学出版社，1998。

② 瑞士法的意思是对具有缔约能力的未成年人适用与成年人相同的责任承担规则。由于根据《瑞士民法典》，未成年人有缔约能力只可能是有判断力且经法定代理人同意的情况，一般情况下未成年人均无缔约能力，所以，为行文简便，直接以“未成年人”替代瑞士法中的“没有缔结合同的能力”的人。

力，从而各种年龄的未成年人可以在广泛的范围内成为无因管理的管理人。对适法的无因管理，各国法一般规定管理人对管理中造成的本人损失承担过错责任，如《瑞士债法典》第420条规定，“无因管理人对其过失承担责任”，而是否有过失的判断无疑是以如法国法所要求的善良管理人应有的注意程度为标准的。然而，未成年人作为管理人与要求以善良管理人义务作为管理人的注意标准存在着本质上的冲突，未成年人显然无法尽到此一标准要求的注意。而如果一方面允许未成年人作为管理人，另一方面又将其不可能承担的法律义务强加于他们，不仅不能体现对未成年人保护的价值，连最基本的公平都达不到。因此，对未成年人不能适用此善良管理人注意义务标准。那么，在考虑未成年人的保护等原因不对未成年人适用善良管理人标准来判断管理行为是否有过失的情况下，按照什么标准确定其是否有过失，或者其是否需要因未尽到与其识别能力相适应的注意义务而承担赔偿责任呢？对此，我国台湾地区学者史尚宽先生明确指出：“管理人如为无行为能力人，仅负不当得利返还之义务及依‘民法’第221条之规定惟依‘民法’第187条之规定负其责任。”① 台湾地区“民法典”第221条是未成年人债务不履行依据第187条关于未成年人识别能力不同确定过错之有无的规定。史尚宽先生之意为未成年人仍需负债务不履行责任，但有无过错以未成年人识别能力为依据。对此，王泽鉴教授提出质疑，认为如此将不能充分实现保护未成年人的目的。②

作者认为，王泽鉴先生之质疑固然有一定道理，然而其前提的正确性却颇有疑问：立法固然要体现对未成年人的保护，然而对未成年人的保护也应在合理的框架内进行，非谓保护越多越充分越符合立法目的。就无因管理而言，制度之设本为以管理他人事务之好意阻却干涉他人事务之违法性，且好意之体现非仅为主观上之善意，尚有客观上足够谨慎之管理始为已足。然未成年人之加入为管理人，客观上已

① 史尚宽：《债法总论》，66页，北京，中国政法大学出版社，2000。

② 参见王泽鉴：《未成年与代理、无因管理及不当得利》，载王泽鉴：《民法学说与判例研究（5）》，北京，中国政法大学出版社，1998。

无法为足够谨慎之管理，本于本人已为不利。现允许未成年人不尽善良管理人义务，而结合其具体识别能力确定应尽义务的程度，已是牺牲本人利益，保障未成年人参与之“权力”，对未成年人已是极大之保护。现未成年人如果有一定之注意能力而不尽相当之注意，法律仍以保护未成年人之名不使其承担相应的责任，则对受害之本人，未免有失公平，且有对未成年人保护过度之虞。而在立法技术上，具有一定识别能力之未成年人可以缔结契约，成为合同当事人并进而承担违约责任，法律并未强使一切未成年人均不能承担违约责任。无因管理在一定程度上是一个法律强制承认的委任合同，并且未成年人管理人包括可以承担违约责任的未成年人。对此部分未成年人如果使其不能承担作为委任合同的当事人的与其过错能力相适应的债务不履行责任，则将存在立法技术上的不一致性，在立法技术上也不是妥当的选择。对可成为管理人的具有较低识别能力而不具备缔结合同能力的未成年人，由于上述委任合同之内容乃由法律强行规定，并不需要足够意思能力之协商，所以，使其承担与其识别能力相适应的债务不履行责任也不会导致对其利益的不合理损害。

综合以上分析，作者认为应使未成年人承担未尽到管理事务应有注意的债务不履行损害赔偿责任，但此处损害赔偿责任之成立，应以未成年人过错能力为标准，以违反与其过错能力相应的注意义务为条件。如果未成年人尽到了与其年龄和智力水平相适应的注意程度，“尽其所能为本人利益进行管理”，则未成年人就不承担损害赔偿责任。①

**（二）未成年人对不适法无因管理所生损害赔偿责任的承担**

对不适法无因管理，一些国家和地区立法规定有更严格的责任。《德国民法典》第678条明确规定，“事务管理人违反本人真正的或可推知的意愿管理事务而可知这一情形的，对于因管理所产生的损害，即使无其他过失，仍应对本人负赔偿义务”。我国台湾地区“民法典”

---

① 参见胡小林：《论无因管理的司法适用及立法完善》，载《法律适用》，1999（4）。

第 174 条规定："管理人违反本人明示或可得推知之意思，而为事务之管理者，对于因管理所生之损害，虽无过失，亦应负赔偿之责。"《瑞士债法典》第 420 条第 3 款也有类似规定。这些立法例规定了不适法无因管理管理人的无过错责任：只要管理行为导致了损害，便需承担赔偿责任。此类立法之特点仍在于对个人自由支配自己事务之尊崇和对于干涉他人事务之警惕、甚至是敌视：即便是好意帮助他人，在违反他人意志自由的情况下亦是不受欢迎的！法律对此好意之回报只是不直接认定有关行为为侵权行为，而警惕或敌视则体现为使管理人负无过错责任，且其只能在本人所受利益的范围内向管理人返还管理人支出之费用、管理人因管理事务所受损害和所负债务。①

上述立法在管理人为成年人的情况下，在近代法的理念下其适当性和合理性非常容易理解。然而，在未成年人为管理人的情况下，此规则直接适用无疑明显不妥，尤其是考虑到上文已经分析的，由于未成年人智力不成熟，更容易发生违背本人明示或可推知意愿而进行管理的情形。此时如果使未成年人承担上述不利的法律后果，则对未成年人无疑是非常不利的，也和法律允许未成年人参与无因管理的立法价值相悖。然而，在不适用上述一般规则的情况下，如何确定未成年人不适法无因管理致人损害的责任承担呢？对此，王泽鉴先生仍然主张不适用债务不履行责任，只考虑是否构成侵权，如果构成侵权，未成年人依侵权负其责任，如果不构成侵权，未成年人则不负责任，以实现保护未成年人的目的。②

作者认为，不适法无因管理在行为的正当性方面已经失去了与本人意愿应该相符这一基础，并且直接抵触了个人自由决定的原则，其正当性只剩下管理行为毕竟在经济上是有利于本人这一条件和为他人管理的好意。但由于其冲突的是近代法"个人自由决定自己事务"的核心原则，"为他人管理的好意"的重要性便明显不可比。也正因为

---

① 参见我国台湾地区"民法典"第 177 条、《德国民法典》第 684 条等。

② 参见王泽鉴：《未成年与代理、无因管理及不当得利》，载王泽鉴：《民法学说与判例研究（5）》，北京，中国政法大学出版社，1998。

因此，上述立法明确对其抱有敌意。在未成年人介入无因管理的情况下，虽然对未成年人的保护和对未成年人帮助他人好意的鼓励可以增加其行为的正当性，但亦不可能使不适法无因管理正当性不足的情况发生根本改变，其正当性仍应明显低于适法无因管理的情形。但在对未成年人不能适用无过错责任的前提下，法律并没有更好的制度来体现对此正当性降低的加重责任。在现行的法律制度之下，只能仍使未成年人承担债务不履行的过错责任。而考虑未成年人保护和无因管理制度允许未成年人介入的立法态度，此处过错责任过错之认定仍应是与未成年人识别能力相适应的过错认定，而不宜是善良管理人过错标准或其他标准。因为使未成年人承担于其识别能力相适应的过错责任对其具有实质上的合理性，而善良管理人的过错标准，对未成年人即使在不适法无因管理的情况下仍明显过重，将造成未成年人不合理的沉重负担。

因此，作者认为，在未成年人不适法无因管理致本人损害的情况下，未成年人仍应承担过错责任下的债务不履行的责任，对其识别能力范围内的过错造成的损失承担赔偿责任。

**（三）未成年人对违反继续管理义务和通知义务致人损害对未成年人违反管理中必要的注意义务致人损害责任承担规则的准用**

未成年人作为无因管理的管理人，除负有适当进行管理的义务外，还负有在管理事务需要时继续管理的义务和对本人就管理事务之进行作出及时通知的义务。在违反此两种义务的情况下，也可能造成本人损失，需要承担一定的损害赔偿责任。由于与上文分析相同的原因，在未成年人违反此两种义务承担损害赔偿责任的时候，也不宜适用有关责任承担的一般规则，也需要确定适用于未成年人的特殊规则。上文关于未成年人责任承担特殊规则的分析虽然以未成年人在管理行为进行中违反应有的注意义务为基础，但考虑到利益衡量的相似性，上述未成年人对违反管理中应有的注意义务致本人损害承担与其识别能力相适应的债务不履行责任的结论应可以准用于未成年人违反继续管理义务和通知义务导致本人损害之责任的承担。因此，在未成年人违反这两种义务导致本人损害需要承担赔偿责任时，可以参考适用上文确定之减轻的责任承担规则。对此，本文不再详述。

## 三、未成年人无因管理中返还责任的承担

《德国民法典》第681条、《法国民法典》第1372条、《日本民法典》第701条、我国台湾地区“民法典”第173条均明确规定了无因管理管理人对委任有关条款的准用。依照委任合同有关条款，受任人有将因处理委托事务而收取的以及从事务管理中取得的一切返还委托人的责任，具体包括收取之金钱、物品及孳息，归还于委托人；受托人以自己的名义为委托人取得之权利，亦应转移于委托人；受托人为自己利益，使用应交付于委任人之金钱或使用应为委托人利益而使用之金钱者应支付利息。

上述之规定，对成年人适用至为合理：既为好意帮助他人，自不应期冀从中获得利益，即使他人金钱为自己利益之使用亦与好意助人不合，故应支付相应利息；而于管理事务中取得之利益，自当谨慎保管，以便日后交付于本人。然对于未成年人而言，上述规则却有失苛刻。未成年人虽以好意帮助他人，然于取得之各项利益，却难以完全交付本人。原因首先在于未成年人智力之不足，导致其保管有关物品、权利等利益能力的不足，从而导致取得利益的减少或丧失。如未成年人帮人出售易于腐烂之水果，所获价款却被盗取等。在此种情况下如果使未成年人同样承担上述规则下的返还责任，则对未成年人有失公平——因为显然不能期待一个未成年人像成年人一样谨慎从事。对未成年人适用上述规则将导致未成年人不合理的沉重负担，不利于未成年人的成长和对未成年人的保护。

未成年人可能不能返还无因管理所获利益的另外一个原因是未成年人对所获利益可能为自己利益之使用，从而导致所获利益事实上的减少或丧失，如未成年人将帮助获得之果实自己吃掉或者将取得之金钱自己消费等。此种情况下从公平看似乎未成年人应予返还或赔偿。然而作者认为，法律将未成年人视为智力不成熟者，肯定并保护其不能合理处理有关事务，此处不能合理处理有关事务就包括了不能合理地处理有关利益。如果使未成年人承担返还责任，实质上就是强迫其

承担合理保存和处理取得利益的义务，与法律保护未成年人之立法明显不符，也导致未成年人不合理的债务负担，并可能成为其成长的羁绊。因此，在上述两种情况下，均不宜使未成年人负担取得利益完全返还本人的义务，法律在此问题上合理的选择只能是纠正现存结果上的不公平，也即使未成年人返还现存利益范围内因管理事务获得之利益，已经失去之利益，本人不得请求返还。此也应是德国法明确规定未成年的无因管理人只承担不当得利返还责任的原因所在。

因此，未成年人对因管理事务而获得利益，只应承担现存利益范围内的不当得利返还责任。至于对具有相应识别能力的未成年人故意或者过失导致所取得利益减少或者丧失的情况，则应交由侵权法调整，通过侵权责任构成的认定，合理调整未成年人利益和本人利益的保护。

## 四、无因管理中未成年人侵权责任的承担

法律虽然因未成年人智力不成熟而予其许多优遇，在一些情况下使其不承担责任或减轻其责任的承担，然而在侵害他人人身财产的领域内却是肯定未成年人责任的存在。上文已经分析，这是基于受害人保护等各种利益衡量的结果。对侵权责任的承担，虽然各国立法颇有不同，但总体上是以未成年人具有识别能力作为责任承担的前提，有识别能力也就要使未成年人承担侵权责任。对无因管理中未成年人侵害本人利益问题，一些国家立法有明确之规定，肯定无因管理的构成发生基于无因管理而发生的权利义务不影响侵权责任的构成，也即明确了允许责任竞合的态度。

在典型立法例上，《德国民法典》第 682 条规定：“事务管理人为无行为能力或者限制行为能力的，仅根据因侵权行为的损害赔偿以及关于返还不当得利的规定负其责任。”《瑞士债法典》第 421 条在第 1 款规定减轻的未成年人无因管理责任的情况下，第 2 款规定：“因此产生的其他侵权责任不受影响。”这些立法均明确了即使对未成年人无因管理中责任承担的优遇亦不排除其侵权责任承担的立场。其他立法例对此虽未明确肯定，解释上亦应肯定为宜。因为侵权法保护的乃

是人类生存之基础所在，要求对他人权利或利益消极不为妨碍或侵害，而契约、无因管理等则为更积极利益之追求。法律对未成年人优遇更多只应在积极利益追求之领域，于消极利益领域于未成年人有识别能力时应使其与成年人负同一赔偿责任。对此前文已有详述。

在未成年人承担无因管理中发生侵权责任的具体问题上，首先是是否允许无因管理之责任与侵权责任竞合，或者说是否因无因管理责任的存在，排除侵权责任构成。作者认为，由于前文分析各国对责任竞合均持有肯定态度，即使原来排斥责任竞合的法国也转向倾向于承认责任竞合，所以承认无因管理责任与侵权责任竞合不存在理论和法技术上的障碍。在未成年人行为同时构成无因管理债之不履行责任和侵权责任的时候，本人可择一行使，在未成年人行为依据无因管理制度无须承担责任而符合侵权责任构成要件的时候，本人可主张未成年人侵权责任的承担。其次，未成年人侵权责任承担的归责原则为何？作者认为，对无因管理中的侵权行为，对成年的管理人也只有过错责任，没有无过错责任的规定，对未成年人自然也只能是过错责任。问题是未成年人是承担一般的过错责任还是承担减轻的过错责任？对此，考虑到对未成年人的特殊保护已经在无因管理中有关责任承担中有充分之体现，而各国法也未见对无因管理中未成年人侵权责任的承担有特殊规定，为保持侵权法的一致性，似仍应维持一般的过错责任为宜。

## 五、不真正无因管理中未成年人致本人损害责任的承担

不真正无因管理是指形式上具备无因管理的某些特征，如无法律原因管理他人事务，而实质上欠缺无因管理构成要件的行为。常见的不真正无因管理有三种情况，一为误信他人事务为自己事务之管理（误信管理），二为误信自己事务为他人事务之管理（幻想的管理），三为明知他人事务而为自己利益之管理。上述第二种“无因管理”由于与他人不发生任何法律上的关联，“管理人”管理自己事务，自己承受有关后果，其主观“好意”不发生任何法律效力，完全不能发生任何无因管理的效力。第一种“无因管理”，由于不具备为他人管理

之主观目的，本不构成无因管理，其法律后果“主要依不当得利之规定处理，如其错误有过失时，亦可适用侵权行为之规定。但如其管理并不违背‘本人’之意思时，仍应类推适用第176条（适法无因管理）之规定”。① 而对于第三种“无因管理”，“管理人”为自己利益管理他人事务，与无因管理之制度价值完全背离，“管理人”之行为实乃侵权行为，“然而，本人依侵权行为或不当得利之规定请求赔偿损害或返还利益时，其请求之范围却不及于管理人因管理行为所获致之利益；如此不啻承认管理人得保有不法管理所得之利益，显与正义有违。因此宜使不法之管理准用适法无因管理之规定，使不法管理所失之利益仍归诸本人享有……”②

从上可以看出，不真正无因管理本不属无因管理，多为侵权行为，“本人”可依侵权行为或不当得利之规定获致法律上之救济，然法律为保护“本人”之利益，兼而不使非法行为者获益，使“本人”得同时主张无因管理之效力，以获取“管理人”管理行为之收益。立法此种规定，实为对“本人”优待，对“管理人”惩罚的制度。在此制度下，一旦“本人”主张无因管理之成立，“管理人”即需返还管理中所得之一切权利和利益，无论这些权利和利益是否仍旧存在。

不真正无因管理制度对“管理人”之严苛在适用于未成年人作为“管理人”的情况时，将导致未成年人不合理的沉重负担，基于上文分析的未成年人保护和未成年人利益与本人利益的合理平衡等理由，亦应明确未成年人为不真正无因管理“管理人”时的减轻责任。具体而言，如果“本人”主张未成年人的侵权责任或不当得利责任，自然按照有关的规则具体确定未成年人责任的承担。如果“本人”主张未成年人基于无因管理下的责任，就应同样适用上文所述的减轻责任规则，即未成年人对管理中致本人之损害，承担与其识别能力相适应的债务不履行责任，对管理中取得利益和权利等的返还，以现存利益为限承担返还责任。

---

① 黄立：《民法债编总论》，183页，北京，中国政法大学出版社，2002。

② 黄立：《民法债编总论》，183页，北京，中国政法大学出版社，2002。

## 六、我国无因管理有关法律规定的完善

我国的无因管理制度几乎还没有建立。在现行立法中，只有《民法通则》第 93 条对无因管理中管理人要求本人偿还进行管理事务支出费用的权利作出了规定，而最高人民法院《关于贯彻执行〈中华人民共和国民法通则〉若干问题的意见（试行）》第 132 条将这种要求返还的范围扩大到了包括支出的费用和受到的损失。其他关于无因管理中本人权利、管理人权利以及适法无因管理与不适法无因管理的区分、真正无因管理和不真正无因管理的区分等均没有任何的规定，更不可能有关于未成年人作为无因管理中的管理人责任减轻的特别规定。在司法实践中，由于法律规定的极端不完善，更由于对无因管理认知的极度缺乏，对许多本属于无因管理的案件多按照侵权行为或其他规定进行了简单的解决，造成了许多不公平、不合理的现象，远未能实现对当事人权利义务的合理调整。

在我国目前主要的民法典草案中，人大审议草案“总则”编第 87 条只是简单重复了上述《民法通则》第 93 条的规定，完全不可取。人民大学草案通过其第 1155 条至第 1164 条 10 个条文的规定，比较系统地规定了无因管理的定义、管理人的各种义务及其违反义务的赔偿责任以及管理人的权利等内容①，法学所草案则是通过其第 663 条至第 674 条 12 个条文，规定了更加全面的无因管理制度。② 人民大学草案和法学所草案的上述规定虽然在无因管理制度的建立方面意义重大，但其仍然只是对几乎空白的制度的建立，对未成年人无因管理的特殊问题应该是还无暇涉及，从而也就存在着疏漏。

作者认为，我国未来民事立法将建立的无因管理制度应该是尽可能完备的无因管理制度，对未成年人参与无因管理的规则应该加以特别规定，以体现对未成年人的特殊保护和实现无因管理的制度价值。未来立法应以人民大学草案和法学所草案为基础，借鉴其他立法例的

---

① 参见王利明：《中国民法典学者建议稿及立法理由（债法总则编·合同编）》，北京，法律出版社，2005。

② 参见梁慧星：《中国民法典草案建议稿》，北京，法律出版社，2003。

规定加以进一步完善。在具体的规则方面，作者建议规定以上文分析结论为基础的未成年人减轻责任，即在所有的未成年人无因管理中，无论适法无因管理还是不适法无因管理，无论真正无因管理还是不真正无因管理，均肯定未成年人对管理中致本人损害承担与其识别能力相适应的债务不履行责任，对管理中取得利益和权利等的返还，以现存利益为限承担返还责任。而对管理中同时符合侵权责任构成要件的情况，发生侵权责任和其他责任的竞合，受害人有选择权，未成年人得因受害人的选择承担侵权责任。

## 第三节　未成年人作为无因管理中本人时的责任承担

### 一、未成年人作为无因管理中本人的情形

未成年人乃独立之民事主体，有独立之财产及利益，虽然其财产事务由法定代理人代理，但有关事务的主体归属并不改变。在法定代理人未及照顾之情形，或者未成年人依法可单独为之财产事务而未成年人未及合理照顾之情形，皆可能发生未成年人事务被他人好意管理的情形。对此，史尚宽先生明言，对无因管理之本人不仅无须行为能力，“意思能力亦非必要”①，因此，未成年人得无任何限制成为无因管理中的本人。然由于未成年人意思能力的欠缺，在其为无因管理之本人时本人已知或应知之意思之推断进而确定无因管理之适法与否尚有值得讨论之问题。无因管理之适法与否，以管理人之管理是否符合本人已知或可推知之意思为标准，并分别产生不同的权利义务关系。然在本人为未成年人之情形，由于未成年人可能对有关事务并无足够的理解力和识别力，难以以其意思作为上述之标准。在此种情况下，王泽鉴先生认为本人意思之明示或可推断，应以法定代理人判断。②

① 史尚宽：《民法总论》，58页，北京，中国政法大学出版社，2000。

② 参见王泽鉴：《未成年与代理、无因管理及不当得利》，载王泽鉴：《民法学说与判例研究（5）》，北京，中国政法大学出版社，1998。

作者赞同此项观点，认为在未成年人意思能力欠缺之情形，其意思之形成及执行已由法定代理人代为进行，虽然其仍为权利义务之归属体，但其个人意思已非具有法律意义之意思，有关事务之决定，应以法定代理人之意思为决定。法定代理人意思即使与未成年人本人意思相悖，亦发生相应的法律效力。然而必须补充的是，如果有关事务是未成年人依法可以独立处理之事务，则无因管理中有关本人意思之决定应以未成年人意思为决定，即使有法定代理人及法定代理人之意思亦不影响，因为对此类事务未成年人已有足够的意思能力，此时权利主体、意思决定及执行回归一体。

## 二、未成年人作为本人在无因管理责任承担中的特殊问题

### （一）无因管理中本人的责任

虽然无因管理主要是好意帮助他人而阻却违法性的制度，主要规定的是好意的管理人需要尽到那些义务，以及何种程度上的义务始能使法律强制性地使本人与其成立类似委任契约的关系，本人作为被人帮助的受益人其责任较少，也较轻，但由于法律认定为类似委任契约的关系，本人就可能承担与委托人相当的义务。根据各国法律的规定，无因管理中本人的责任主要有：（1）偿还费用责任。在适法无因管理情况下，本人有义务偿还管理人支出之一切费用，包括必要及有益费用，还需偿还费用自支出时起之利息。（2）清偿债务。管理人以自己名义为本人利益负担债务的，本人有义务代为清偿。（3）赔偿损害。管理人因管理事务之进行受到损害的，本人有赔偿责任。[①]

需要强调的是，本人上述义务之产生乃基于法律之直接规定，至于本人责任之承担，是否以从管理行为中受益为前提，进而是否以所受利益为限，传统理论均作出否定之回答，“纵然本人在客观上并未

① 参见史尚宽：《债法总论》，66～69页，北京，中国政法大学出版社，2000。

受到利益，甚至受到损害，亦在所不问”①。之所以有如此之规则，乃在于无因管理制度乃调整因好意帮助他人行为而产生的权利义务关系，而非对他人有利之结果而产生权利义务关系。但在如此规则之下，本人不仅需负担上述责任，甚至还可能超出所受利益承担上述责任，从而本人就可能因无因管理行为不仅不能得益，反倒可能受损。

在不适法无因管理情况下，本人一般只需在所得利益范围内对管理人有赔偿责任，对此，《日本民法典》第 702 条第 3 款，《德国民法典》第 684 条，我国台湾地区“民法典”第 177 条第 1 款有明确规定。根据这些法律的规定，本人承担的只是一种不当得利返还责任，在本人所获利益小于管理人所支出费用、所受损失等的情况下，本人只在所受利益的范围内对管理人负返还责任，从而在不适法无因管理的场合，不会使本人受到损失。

在不真正无因管理场合，如果是误信他人事务为自己事务而管理，有关法律关系主要按不当得利处理，如果误信有过失，还同时构成侵权，“本人”所可能承担的最多是不当得利返还责任。如果是明知他人事务而为自己利益进行管理，则直接构成侵权行为，只是本人可主张享有因管理所得利益，但如此就需要在所得利益限度的范围内承担适法无因管理下本人对管理人的返还费用，清偿债务和赔偿损害的责任。但无论如何，本人在不真正无因管理的情况下也不会受到损失。

**（二）未成年人作为本人在责任承担方面的特殊问题**

未成年人的保护基于其不能适当处理利益问题，而在有关方面对其适用特殊规则，勿使其在受益范围之外额外承受不利益。在上述本人因无因管理而可能承担的责任中，凡是本人承担不当得利返还责任的，由于只在现存利益内返还，对未成年人不会产生受益之外的负担，未成年人自然可以也应当承担，所以需要特别考虑的主要是适法无因管理下未成年人作为本人责任的承担。根据各国和地区立法对适

---

① 黄立：《民法债编总论》，179～180 页，北京，中国政法大学出版社，2002。

法无因管理的一般规则，本人无论是否受益，更无论是否超过本人受益的范围，本人均有义务对管理人承担偿还费用、清偿债务和赔偿损失的责任，从而在无因管理规则适用之后本人可能受到净损失。此规则虽然有其上文所述之理由，然而将其对作为本人的未成年人一概适用就会加重未成年人的负担，从而与法律保护未成年人的政策不符，应结合未成年人的具体情况再作详细考虑。

具体来说，作者认为，应针对未成年人成为无因管理中本人的两种情况分别加以探讨。首先，对未成年人行为能力所可单独决定之事务，构成适法无因管理应符合未成年人明示或可推知的意思。在此情况下，虽然无因管理许多效力之发生可比照委任合同，似乎可以认为无因管理之发生与未成年人有行为能力情况下单独订立契约有同一效力、即未成年人完全承担各种责任，但考虑到无因管理之债的发生乃基于法律之强制性规定，未成年人虽然能够就一定事务充分理解并作出独立之决定，但对于法律在无因管理制度之下强加给本人如此多的义务则难以有充分之理解：对比如出售自己做的简单工艺品等事务能够决定，与能够订立委任合同明显不同。在此情况下，考虑到对未成年人的保护，也考虑到公平合理，未成年人承担本人的责任仍然应以其所受利益为限，超出部分由管理人自行承担损失。未成年人无受益的，不对管理人承担任何责任。

其次，对未成年人本人不能单独决定之事务，构成无因管理应符合法定代理人已知或可推知之意思。考虑到法定代理人有充分的决定事务之能力，可合理决定未成年人事务之利益，符合其意思之适法无因管理一般应为对未成年人有利之安排或至少是最合理之安排。而如果法定代理人有过错致未成年人受到损害，未成年人尚得依侵权行为法向法定代理人寻求赔偿以获得救济。这样，在此场合，未成年人利益已获法律制度合理之保障，故应允许未成年人对管理人承担适法无因管理下本人的各项义务，不论是否超出未成年人获得利益之范围或者未成年人完全未获得利益，以实现对无因管理人的应有保护。

# 第五章　不当得利中未成年人致人损害责任承担研究

## 第一节　未成年人不当得利

### 一、不当得利制度的价值与未成年人不当得利

民法之调整，乃要实现结果之正当性，罗马法谚“各得其所，不害他人”为其明证。现实中利益之取得，虽然具有正当性基础者为常态，但无正当性基础而取得利益者亦非少数，具体如非法侵占他人之物利用以为获益，或接受对方履行而欠缺接受履行的基础，或接受履行的基础事后丧失等。对欠缺正当性基础之利益取得，民法已有各种制度以为因应，如民法通过侵权行为制度、物权请求权制度、违

约制度加以调节等，从而实现民法中普遍之公平正义。然由于各项制度均有其特定之价值，在具体的调整中为实现其特定价值，难免造成利益失衡，而其失衡之纠正，则有赖于不当得利制度。如在物权行为理论下，受让人即使债权合同无效亦可取得标的物所有权，出卖人只能依不当得利获得救济，再如物因附合为他人取得所有权，物之权利人依赖不当得利制度获得补偿等。在民法的所有制度之中，“不当得利制度始终以公平为其价值追求”，对上述利益失衡进行救济①，对利益不当发生变动进行兜底性之纠正。所谓“没有法律上原因取得利益，而致他人受到损失”为不当得利制度目的之典型说明：矫正欠缺法律原因的利益变动，只有具有正当性的利益变动才能获得法律保护。其制度架构之框架为：一方受益，一方受损，受益和受损之间具有因果关系，但欠缺正当性，即没有法律上的原因。由此可见其调整重点在于：有受损方，也有受益方，对欠缺法律原因的损益变动进行矫正，从而既有去除利益之考虑，亦有填补损害之追求，但其重点在于“不当得利”，在于对不当受益的去除，而不在于赔偿损失。对其功能，一般认为有二：（1）矫正欠缺法律关系的财货转移；（2）保护财货的归属，对不当的归属通过制度适用使其向正当性的归属回复。②

由于不当得利制度所调整乃事实上利益不正当变动之现象，与当事人意志无关，更不考察受益人是否具有故意或过失等可非难性原因，故行为能力欠缺之未成年人便不存在成为不当得利的受益人从而承担不当得利返还责任的任何障碍。考察未成年人参与社会生活的各种情形，未成年人可能在以下几种情况下取得不当得利：（1）未成年人欠缺缔约能力订立合同无效或法定代理人拒绝追认，未成年人已经

---

① 参见洪学军：《论不当得利制度的功能——一种体系化取向的民法学思考》，载《法律科学》，2003（6）。

② 参见渠涛：《日本学者对不当得利的最新研究——加藤雅信的观点概述（续完）》，载《外国法译评》，1994（1）；王泽鉴：《债法原理（第二册）：不当得利》，3页，北京，中国政法大学出版社，2002。

接受部分或全部履行的。(2) 未成年人在自己缔约能力范围内或者经法定代理人事先或事后同意订立合同，或者经法定代理人代理订立合同，因为行为能力之外的原因合同无效或被撤销，未成年人已受领部分或全部履行的。(3) 未成年人本人或经其法定代理人接受非债清偿的。(4) 未成年人侵害他人权益取得利益的，包括侵害他人财产权、人身权、知识产权等取得利益的情形。(5) 基于法律对善意取得、添附等的规定未成年人无权处分他人财产、取得添附物所有权等而取得利益的。总之，由于未成年人作为社会之主体，纵然有行为能力之欠缺，然其事实上仍可广泛地参与社会生活，就可能因各种原因取得欠缺法律上正当性的利益，而由于不当得利制度不考察意思能力和故意过失等问题，仅针对欠缺正当性的利益变动进行调整，故未成年人就能在广泛的领域成为不当得利的受益人，并应依据不当得利制度的规定承担不当得利返还责任。

## 二、未成年人不当得利的特殊性

### (一) 未成年人意思能力不足

未成年人意思能力不足导致以下几个方面的问题需要特殊考虑：一是未成年人取得利益善意恶意的认定问题，二是未成年人妥当保存取得利益的能力以及支配取得利益的合理性问题。不当得利制度虽然在性质上为事件，仅纠正没有法律上原因的利益变动，但不当得利返还责任承担的范围确定与受益人取得利益时的主观心理状态直接相关，善意受益人承担较轻的返还责任，恶意受益人承担加重的返还责任。而对未成年人来说，由于其理解事务后果的能力不足，其往往不能适当地形成过错。其特点是，对特定事件或者特定未成年人，过错可能根本不能被认定；而在另外一些情况下，未成年人即使表面上看起来已有主观故意或过失的能力，但也必须考虑由于其年龄幼小，其是否真的具有应被法律加以考虑的过错能力。比如，两个小孩捡到一笔钱，想据为己有，后又不慎丢失，此种情况下，未成年人据为己有之故意构不构成恶意受益呢？作者认为，考虑到未成年人所谓的识别能力，无论如何与成年人比较仍是非常稚嫩[1]，不宜以其主观上有所识别而使其负恶意的不当得利返还责任。另外，由于未成年人智力不成熟，其对取得利益的使用往往不合理，保管能力也不足。无论是基于合同订立之原因或其他原因取得利益，未成年人均往往不能合理使用和保管取得的利益，这种情况在未成年人因为合同之外原因取得利益时可能更甚。由于年龄较小，未成年人尚不能理解取得利益的艰辛，往往不懂得有节制地使用财富。这样就导致未成年人取得的利益更容易被消耗掉，在需要返还的时候无利益可还。同时，即使未成年人不去挥霍取得的利益，而是企图将其保存，未成年人仍然欠缺妥善保存的手段和能力，像现实案例中未成年人选择将捡到的钱埋藏起来，结果导致遗失。[2] 实践中未成年人也多选择将取得的财物藏匿以供自己享用或占有，往往会导致获得利益的不当损失，使得其实际保存或最终享受的利益较原初取得时大为减少。此种情况下，如果对未成年人适用一般的不当得利返还规则，就会在事实上使未成年人较成年人承担更重的负担，从而在事实上使未成年人不公平地承担了较成年人更重的返还责任，不利于未成年人利益的保护和未成年人的成长。总之，由于未成年人对利益使用和保管能力的不足，其取得利益更容易丧失，从而导致返还不能情况更多地出现，而其智力不成熟也决定了不宜用其主观上的善意、恶意作为认定恶意受益还是善意受益的依据，于是就要求考虑未成年人不当得利返还的特殊规则。

对于未成年人意思能力的不足，可能会有观点认为未成年人财产事务由法定代理人处理，可以弥补未成年人意思能力不足。但事实上，未成年人一旦有独立的行动能力，其往往选择自行处置不当得利，法定代理人往往不知情更谈不上以其意思能力弥补未成年人意思

---

① 参见王泽鉴：《未成年与代理、无因管理及不当得利》，载王泽鉴：《民法学说与判例研究（5）》，北京，中国政法大学出版社，1998。

② 参见卢赛林：《未成年人拾得钱款欲占有反遗失，应如何确定民事责任?》，载《人民司法》，1997（7）。

能力的不足。因此，不能以法律规定的理想状态代替对现实情况应有之认知。至于未成年人将取得利益交给法定代理人的情况，可以认为是不当得利已经有法定代理人的介入。对此情况，未成年人意思能力不足需要特别保护的理由已经不存在，自然应该考虑这一情况而适用一般的不当得利返还规则。

**（二）法定代理人是否介入不当得利的取得**

未成年人不当得利的另外一个重要特殊性是未成年人由于意思能力的欠缺，其事务一般由其法定代理人代为进行和管理。这样就可能存在两种情况：法定代理人介入不当得利的取得和法定代理人未介入不当得利的取得。对法定代理人介入未成年人不当得利取得的情形，如法定代理人代理订立合同被撤销而取得不当得利，由于法定代理人具有足够的意思能力，且法律视为其依其职责为未成年人利益行事，此时未成年人不当得利在实质上与成年人不当得利并无不同，未成年人只是法律上的主体而已，体现的完全是法定代理人的意志。此种情况下，一般应适用不当得利的一般规则，不考虑任何特殊性。即便是法定代理人恶意取得不当得利，或者取得不当得利后交由未成年人自由使用，不进行必要的监管，均可以考虑由监护人职责的有关制度加以解决，而不作为不当得利的一种特殊情况处理。而在法定代理人未介入不当得利取得的情况下，由于从取得利益的善意、恶意到利益的保存和使用都可能是就未成年人个人考虑的事项，就需要考虑适用特别的规则以合理保护未成年人。而如果法定代理人未介入不当得利的取得，但介入了不当得利的使用，也可能需要对相应返还责任的承担作出特别处理。

而如果法定代理人“代理”未成年人侵害他人权益取得不当得利则是一个比较复杂的问题。对此，作者认为宜按照代理制度“违法行为不能代理”的一般原则，不承认“代理”的效力，而直接由法定代理人作为责任主体承担有关的法律后果，即使法定代理人取得利益主要为未成年人使用或支配亦同。其原因在于，如果在此种情况下承认未成年人为不当得利的受益人，未成年人将因法定代理人介入不当得利而需要承担一般的不当得利返还责任，也就可能承担法定代理人故意侵权等情况下的恶意受益人返还责任，从而可能对未成年人利益造成损失。虽然此损失可以经由法定代理人未尽到适当的监护职责获得赔偿，但未成年人对法定代理人的赔偿请求无论在理论上还是在实践中均面临许多困难。因此，此种情况下还是不认定未成年人为不当得利的受益人为宜。然而在未成年人对有关侵害他人权益行为有一定识别能力，与法定代理人“合谋”由法定代理人代理违法行为时，未成年人是否对返还不当得利承担责任呢？作者认为此种情况下在侵权法上固然可以构成连带责任，但在不当得利法上，由于主要是对欠缺法律原因利益失衡的调整，考虑到未成年人即使有过错，与法定代理人比较也相对轻微得多，考虑保护未成年人，还是由法定代理人单独负不当得利返还责任为宜。

另外，在法定代理人以未成年人名义善意取得利益，但取得利益后交由未成年人放任其使用和消费而致使所得利益可能不存在的情形，是否作为善意不当得利返还的例外？作者认为，不当得利仅是对受损人在受益人受益范围内进行的适当补救，而非对损失的全额赔偿。对善意取得利益，取得人即已视为未成年人利益，如何支配和使用听凭利益“所有人”自便，法律不强求财产所有人善待自己的财产，在不当得利返还中也不应将其视为一种过错而适用加重责任，因为未成年人消费的是“自己的利益”，虽然与事实不符，但其观念上的此种信赖亦应给予保护，从而在此种情况下仍应按照善意不当得利的一般规则使未成年人承担不当得利的返还责任。

**（三）未成年人特殊保护与利益衡量**

未成年人保护是民法的最高原则之一，在不当得利制度中自然也要有充分体现。并且，考虑到不当得利制度是在一方不是以正当性较强的“权利”作为请求依据，而是在权利体系之外对受损人利益丧失基于公平给予特别救济的制度[1]，就为加强未成年人保护提供了更为广阔的空间：因为即使面对权利的时候，未成年人特殊保护也要给予必要的考虑，而面对一个基于权利请求权之外的额外救济的时候，其正当性较弱自然可以更多地体现未成年人保护原则，使未成年人承担合理范围内的较轻的不当得利返还责任。如此完全符合法律利益衡量的原则。另外，在不当得利请求权与其他基于权利的请求权并存的情况下[2]，对基于不当得利的请求权规定较弱的保护将影响有强烈正当性基础的“权利”受损人通过不当得利请求权对受损利益的救济，但由于此种情况下受损人有更有效的基于“权利”主张救济的途径，所以在与未成年人保护利益进行衡量时仍对其不当得利请求权给予较弱保护也是合理的。这样，在确定未成年人承担不当得利返还责任规则的时候，就要充分考虑尽可能体现对未成年人利益的特殊保护，在合理的范围内尽可能减轻未成年人的返还责任。

## 第二节　未成年人不当得利返还责任的承担

### 一、未成年人善意、恶意的认定

#### （一）在各国和地区法中受益人善意、恶意的认定对返还责任承担的意义

不当得利责任的承担只有得利的返还，不存在赔偿等其他问题。

---

① 作者认为，民法中的权利具有强烈的正当性，是民法对一定利益正当性的最明确的肯定。因此，对权利被侵害，无论是物权、债权或人身权，均赋予其有典型正当性的救济途径。对其他利益，则认其正当性较弱而给予效力较弱之救济。如对权利，过失侵害即可有责任，而对善良风俗保护之利益，则只有故意侵害始有救济。与此相似，与权利相对应的救济具有强烈的正当性，而不以权利为基础，只是基于利益变动悖于公平而进行调整的不当得利返还请求权为强烈正当性之权利救济请求之外额外之救济途径，具有较弱之正当性。

② 我国学者一般主张不当得利请求权可以与其他请求权同时存在。参见邹海林：《不当得利请求权与其他请求权的竞合》，载《法商研究》，2000（1）。

而各国关于不当得利返还责任的规定中均规定善意受益人的现存利益返还责任和恶意受益人加重的返还责任①，后者不仅包括原取得利益的全部，尚包括孳息及应得利益等，无论这些利益是否仍然存在。这样，对不当得利返还责任的确定来说，核心问题就是受益人善意和恶意的认定。《德国民法典》第818条规定："(1) 返还义务扩及于所取得的权利或者作为其取得的标的物灭失、毁损或者侵夺的赔偿所取得的收益。(2) 所取得的收益因其性质不能返还，或者受益人因其他原因致返还不能的，受益人应当偿还其价值。(3) 受益人已不再享受利益的，返还或者偿还价值的义务消灭。(4) 诉讼拘束一经发生，受益人根据一般规则负其责任。"第819条规定："(1) 受益人在受领或者事后知悉欠缺法律上的原因时，自受领或者知情时起负有返还义务，如同返还请求权在此时已发生诉讼拘束……"《瑞士债法典》第64条规定："在返还请求提出之日，取得利益的一方在能够证明其没有受益的限度内可以拒绝返还。但取得利益的一方基于恶意或者已经预见到应当返还而占有财产的除外。"《法国民法典》只规定了非债清偿的情况，没有系统的不当得利的规定，但仍于第1378条规定："(1) 如受领清偿的人有恶意，应当返还本金以及自清偿之日起产生的利息或果实。(2) 如受领人有恶意，即使是因意外事故致其受领之物灭失，仍应负保证人之责任。"《日本民法典》第704条："恶意的受领人，应返还其所受利益并附加利息。如尚有损害，则负赔偿责任。"由上可见，善意、恶意的确定对返还不当得利责任的承担极其重要，受益人因为取得利益善意、恶意的不同将承担差别非常大的返还责任，各国法律一般使恶意受益人承担加重的返还责任。此种立法模式也反映出法律对恶意取得利益的敌视。因此，确定受益人的善意、恶意在不当得利制度中具有非常重要的意义。

**（二）未成年人为受益人时善意、恶意认定的特殊问题**

1. 理论上对未成年人善意、恶意认定的观点

---

① 参见沈达明编著：《准合同法与返还法》，240～241页，北京，对外经济贸易大学出版社，1999。

对于一般的不当得利受益人，其主观心理状态由原告加以证明，以其主观上现实之善意或恶意加以确定。然而，对未成年人来说，由于上文分析的其意思能力欠缺的现实，其可能无法具有法律意义的善意和恶意。退一步说，即使其具有道德上可谴责的恶意，仍然要受保护未成年人原则的影响，在认定上需要特别考虑，而法定代理人的介入也会使得这种认定更加复杂。上文已经分析，在法定代理人介入而为未成年人取得不当得利之场合，应按照一般不当得利的规则，根据法定代理人的主观善意或恶意确定不当得利的返还责任，有关责任确定相对简单，而在法定代理人未介入之情形，由于法律未作规定，是否直接认定未成年人不“知”无法律上原因，在德国法上主要有四种观点：

(1) 未成年人知之与否，不予考虑，概以善意不当得利受领人待之。(2) 不论不当得利之事由如何，未成年人是否知无法律上原因，概以法定代理人为标准。(3) 类推适用侵权行为关于识别能力之规定，即未成年人有识别能力者，其是否“知”无法律上原因，就未成年人本身判断，未成年人无识别能力者，则不生“知”或“不知”之问题，不加重未成年人责任。(4) 区别不当得利类型而判断之：在给付不当得利之类型，依法定代理人判断；反之，在非给付型不当得利，尤其是在“侵害权益之不当得利”，因其与侵权行为类似，应依侵权行为关于识别能力规定判断之。[①] 此说为德国通说所采之观点。[②]

王泽鉴先生认为，“以上各说，均言之成理，惟比较言之，(1)、(3)、(4) 说似仍有斟酌余地”，(1) 说对未成年人保护太过，忽视法定代理人之监督义务，(3) 说在不当得利法与侵权法性质功能不同情况下类推适用侵权法，前者在“取去”无法律上原因而受领之利益，后者在填补不法侵害他人权益所受损害，是否具有类推适用基础，不

① 参见王泽鉴：《未成年与代理、无因管理及不当得利》，载王泽鉴：《民法学说与判例研究 (5)》，北京，中国政法大学出版社，1998。

② 参见黄立：《民法债编总论》，229 页，北京，中国政法大学出版社，2002。

无疑问，而（4）说不仅有上述疑问，且其区别对待给付型不当得利和非给付型不当得利于法无据，因而主张采（2）说，并认为（2）说概以法定代理人为判断标准更多和更合理地保护未成年人，而由于未成年人智虑不周，即使未成年人有一定的识别能力，仍然不宜以其为判断标准。①

2. 作者对未成年人善意、恶意认定的观点

作者非常同意王泽鉴先生的“未成年人智虑不周，即使有一定识别能力，仍然不宜以其为判断标准”的观点。事实上，涉及未成年人的责任问题，法律始终面对着受害人合理保护和未成年人特殊保护的价值冲突之难题。作为这两者利益合理衡量的结果，才有了在对固有利益侵害时未成年人以识别能力为限承担责任、在对积极的合同利益侵害时未成年人一般不负责任的原则和无因管理中未成年人只以现存利益为限返还有关利益的原则。确定未成年人对不当得利的返还责任自然也应放在此宏大的法律体系中考虑，而不是仅拘泥于单一的制度、单一规则考虑的合理性。于此背景下，可以看出法律对此利益衡量的合理轨迹：在侵害他人人身财产等固有利益的情况下，由于这些利益为人生存维持之根本，其应该获得保护的正当性最强，未成年人承担的是与识别能力相适应的赔偿责任；在未成年人以好意干预他人事务构成无因管理的情形，未成年人只需在其保有利益范围内加以返还；在涉及他人基于合同而产生的积极利益的情况下，未成年人原则上可以自由撤销合同而不承担任何责任。也就是说，未成年人侵犯他人最根本利益之“权利”时，最多承担的是“与其识别能力相适应”的赔偿责任。在“侵犯”正当性较弱之“他人事务管理权”和“合同利益”的时候，承担责任的程度逐次降低。而不当得利乃为在权利秩序之外为受到损失之个人提供一额外救济，其不以受益人过错为责难，在比较上其“正当性”或“值得保护”的程度较上述三种情况为低，按照已有法律体系的逻辑，未成年人承担责任应更轻。而所有主

① 参见王泽鉴：《未成年与代理、无因管理及不当得利》，载王泽鉴：《民法学说与判例研究（5）》，北京，中国政法大学出版社，1998。

张与识别能力相适应来确定未成年人不当得利的善意、恶意之观点，皆基于潜意识中不能忘却的“过错”观念，无意识地将不当得利的要求返还上升为一种与人身权、物权等绝对权利同一位阶的“不当得利返还权”。考虑到不当得利的应有定位，此一思路无疑是不妥当的。如果说出于对社会“取得有据，不取不当利益”之风尚的弘扬可以在不当得利制度中继续对成年人因其“过错”而强加“惩罚”，那么将这种“惩罚”延伸适用于未成年人无疑将是严重不当的。未成年人即使对利益的取得有识别能力，但其未成年就决定了其思维能力仍然是不成熟的，仍然难以达到理性人应有的谨慎和合理。在上述利益衡量中，一方是因意思能力不足而需要特殊保护的未成年人，一方是“正当性”较弱的受损人，其结果应是明确的：自然不应以未成年人还远未成熟的“过错”来决定其责任承担。

那么不考虑未成年人的过错，是否就应该以法定代理人的过错作为未成年人是否承担加重责任的替代标准呢？作者认为不然。以法定代理人过错作为判断标准事实上就是要让未成年人承担法定代理人过错致人损害的后果。因为虽然判断标准是法定代理人过错，但承担不当得利返还责任的主体却是未成年人，法定代理人并不承担返还的责任。这种做法不仅与保护未成年人、使未成年人即使有过错也在可能和合理的情况下不承担责任或承担较轻责任的立法思想不符，甚至在一定意义上是与之背道而驰的。这种观点的一个主要依据是法定代理人对未成年人有监督义务，不应“忽视法定代理人之监督义务”①。但是，以法定代理人过错为判断标准，使未成年人在法定代理人“知”不当得利的情况下承担加重责任就是使法定代理人承担了适当的监督义务了吗？作者认为未必，因为法定代理人并不对其过错直接承担责任。也许可以辩解说未成年人承担责任后可以向法定代理人主张未尽到监督义务而致使其受到损失而从法定代理人获得赔偿以最终使法定代理人对其过错承担责任。对此，作者有三点质疑：（1）由于

① 王泽鉴：《未成年与代理、无因管理及不当得利》，载王泽鉴：《民法学说与判例研究（5）》，北京，中国政法大学出版社，1998。

法定代理人与未成年人的特殊关系，未成年人向法定代理人主张赔偿是非常困难和不便的，这种赔偿请求权在实现中往往面临很大的麻烦和困难，比如未成年人的举证问题，时效问题等等，如此规定实际上将未成年人放在了十分不利的境地。(2) 对不当得利受损人的保护在利益衡量上有这么大的必要为其保障设置如此复杂的规则吗？不当得利是在受害人依据权利救济规则获得救济之外设计的额外救济制度，很多情况下受害人本来可以通过权利救济的方法获得救济，受害人即使在不当得利之下因对未成年人保护等原因不能获得救济，其往往还有其他的救济途径。另外，如果受害人没有任何的权利救济途径获得救济，则说明法律将应受救济的正当性设置为较弱。在上述两种情况下，在涉及未成年人保护的背景下，似乎没有必要为了受损人利益的实现而设计如此复杂的规则。(3) 上述规则实质上是以牺牲未成年人的利益保护受损人利益：因为未成年人承担责任后，其追偿能否实现可能由于法定代理人财产状况等多种原因无法保障。这样的规则设计在利益衡量上妥当吗？基于以上考虑，作者不赞同以法定代理人的过错作为未成年人取得利益善意、恶意的替代判断标准。

那么，既不能以未成年人识别能力作为判断标准，又不宜以法定代理人过错作为判断标准，如何考虑未成年人在利益返还中的善意、恶意呢？作者认为应采上述诸学说中的 (1) 说，即“未成年人知之与否，不予考虑，概以善意不当得利受领人对待”，唯有如此，才能比较妥当地体现未成年人保护与受损人利益保护的合理衡量，既充分地保护了未成年人利益，又适当地维护了受损人利益。至于对法定代理人监督义务的忽视，只能作为保护未成年人原则贯彻的一个成本，盖任何法律规则之设计皆难以尽善尽美也。那么，上述观点会否对未成年人保护过度呢，尤其是在未成年人有识别能力而恶意侵害他人权益的情形下？作者认为不会，如果未成年人侵害他人权益具有识别能力和恶意等道德上的可非难性，自然可以以侵权行为体现对其制裁。侵权法之价值在补偿、在制裁，不当得利法仅在衡平，在纠正欠缺法律依据之损益变动，其各自有其自己的价值，不能互相替代。不当得利制度作为基于衡平的对受损人额外救济的制度，不能也不宜负载制裁道德上可非难性的价值，对道德上可非难行为的制裁应让诸侵权法。因此，使未成年人仅为善意受益人而负现存利益范围内的返还责任不会导致对未成年人的保护过度。在立法例上，《意大利民法典》第2039条规定："接受非债给付的无行为能力人，即使是恶意的，仅在其受领的获利范围内承担责任。"此立法明确未成年人即使恶意仍然负获利的返还责任，实质上采用了无论主观上为善意或者恶意，在不当得利返还上未成年人仅负善意不当得利受益人返还责任的模式。意大利法的立法模式无疑非常值得借鉴。

## 二、未成年人不当得利返还责任承担的特殊问题

### (一) 未成年人不当得利返还现存利益的认定

上文已经分析，未成年人应仅负善意受益人返还责任，即仅负现存利益返还责任，如果所受利益已不存在的，则不负返还或偿还价额之责任。需要强调的是，此处返还所受利益，首先是取得的利益，于此之外，尚包括原物的天然孳息和法定孳息以及使用利益，基于权利的取得，如原物为债权而获得的清偿；因原物而获得的代价，如原物因毁损而获得的损害赔偿和保险金等；在原物被出售时，应偿还原物的客观价值。① 如果上述利益已不存在时，未成年人不负返还责任。一般而言，所受利益及其是否存在，均指不当得利过程中取得的个别的、具体的利益，如某物，某笔金钱，但我国台湾地区司法实践将其突破，认为"所受利益已不存在"，系就受领人的整体财产为对象，以认定其应返还的现有利益，即整体财产总额的增加尚存的，即认为有现存利益。② 作者认为此项见解颇为正确，利于实现不当得利法去除得利之功能。但由于此与本文主题无关，故不加论述。

但在取得利益为消费物而被消费的情况下，一般认为如果因该消

① 参见史尚宽：《债法总论》，96～100页，北京，中国政法大学出版社，2000。

② 参见王泽鉴：《债法原理（第二册）：不当得利》，216～217页，北京，中国政法大学出版社，2002。

费节省了支出，应认定有现存利益。在取得利益为金钱的情况下，一般认为金钱无法识别，不能认定所得利益已不存在。作者认为，在此两种情况下，无论对成年人适用何种规则，对未成年人都不宜认定有现存利益的存在。正如上文已经分析，未成年人并不具备妥善、谨慎处理利益的能力，尤其是消费物和金钱。如果能够证明未成年人已将消费物消费，则无必要区分其是否节省了正常的生活开支，一是因为此种区分不易，二是因为如此偏厚受损人而对受益的未成年人极尽苛求，似有不妥。而在金钱被证明已不存在的情况下，无论是丢失或者被消费使用，只要不存在相应之价值形态，如购买某物尚存，则均不宜认定有现存利益。否则未成年人则因其智力不成熟而负担许多不测之债务，无疑非常不利于其正常的成长。

另外，对使用收益机会的获得，对成年人一般认为属于得利。但"基于对未成年人之保护，应认为使用机会对未成年人未必可视为得利，只有节省必要费用时才能视为得利"①。因此，对不视为得利之使用机会获得，对未成年人尚不构成得利，更不能被认定存在现存利益。

因此，未成年人承担现存利益返还之现存利益应从狭义解释，仅包括有形存在之现存利益，如果利益已经被消费或因其他原因灭失，应认定利益已不存在。

**（二）双务契约时对未成年人的特别保护**

不当得利返还之规则，一般系指一方受益一方受损之情形，然于双务契约，在双方已经进行了相应之履行而发生契约不成立，无效或被撤销之情形，则发生当事人双方的不当得利请求权。此时一般基于对现存"契约"的履行，不成立恶意得利的问题。于此种不当得利的返还，德国早期学说采"二不当得利请求权对立说"，认为当事人各有独立的不当得利请求权，并可互相主张同时履行抗辩。但此理论将导致一方受领的给付全部或部分消灭时免负返还义务，而仍可向对方

① 黄立：《民法债编总论》，194页，北京，中国政法大学出版社，2002。

主张给付返还的不公平情形。[①] 于是在德国实务界及部分学者采“差额说”以为替代，认为在双务契约上不当得利请求权自始存在于一个基于双方给付的计算之上，而以差额的返还为其内容，也即以双方给付的客观价值计算差额，给付客观价值大的一方，有主张差额的不当得利返还请求权。[②]

上述差额说适用于一般当事人之间，颇为公平，因为其一般情况下能够合理地处理双方当事人应承担的风险和应享受的利益。然而于“契约一方为无行为能力人，或限制行为能力人时，基于对于行为能力欠缺之保护，不适用差额说”[③]。原因在于未成年人为此双务契约之一方当事人时，契约之不成立或无效一般出于保护未成年人之目的，而不使其受契约之约束。如适用差额说进行不当得利的返还，则发生事实上强制未成年人履行契约的结果，如此明显与法律保护未成年人之目的不符。另外，未成年人由于意思能力的欠缺，难以对所取得利益进行妥善之照管，根据上文所为之分析，应特别保护使其仅在现存利益内负返还责任。对此，德国实务修正差额说，“未成年人所受领标的物虽已灭失，仍得请求价金的返还”，以“贯彻保护未成年人的基本原则”，王泽鉴教授从之[④]，作者亦从之。认为在双务契约发生不当得利返还时亦应贯彻保护未成年人的原则，未成年人始终只负善意受领人之现存利益返还责任，所受利益不存在时，不负返还责任。未成年人返还责任的状况不影响成年一方不当得利责任的承担，成年的双务合同一方仍应按照善意和恶意取得而负相应的不当得利返还责任，此时两方当事人之不当得利请求权分别独立存在，分别发生其效力。

---

① 参见史尚宽：《债法总论》，93 页，北京，中国政法大学出版社，2000。

② 参见王泽鉴：《债法原理（第二册）：不当得利》，222～224 页，北京，中国政法大学出版社，2002。

③ 黄立：《民法债编总论》，195 页，北京，中国政法大学出版社，2002。

④ 参见王泽鉴：《债法原理（第二册）：不当得利》，225～228 页，北京，中国政法大学出版社，2002。

需要指出的是，如果未成年人双务合同系由其法定代理人代理订立，而因行为能力之外的欺诈、胁迫、不合意以及违法等原因无效时，由于不涉及合同不成立和无效对未成年人因行为能力而给予之特别保护，此时虽仍可坚持未成年人善意受领人返还义务，然应允许成年一方依差额说进行主张和抗辩。盖在此种情况下不涉及对未成年人特别保护，而有关财产之取得及使用和处置，可推定法定代理人已尽妥当之衡量。如法定代理人之处置未妥，造成未成年人损失，宜由未成年人向法定代理人请求赔偿而获得救济，不宜牺牲善意第三人对代理订立合同之信赖，而过分保护未成年人利益。

**（三）法定代理人介入所得利益使用的情形**

未成年人不当得利中一个复杂的问题是法定代理人的客观存在。虽然许多不当得利从取得利益到利益的使用和支配可能均与法定代理人无关，但也有许多未成年人不当得利与法定代理人介入有关。于此情形，宜单独考量具体问题，确定有关法律责任的承担。具体如下：

1. 未成年人取得不当得利，法定代理人为自己之目的而使用，从而导致未成年人取得利益在其处的丧失。于此情形，如果仅仅按照未成年人无现存利益返还之规则，则对受损人明显不公平，且明显过分优待法定代理人。对此，作者认为，可按照不当得利中利益转得人亦承担不当得利返还责任的原理①，认定法定代理人为不当受益人，就其所得利益根据不当得利的一般规则，按照善意、恶意之不同而对受损人负不当得利返还责任。

2. 未成年人取得不当得利，法定代理人为未成年人之目的而使用，从而导致所受利益丧失，例如对未成年人取得之汽车而为使用，致使车祸全损，或者对未成年人取得之金钱而为奢侈之消费。作者认为在此情况下亦认定其行为为监督义务之行使，原则上其不应承担责任，唯在其行使行为因属监督权力之滥用而对未成年人负损害赔偿责任时，似宜认定受损人可代未成年人之位主张损害赔偿请求权。

---

① 参见黄立：《民法债编总论》，195页，北京，中国政法大学出版社，2002；史尚宽：《债法总论》，101～102页，北京，中国政法大学出版社，2000。

3. 无论上述 1、2 的情况，还是其他法定代理人直接介入取得不当得利的情况，如果法定代理人有侵害他人权益之故意，可认定其构成侵权行为，由其直接对受损人承担侵权责任。

**（四）未成年人不当得利返还责任承担主体的具体确定**

不当得利为事件，未成年人可以没有障碍地成为不当得利的受益人，从而成为不当得利返还责任的承担主体。但在具体的责任承担上，我国司法实践有判决监护人与未成年人共同承担返还责任的案例。[①] 对此，作者认为，未成年人可以独立成为不当得利的责任主体，就可以独立承担不当得利的返还，不能简单地将未成年人应承担的责任均强加于监护人承担，否则将导致对监护人不公平的后果。在利益衡量上，如果监护人未介入未成年人不当得利的使用，甚至对不当得利完全不知情，则监护人承担不当得利的返还就没有道德上的合理性。再考虑到不当得利请求权为在权利救济体系之外额外给予受损人获得救济的请求权，其正当性的强烈程度不及于基于权利受到侵害的请求权，也没有必要为了受损人利益的回复而加于监护人额外的负担，因此，如果监护人不存在上述的三种情况，就不应使其承担未成年人不当得利的返还责任，而只应确定未成年人为不当得利返还责任的承担主体。

## 三、我国不当得利有关法律规定及其完善

我国目前有关不当得利的法律规定只有《民法通则》第 92 条和最高人民法院《关于贯彻执行〈中华人民共和国民法通则〉若干问题的意见（试行）》第 131 条的规定。其中，《民法通则》第 92 条规定："没有合法根据，取得不当利益，造成他人损失的，应当将取得的不当利益返还受损失的人。"最高人民法院《关于贯彻执行〈中华人民共和国民法通则〉若干问题的意见（试行）》第 131 条规定："返还的

---

① 参见曾庆朝、程远景、王勇：《儿子不当得利，老子被判退赔》，载《乡镇论坛》，2005（15）。

不当利益，应当包括原物和原物所生的孳息。利用不当得利所取得的其他利益，扣除劳务管理费用后，应当予以收缴。”上述规定只是最粗浅地勾画了不当得利制度的线条，由于过于粗疏，连不当得利制度本身尚远不完善，当然更无暇顾及对未成年人不当得利作出特殊规定。

在目前的三个主要民法典草案中，人大审议草案只是以其“总则”编第 88 条简单重复了《民法通则》第 92 条的规定，完全不可取。人民大学草案通过其第 1165 条到第 1174 条规定了比较完善的不当得利制度，但并没有涉及未成年人不当得利的特殊规定。法学所草案则是在其第 652 条到第 662 条规定了比较完善的不当得利制度，但亦没有关于未成年人不当得利的特殊规定。

作者认为，基于上文的分析，未成年人不当得利有其特殊性，需要适用特殊的规则始能达致公平合理的结果，否则将会损害未成年人的利益，也可能导致司法实践中不必要的混乱，如不当判决监护人无条件承担未成年人不当得利的返还责任等，因此立法宜对未成年人不当得利作出特别规定。

在具体的规定上，首先，应肯定未成年人只承担善意受益人的返还责任。基于上文关于未成年人意思能力不足的分析和有关利益衡量的分析，未成年人只承担善意受益人的返还责任始为公平合理。其次，未成年人承担善意受益人不当得利返还责任时，现存利益的认定应从狭义进行，仅包括有形存在之现存利益。如果利益已经被消费或因其他原因灭失的，应认定利益已不存在。再次，在基于双务契约产生不当得利的返还中对未成年人进行特别保护，具体为分别考虑未成年人不当得利返还责任的构成和成年相对人不当得利返还责任的构成，前者适用未成年人不当得利返还的特殊规则，后者适用不当得利返还的一般规则。如此始能使对未成年人的保护真正得到实现。最后，未成年人的法定代理人只在介入未成年人不当得利使用的情况下根据不同情形承担一定的责任，一般情况下未成年人个人承担不当得利的返还责任，法定代理人不承担责任。

# 结论：构建合理的未成年人致人损害责任承担法律规则体系，实现未成年人成长环境的最大和谐

## 一、未成年人致人损害责任承担综述

责任能力是民事主体承担民事责任的资格，无责任能力者不能承担民事责任。未成年人具有完全独立的主体地位，就应承认其完整的人格。在法律制度上就应该不仅肯定其具有权利能力，可以为取得权利、承担义务的主体，还应该肯定其具有责任能力，可以为承担责任的主体，承认未成年人全面的责任能力才使未成年人具有法律上的完整人格。近代法所代表的以过错能力为中心确定责任能力的理论混淆了责任能力和责任承担的关系，不当地否定了广泛范围内的未成年人责任能力，忽视了人格构成的消极方面，在法律的发展、尤其是侵权法的现代发展中已经受到

学者的质疑和立法及司法实践的否定。并且大陆法在合同领域、无因管理和不当得利中承认未成年人具有广泛的责任能力。而英美法系则一直以未成年人自行承担侵权责任为原则，未成年人自然具有责任能力。因此，从逻辑分析、历史发展和比较法等角度分析，应肯定未成年人普遍的责任能力。

我国学界关于未成年人责任能力的各种观点主要基于对未成年人侵权行为责任承担的分析，大多以过错主义为核心，并将责任承担和责任能力完全等同，只承认未成年人一定范围内的责任能力。但从我国立法看，《民法通则》却肯定了任何有财产的未成年人均对自己侵权行为致人损害承担责任。如果未成年人不具有承担责任的资格、不具有责任能力，则《民法通则》的规定将导致明显的逻辑上的矛盾。因此，我国立法亦解释为未成年人均有责任能力为宜。考虑到上述因素以及责任能力制度的统一和确定责任能力的理论与现行法兼容等因素，亦应将肯定未成年人普遍的责任能力。

未成年人侵权行为致人损害责任承担规则的确定除考虑保护未成年人价值外，受害人救济的实现成为各国和地区法律越来越重视之价值。由于未成年人智力的不成熟和对未成年人的特殊保护，也由于未成年人一般没有财产或没有足够的财产承担赔偿责任，大陆法系各立法例均选择父母等监护人作为责任承担的首要主体，并且其责任承担已经展现出了从近代法的过错责任向现代法的无过错责任的发展趋势。英美普通法以未成年人作为承担责任的主要主体，对使父母等监护人承担责任抱敌视的态度，但普通法的发展不断扩展监护人承担责任的范围，而制定法的发展则是一般地肯定了父母一定范围内的无过错责任。两大法系的发展共同展现了父母责任的无过错化趋势。其演变基础是强化受害人救济理念的发展。而未成年人过错的认定仍应采取与其识别能力相适应的注意义务标准，具体可采用划分年龄组确定不同程度注意义务标准的方法。未成年人过错的认定对确定未成年人个人侵权责任的承担、未成年人共同侵权的责任承担以及未成年人与其监护人之间责任的划分具有重要意义。

我国《民法通则》对未成年人侵权行为致人损害责任承担的规定

存在价值基础不清楚、逻辑混乱和不适当地加重未成年人负担等不足。主要立法草案的规定虽然各有不同程度的进步，但亦各存在明显不足。因此，我国未来有关立法应在体现侵权法保护受害人的发展趋势、未成年人的特殊保护及其合理限度等的基础上，确定有关的责任承担规则为：(1) 监护人对未成年人侵权行为致人损害承担无过错责任；(2) 未成年人承担与其识别能力相适应的过错责任；(3) 有财产的未成年人承担受害人不能依 (1)、(2) 获得赔偿时的衡平责任。

参与订立合同是未成年人可能致人损害的另外一个重要领域。大陆法系主要国家和地区立法以及英美法系法律均承认未成年人在一定范围内的缔约能力，我国《民法通则》和《合同法》也有相关规定。比较各立法例对未成年人缔约能力的规定，作者认为我国有关法律应作以下改进：(1) 废弃无行为能力与限制行为能力的区分，统一承认未成年人在与其生活紧密相关事项范围内的缔约能力。(2) 承认未成年人订立“法律上纯受利益合同”的效力。(3) 肯定事先经未成年人法定代理人同意合同的效力。未成年人在上述范围之外订立合同的，应维持目前合同效力待定和法定代理人可以追认或撤销合同的规定，但取消成年合同相对人的撤回权，只保留其催告权，以更有利于未成年人利益的保护。

未成年人在订立合同中可能因接受履行、加害给付、缔约过失等致相对人损害，也可能因订立有效合同而违约致相对人损害，还可能因未成年人在订立合同中故意侵害相对人利益而造成相对人损失。对接受的履行，未成年人返还责任的承担应以其现受利益为限，即使双务合同中成年的合同相对人需承担完全的恢复原状责任亦然；未成年人应承担与其识别能力相适应的缔约过失责任，并按照类似侵权责任承担的规则由监护人承担连带的过错责任；未成年人作为有效合同当事人一方的，按照一般违约责任承担的规则自行承担违约责任；未成年人订立合同中的行为构成侵权的，同时成立侵权责任，应允许受害人依据侵权责任主张赔偿损失。

按照一般的民法理论和立法例，未成年人可以广泛地成为无因管理的管理人，但未成年人智力不成熟却决定了其事实上不能尽到管理人应尽的"适当管理"、"继续管理"、"及时通知"以及"为本人计算"等义务，因此为公平和保护未成年人利益的考虑，应对未成年人适用特殊的规则。具体为：未成年人违反管理人义务造成本人损失的，应只在与其识别能力相适应的范围内承担未尽到对管理事务应有注意的债务不履行损害赔偿责任；对因管理事务而获得利益，只应承担现存利益范围内的不当得利返还责任；未成年人管理事务中其行为符合侵权行为构成要件的，同时构成侵权行为，"本人"可选择主张未成年人侵权责任的承担；在不是真正无因管理的情形，如果"本人"依据无因管理主张权利，则对未成年人仍适用上述减轻的管理人责任。

未成年人作为无因管理之本人的情形，如果被管理之事项为未成年人依法可单独决定之事项，考虑未成年人意思能力的不足和对未成年人的保护，未成年人对管理人之赔偿责任等的承担应以未成年人因管理所受利益为限；而在被管理事项为未成年人不能单独决定之事项，作为本人的未成年人按照一般无因管理的规则承担对管理人的各项义务及责任。

未成年人虽然可以广泛地成为不当得利的受益人，但其不当得利返还责任的承担却要考虑未成年人意思能力不足导致的对所受利益保存能力不足、支配也难以合理，法定代理人是否介入利益的取得以及未成年人特殊保护之价值与不当得利受损人利益维护价值之合理衡量等而适用不同的不当得利返还规则。具体为：(1) 未成年人无论识别能力如何，应一律视为善意的不当得利受益人，适用善意不当得利人仅在现受利益范围内承担返还责任的规则。(2) 未成年人现受利益的认定应仅包括有形存在之现存利益，如果利益已经被消费或因其他原因灭失的，应认定利益已不存在。(3) 在双务合同无效或被撤销，合同双方互负不当得利返还责任的情况下，未成年人按照上述规则承担返还责任，成年的合同一方按照一般的不当得利规则承担返还责任，两者相互独立。(4) 未成年人取得不当得利，法定代理人为自己目的使用而导致该利益丧失的情况下，宜直接认定法定代理人为不当得利人，由其按照一般不当得利返还规则承担返还责任。

## 二、合理的未成年人致人损害责任承担体系的意义——实现未成年人成长环境的最大和谐

未成年人是国家的未来，负载着未来建设国家的使命。未成年人又是稚嫩的，像小苗一样需要我们精心地呵护。这种呵护既包括给予其保护，不使其为不测的风雨所伤害甚至摧毁，也包括为其匡正生长的方向以及除去有害的或者不必要的枝杈，而更重要的则是为其构建和谐的成长环境，以利于其健康成长。

无论未成年人智力发育状况如何，也无论法律对未成年人参与社会生活是积极或者消极的态度，作为社会中现实存在的主体，其无疑在广泛地参加各种社会关系，对社会中的他人发生着现实的各种影响。在这些影响中，其因各种行为导致他人损害的影响居于重要之地位。对未成年人致人损害，虽然由于关爱幼小者的自然感情而更容易获得受害人的宽宥，但受害人损害获得救济的程度和方式仍然会较大地影响人们与未成年人进行交往和对待未成年人的态度。损害救济的获得首先是现实损失的填补问题，关系到受害人受到的物质损失能否实际上得到补偿。如果所受到的损失能够在合理的程度上得到补偿，则受害人就会更容易宽容地看待与未成年人的交往，就会在与未成年人的交往中采取更加积极的态度，相反，如果所受到的损失无法得到合理的补偿或者得到补偿非常困难，则受害人更容易对与未成年人的交往抱有警惕、排斥甚至敌视的态度。损害救济的获得其次还涉及受害人精神的抚慰，尤其是在未成年人恶意侵害他人人身或财产权利的情况下。受到损害得到补偿、即使仅仅是对物质损害的补偿，由于可以在一定程度上满足人们潜在的对加害人的报复心理，都会在现实上对受害人的精神起到抚慰的作用，而如果是精神损害赔偿的获得则会更直接地发挥抚慰受害人精神的作用。精神损害赔偿理论的发展和适用范围的不断扩大已经充分说明了这一点。从而合理的责任承担规则发挥着对受害人物质上的补偿和精神上的抚慰的双重作用，极大地影响着受害人与未成年人交往的态度。

换个角度看，未成年人致人损害是未成年人和受害人之间矛盾的产生，责任承担规则是对这一矛盾的消解。一方面，合理的责任承担

规则可以很好地消解矛盾，在获得受害人谅解的基础上建立未成年人与受害人的和谐，为未成年人成长营造良好的小环境；而如果责任承担的规则不合理，就不能适当地消解矛盾，甚至还会激化矛盾，在受害人和未成年人之间产生紧张甚至敌对的关系，导致未成年人成长环境的恶化。另一方面，合理的责任承担规则通过对大量的上述微观和谐环境的营造，可以为未成年人成长构建宽松、宽容、积极和受欢迎的社会宏观环境。未成年人不是封闭在父母或其他监护人看护的居所内孤立成长的客体，而是需要在与社会的交往中不断理解社会、适应社会的过程中不断成熟、并最终成为社会所接纳的、对社会和他人有责任心的主体。只有在宽松、宽容、积极和受欢迎的社会宏观环境中，未成年人才能最好和最有效地进行社会交往，并在交往中逐渐学习、逐渐成熟，最终和谐地融入社会并健康地成长。

因此，合理的未成年人致人损害责任承担体系，既为最大限度上化解因未成年人致人损害导致的社会矛盾之必需，又为未成年人构建有利和和谐的成长环境之所依，为实现未成年人成长环境的最大和谐所不可或缺。

# 参考文献

## 一、中文部分

1. 曾坚．无因管理之债的价值及其运用．中外法学，1999（2）

2. ［法］Fustel de Coulanges. 希腊罗马古代社会研究．李玄伯译．长沙：商务印书馆，1938

3. ［意］朱塞佩·格罗索．罗马法史．黄风译．北京：中国政法大学出版社，1994

4. ［意］彼德罗·彭梵得．罗马法教科书．黄风译．北京：中国政法大学出版社，1992

5. 麻昌华．罗马法上的侵权行为法．www.privatelaw.com.cn，2004-06-07

6. ［意］桑德罗·斯奇巴尼．侵权责

任问题——罗马法渊源解读．www.civillaw.com.cn，2006-04-12

7. ［英］梅因．古代法．沈景一译．北京：商务印书馆，1959

8. 龙卫球．民法总论．北京：中国法制出版社，2002

9. 世界著名法典汉译丛书编委会编．十二铜表法．北京：法律出版社，2000

10. 谢邦宇．罗马法．北京：北京大学出版社，1990

11. 丁玫．罗马法契约责任．北京：中国政法大学出版社，1998

12. 尹田．法国现代合同法．北京：法律出版社，1995

13. 罗结珍译．法国民法典．北京：法律出版社，2005

14. 朱岩．德国新债法．北京：法律出版社，2003

15. ［美］罗斯科·庞德．通过法律的社会控制、法律的任务．沈宗灵，董世忠译．杨昌裕，楼邦彦校．北京：商务印书馆，1984

16. ［英］亚当·斯密．道德情操论．北京：商务印书馆，1997

17. 田海平．西方伦理精神——从古希腊到康德时代．南京：东南大学出版社，1998

18. ［英］克雷斯蒂安·冯·巴尔．欧洲比较侵权行为法（上）．张新宝译．北京：法律出版社，2004

19. 王艳华．从损害赔偿到综合救济制度——论侵权行为法的发展方向．郑州大学学报（哲学社会科学版），1999（5）

20. 王泽鉴．侵权法之危机及其发展趋势．见：王泽鉴．民法学说与判例研究（2）．北京：中国政法大学出版社，1998

21. 渠涛．从损害赔偿走向社会保障性的救济——加藤雅信教授对侵权行为法的构想．见：梁慧星主编．民商法论丛．第2卷．北京：法律出版社，1994

22. 梁慧星．合同法的成功与不足（上）．中外法学，1999（6）

23. 梁慧星．从过错责任到严格责任．见：梁慧星主编．民商法论丛．第8卷．北京：法律出版社，1997

24. ［美］格兰特·吉尔莫．契约的死亡．曹士兵译．见：梁慧星主编．民商法论丛．第3卷．北京：法律出版社，1995

25. 梁慧星．从近代民法到现代民法．中外法学，1997（2）

26. 刘保玉，秦伟．论自然人的民事责任能力．法学研究，2001（2）

27. 尹田．自然人的行为能力、意思能力、责任能力辨析．河南政法管理干部学院学报，2001（6）

28. 冯兆蕙，冯文生．民事责任能力研究．河北法学，2001（6）

29. 田土城．论民事责任能力．郑州大学学报（哲学社会科学版），2000（6）

30. 张民安．现代法国侵权责任制度研究．北京：法律出版社，2003

31. 郑冲，贾红梅译．德国民法典．北京：法律出版社，1999

32. ［德］卡尔·拉伦茨．德国民法通论．王晓晔等译．北京：法律出版社，2003

33. 黄立．民法债编总论．北京：中国政法大学出版社，2002

34. 王书江译．日本民法典．北京：中国人民公安大学出版社，1999

35. 于敏．日本侵权行为法．北京：法律出版社，1998

36. 费安玲，丁玫译．意大利民法典．北京：中国政法大学出版社，1997

37. 王泽鉴．侵权行为法（第一册）．北京：中国政法大学出版社，2001

38. 李庆海．论民事行为能力与民事责任能力．法商研究，1999（1）

39. 杨立新．侵权法论．北京：人民法院出版社，2005

40. 梁慧星．民法总论．北京：法律出版社，2001

41. 梁慧星．中国民法典草案建议稿附理由（侵权行为编·继承编）．北京：法律出版社，2004

42. 王利明．中国民法典学者建议稿及立法理由（侵权行为编）．北京：法律出版社，2005

43. 全国人大常委会．中华人民共和国民法（草案）．2002

44. 张俊浩主编．民法学原理．北京：中国政法大学出版社，1997

45. 王泽鉴．未成年人及法定代理人之侵权责任．见：王泽鉴．

民法学说与判例研究（3）．北京：中国政法大学出版社，1998

46. 佟丽华．对与未成年人有关的法学研究的反思．政法论坛，2001（6）

47. 张民安．过错侵权责任制度研究．北京：中国政法大学出版社，2002

48. 王利明．侵权行为法归责原则研究．北京：中国政法大学出版社，2004

49. 马俊驹，余延满．民法原论．北京：法律出版社，1998

50. 韩松主编．民法学．北京：中国政法大学出版社，2004

51. 魏振瀛主编．民法．北京：北京大学出版社，高等教育出版社，2000

52. 佟丽华．未成年人法学．北京：中国民主法制出版社，2001

53. ［德］康拉德·茨威格特，海因·克茨．行为能力比较研究．孙宪忠译．外国法译评，1998（3）

54. ［德］迪特尔·梅迪库斯．德国民法总论．邵建东译．北京：法律出版社，2000

55. Claude D Rohwer，Gordon D Schaber. Contracts. 北京：法律出版社，1999

56. 徐罡，宋岳，覃宇．美国合同判例法．北京：法律出版社，1999

57. 杨桢．英美契约法论．北京：北京大学出版社，1997

58. 王军．美国合同法．北京：中国政法大学出版社，1996

59. 何宝玉．英国合同法．北京：中国政法大学出版社，1999

60. 王利明．中国民法典学者建议稿及立法理由（总则编）．北京：法律出版社，2005

61. 梁慧星．中国民法典草案建议稿．北京：法律出版社，2003

62. 王卫国．论合同无效制度．法学研究，1995（3）

63. 王泽鉴．民法总则．北京：中国政法大学出版社，2001

64. 张淳．英国法对未成年人合同的调整．法学杂志，2001（2）

65. 王洪亮．缔约上过失制度研究．中国政法大学论文，2001

66. ［英］P. S. 阿狄亚．合同法导论．赵旭东，何帅领，邓晓霞译．北京：法律出版社，2002

67. 沈达明编著．准合同法与返还法．北京：对外经济贸易大学出版社，1999

68. 史尚宽．民法总论．北京：中国政法大学出版社，2000

69. 王泽鉴．未成年与代理、无因管理及不当得利．见：王泽鉴．民法学说与判例研究（5）．北京：中国政法大学出版社，1998

70. 王泽鉴．债法原理（第一册）．北京：中国政法大学出版社，2001

71. 史尚宽．债法总论．北京：中国政法大学出版社，2000

72. 胡小林．论无因管理的司法适用及立法完善．法律适用，1999（4）

73. 王利明．中国民法典学者建议稿及立法理由（债法总则编·合同编）．北京：法律出版社，2005

74. 渠涛．日本学者对不当得利的最新研究——加藤雅信的观点概述（续完）．外国法译评，1994（1）

75. 王泽鉴．债法原理（第二册）：不当得利．北京：中国政法大学出版社，2002

76. 卢赛林．未成年人拾得钱款欲占有反遗失，应如何确定民事责任？．人民司法，1997（7）

77. 曾庆朝，程远景，王勇．儿子不当得利，老子被判退赔．乡镇论坛，2005（15）

78. 沃伦·A·西维．侵权法的原则．李俊译．见：哈佛法律评论·侵权法学精粹．北京：法律出版社，2005

79. ［法］孟德斯鸠．论法的精神（上）．张雁深译．北京：商务印书馆，1997

80. 罗伯特·E·基顿．侵权法中的创造性延续．李俊译．见：哈佛法律评论·侵权法学精粹．北京：法律出版社，2005

81. 沃伦·A·西维．过错：主观抑或客观？．林海译．见：哈

佛法律评论·侵权法学精粹．北京：法律出版社，2005

82．［英］韦恩·莫里森．法理学——从古希腊到后现代．李桂林等译．武汉：武汉大学出版社，2003

83．［德］K. 茨威格特，H. 克茨．比较法总论．潘汉典译．北京：法律出版社，2003

84．陈宣良．理性主义．成都：四川人民出版社，1988

85．［日］川岛武宜．现代化与法．王志安译．北京：中国政法大学出版社，1994

86．洪学军．论不当得利制度的功能——一种体系化取向的民法学思考．法律科学，2003（6）

87．龙著华．自然人缔约能力制度研究．现代法学，2004（4）

88．李先波．缔约能力制度比较研究．中国法学，2001（1）

89．欧阳恩钱．论父母责任的构造——对父母责任制度的反思与重构．甘肃政法学院学报，2004（4）

90．李春林．海峡两岸非完全行为能力人致害责任比较研究．华侨大学学报（人文社会科学版），2001（3）

91．宋晔．责任生成的道德内涵及其实现机制．南京师范大学学报（社会科学版），2003（4）

92．邹海林．侵害他人权益之不当得利及其相关问题．法学研究，1996（5）

93．胡峻，欧阳恩钱．未成年人责任能力比较研究．衡阳师范学院学报，2005（2）

94．曾见．德国法中的未成年人保护．德国研究，2004（2）

95．郭翔．我国对儿童权利的法律——兼析联合国《儿童权利公约》与我国《未成年人保护法》等法律的相关性．政法论坛，1997（6）

96．赵金龙．合同无效而返还财产的限制．中南民族学院学报（自然科学版），1998（增刊）

97．［英］彼得·斯坦等．西方社会的法律价值．王献平译．北京：中国人民公安大学出版社，1990

98. 叶利芳．未成年人保护法研讨会会议综述．青少年犯罪问题，2005（2）

99. 丁文．自然人民事责任能力制度之反思与重构．法商研究，2005（1）

100. 王利明．违约责任论．北京：中国政法大学出版社，1996

101. 邹海林．不当得利请求权与其他请求权的竞合．法商研究，2000（1）

102. 孙鹏．试析《民法通则》133条的理论基础．云南大学学报（法学版），1997（2）

103. 徐爱国．英美侵权行为法．北京：法律出版社，1999

104. 孙毅．处于多重语境中的民事责任能力．北方法学，2007（1）

## 二、外文部分

1. John G Fleming. Rumination on tort law: a symposium in honor of Wax Malone: is there a future for tort? . Louisiana Law Review, May, 1984

2. Jeffrey L Skaare. The development and current status of parental liability for the torts of minors. North Dakota Law Review, 2000

3. Rhonda V Magee Andrews. The justice of parental accountability: hypothetical disinterested citizens and real victims 〈CDQ〉 voices in the debate over expanded parental liability. Temple Law Review, Fall, 2002

4. David F Johnson. Paying for the sins of another—parental liability in Texas for the torts of children. Texas Wesleyan Law Review, Spring, 2002

5. Lydia D Johnson. What effect will Yarborough v. Alvarado have on Texas law enforcement interrogation of suspect minors? . Thurgood Marshall Law Review, Spring, 2005

6. Kimberly Lionel King. Torts—Liability of parents for negligent supervision of their minor children—Snow V Nelson. Florida State University Law Review，Winter，1985

7. Valerie D Barton，Reconciling the burden：parental liability for the tortious acts of minors. Emory Law Journal，Spring，2002

8. Andrew C Gratz. Comment：increasing the price of parenthood：When should parents be held civilly liable for the torts of their children? . Houston Law Review，2002

9. Melvin John Dugas. The contractual capacity of minors：A survey of the prior law and the new articles. Tulane Law Review，March，1988

10. ［法］格纳维耶·韦雷（Genevieve Viney）. 民事责任法在法典重新编纂中的难题 . 见：法国民法典 200 年纪念研讨会文集 . 法国：达鲁兹出版社，2004

11. Saul Levmore. Explaining restitution. Virginia Law Review，February，1985

12. Peter Linzer. Contracts symposium：rough justice：a theory of restitution and reliance，contracts and torts. Wisconsin Law Review，2001

13. Harvey D Wagar. Tort—damage caused by minors under the age of discretion—strict vicarious liability imposed on parents. Tulane Law Review，May，1975

14. George David Ernest. Joint custody and parents' liability under Civil Code Article 2318. Louisiana Law Review，July，1984

15. Leonard E Gross. Damages，equity and restitution. Brandeis Law Journal，Spring，2001

16. Peter Birks. Recovering value transferred under an illegal contract. Theoretical Inquiries in Law，January，2000

# 后　记

这本书是基于我的博士后研究论文修改而成的。博士后研究本来是选了一个很宏大、也应该非常有理论价值的题目，叫"大陆法系财产权体系结构及其价值研究"，但合作导师梁慧星老师认为题目太大了，也难以获得超越目前研究所需要的更多更新的第一手资料，于是便放弃了。然后便需要马上选择另外一个题目，于是想到了我关注多年但未曾详细研究的未成年人致人损害责任承担问题。对这方面问题的首次关注是我在北京大学读博士研究生期间，一个同事的孩子在学校打伤了别人，问我有关的责任承担问题，我才发现有关未成年人致人损害责任承担问题还有许多的理论模糊和争议，而民间的认识和法律的规则也存在着明显的不同。再后来在王泽鉴老师的《民法学说与判例研究》中第一次看到了对未成年人在代理、无因管理、不当得利中责任的学理化研究，更加深感此一问题虽然表面上看理论价值不是很大，但实际上关系到对未成年人主体地位的尊重、未成年人合理限度内的特殊保护、未成年人利益与监护人利益、相对人利益的合理协调等重大的理论问题，而我国完全忽视未成年人主体地位及有关利益平衡的司法实践，则完全是一个简单的、武断的、不合理的解决办法。未成年人作为现实存在的民事主体，事实上广泛参与各种民事生活，在侵权、订立合同、无因管理、不当得利等领域均可能导致他人人身财产利益的损害，应该结合未成年人特殊保护原则的贯彻、未成年人主体地位的尊重和肯定及合理范围内责任的自行承担等具体确定其致人损害责任承担的规则，以最大限度地妥当处理实践中的未成年人致人损害责任承担问题。在此背景下，未成年人致人损害责任承担问题的研究，不仅具有很大的理论价值，也具有重大的实践意义。在与梁老师进行沟通后，最终确定“未成年人致人损害责任承担研究”作为博士后研究的题目，也就是本书的题目。

题目确定后，是忙碌的资料收集和整理。由于国内研究的忽视，有参考价值的研究成果寥寥无几。于是便努力收集国外研究资料。然而，由于研究问题非常具体和语言上的困难，找到的直接相关成果亦不是很多。但无论如何，经过许多艰辛之后，获得了开始研究必要的基础资料。接下来是资料的整理、论文大纲的形成和开题。所有这一切完成之后，便是忙碌和艰苦的写作。写作的过程是痛苦的，大量的需要求证的观点没有足够的资料支持，不得不重新收集资料，而个别的观点不得不因为欠缺资料而放弃。从2004年暑假到2006年暑假，几乎投入了这其间所有的时间，包括几乎所有的假期，终于完成了这看起来有点不起眼的问题的研究。

感谢中国社会科学院法学研究所的孙宪忠教授、陈甦教授、张广兴教授、于敏教授，他们一致通过了我的博士后出站答辩并给予了很高的评价！同样感谢他们指出了我的研究中存在的不足和完善的途径！

感谢王轶教授的推荐！对王轶教授的研究成果和学术声誉，作为同龄人的我一直是“心怀妒忌”的，这份“妒忌”也是我不断努力的重要动力！感谢中国人民大学出版社法律分社的编辑们，感谢她们对本书出版的接纳和为出版付出的许多辛苦！她们推动学术著作出版的努力令人钦佩！感谢常鹏翱博士，感谢他在我博士后研究期间提供的各种帮助！

已经是万物复苏的初春时节，到处是含苞待放的新绿和迎春绽放的早花。在此，祝愿我国的法学研究、更祝愿我国的民法学研究伴着春的脚步，迎来遍地生机勃勃的绿色和到处怒放的花朵！

是为后记。

姜战军

2008年3月5日惊蛰于武汉华中科技大学

**图书在版编目(CIP)数据**

未成年人致人损害责任承担研究/姜战军著.
北京:中国人民大学出版社,2008
(法律科学文库/曾宪义总主编)
ISBN 978-7-300-09081-8

Ⅰ.未…
Ⅱ.姜…
Ⅲ.青少年犯罪-人身权-侵权行为-民事责任-研究-中国
Ⅳ.D923.14

中国版本图书馆 CIP 数据核字(2008)第 029241 号

"十一五"国家重点图书出版规划
法律科学文库
总主编 曾宪义

**未成年人致人损害责任承担研究**

姜战军 著

| | | | |
|---|---|---|---|
| **出版发行** | 中国人民大学出版社 | | |
| **社　　址** | 北京中关村大街 31 号 | **邮政编码** | 100080 |
| **电　　话** | 010－62511242(总编室) | | 010－62511398(质管部) |
| | 010－82501766(邮购部) | | 010－62514148(门市部) |
| | 010－62515195(发行公司) | | 010－62515275(盗版举报) |
| **网　　址** | http://www.crup.com.cn | | |
| | http://www.ttrnet.com(人大教研网) | | |
| **经　　销** | 新华书店 | | |
| **印　　刷** | 三河市新世纪印务有限公司 | | |
| **规　　格** | 170 mm×228 mm 16 开本 | **版　　次** | 2008 年 3 月第 1 版 |
| **印　　张** | 15.75 插页 2 | **印　　次** | 2008 年 3 月第 1 次印刷 |
| **字　　数** | 223 000 | **定　　价** | 28.00 元 |